JN023021

Shaun Phillips
Fatigue in Sport and Exercise

疲労の
スポーツ・運動
生理学

ショーン・フィリップス 著

八田秀雄 監訳

大修館書店

Fatigue in Sport and Exercise
by Shaun Phillips

©2015 S. Phillips
Authorised translation from the English language edition published by
Routlege, a member of the Taylor & Francis Group LLC
through Japan UNI Agency, Inc., Tokyo

Taishukan Publishing Co., Ltd.
Tokyo, Japan, 2023

忍耐強くサポートをしてくれた Jody にこの本を捧げる。
私の両親，そしてすべての人たちに感謝する。

まえがき

　大学生で運動の勉強を始めた頃から，自分の学習していた基礎的な問題に対して回答する難しさや複雑さに，私は関心をもつようになった。この思いは，生理学を専門にするようになるつれて強くなり，特にヒトの運動パフォーマンスを調節する過程に強く関心をもつようになっていった。時が経つにつれて，私の関心は，長く続く難しい疑問に回答すること，すなわち我々はなぜ運動中に疲労するのか，が中心になっていった。

　表面的には，その疑問に対してかなりシンプルな回答ができるようにみえるかもしれない。スポーツや運動をすれば誰でも疲労に関係する感覚，例えば息苦しさ，筋肉痛，手足の重量感，運動を止めたいという思い，などを経験するだろう。こうした疲労の跡をたどり，そうした感覚が起きた身体の原因を突き詰めていけば，その回答が得られるのだろうか？　このような疲労研究が100年以上もの間に次々と行われてきたが，その中でわかってきたのは，スポーツや運動の疲労が，信じがたいほど複雑で多面的なことである。疲労の進行に関する要素が大変多い（その一部は本書で取り上げる）ことは，ヒトの身体機能が複雑でまた統合されていることも相まって，この複雑さを生んでいる理由の1つといえる。結果として，なぜ疲労するのかについては，現在これまで以上に議論されているが，ある疲労のメカニズムを支持する研究が多くある一方で，そのメカニズムを否定する研究もまた多いということがよくみられる。

　スポーツ科学，運動科学，健康科学を学ぶ学生は，まず運動時の疲労の原因に関する理論や仮説を理解することが重要である。しかしながら，疲労の講義は，「古典的」理論の表面的な解説に止まってしまうことが多い。残念ながら，そうした古典的理論は古く，現在の研究では批判されたり，間違っていることがわかっていたりする。ヒトの生理学を講義する者として，こうして幅の広く複雑な疲労という分野を講義するのが，難しいことは理解している。スポーツや運動の

疲労について，このようにしっかりとは講義されることがない理由として，関係する文献が多くまた内容が様々であり，知識をまとめて1つにすることが難しいことがあると思っている。また学生がスポーツや運動の疲労について学習しようとしても，同じ理由から難しいことを考えて，講義をしないこともあると思われる。これが本書を執筆するきっかけであり，スポーツや運動時にヒトはなぜどのように疲労するのかについて，鍵となる仮説や現在の考え方について1冊にまとめることにした。

そこで本書の目的は何だろうか？　2つあるうちの1つ目は，スポーツや運動の疲労に関する鍵となる仮説に対する現在の考え方をまとめて提示して，読者にこの分野を理解し，魅力ある研究分野であることを知ってもらうこと。2つ目は，読者にスポーツや運動の疲労について考え方を広め，今ある信念を疑うことを勧めることである。スポーツや運動の疲労については，それを否定するはっきりしたエビデンスがあっても，いまだに広く認知されてきている考え方がある（他にも同様に妥当な考え方もあるのに）。本書では，よく知られている考え方も，またそれほど知られていない考え方も，どちらも公平に取り上げ批評することを心がけた。この重要課題について教育と理解を深めること以上の意図は，本書を執筆する上で私はもっていない。

残念だが，本書のような学生向けの1冊で，この広大な研究領域すべてを取り上げることは不可能である。手近なトピックにできるだけスペースを取りたいので，本書はスポーツと運動の疲労についてのみを対象とし，基本的な生化学的・生理学的原則などについては触れないこととする。読者には本書の理解を深めるために，運動生理学の教科書などをみることも勧めたい。本書では，研究が多く行われている（時には一般レベルでも知られることもある）スポーツや運動の疲労理論を中心に扱うとともに，疲労について新たな見方をもたらすような今の考え方も取り上げる。そうした考え方によって，古い概念の内容をはっきりさせ必要ならば正し，新しい考え方を並べたい。

本書では生理学的な側面からの論議が主となる。生理学的要素には関係しない他の要因も，疲労に関わる可能性があることは忘れてはならない。本書に載せた情報に関する質問，あるいは載っていない情報に関しての質問も歓迎する。本書のトピックは複雑で，激しく議論されることも多い。このことを理解する上でも，各章に載っている文献にあたって，さらなる学習をする基礎としても本書を使っ

ていただきたい。

　終わりに大事なポイントとして，本書を読んでも，運動するヒトの疲労の原因について正確にわかることを期待しないでほしい。疲労の原因についてのはっきりした回答が得られるとは約束しないし，多くの場合これまでも回答は存在しなかったのである。私が示したいのは，スポーツや運動の研究が，魅力があると同時にじれったく，また常に進んでいるということである。本書を読むのが，有益で，関心を引くものであり，また困難だが楽しくもあることを願っている。

ショーン・フィリップス

目次

第IV部　まとめとして──次はどこへ

第8章　最後に …………………………………………………………………… 248

図表一覧

第 **I** 部

疲労とは何か

第 1 章

スポーツや運動における
疲労の定義と測定

パート1 疲労の定義

1.1 はじめに

　疲労は，1世紀以上にわたって関心がもたれ続けている研究テーマである。Mosso ら[1]，また Hill ら[2] による初期の研究以来，ヒトの疲労がどのように，またなぜ起こるのかは，これまでずっと議論や推論の対象となってきた。疲労の研究が始まった当初と比べ，今やはるかに明確で詳細に身体機能を測定・分析ができる技術が大きく進歩しているにもかかわらず，初期のパイオニア的研究報告は，今日でも我々が疲労を研究するための基礎となっている。

　1つ目（の疲労を特徴づける現象）は筋力の低下である。そして2つ目に感覚としての疲労である。つまり，測定し比較可能な身体的な要素と，測定するのが困難な精神的な要素と言い換えることができる[1]。

　経験の浅いアスリートの場合，全力を出し切って「オールアウト」できると確信し，そうなったとしても死に至らないとも何となく思っているだろう。また，経験的に運動が継続できなくなるのは，酸素不足と筋内の乳酸が原因であると思っているかもしれない。この疲労困憊という現象は，量的には人によって大きく異なる可能性があるが，質的にはアスリートや健常者，あるいは呼吸不全患者であっても，みな同じである[2]。

（運動の限界は）多くの場合，心臓だけに関係づけられているが，実際には全体としてみれば，全身で起こっている変化の総和によって，身体的および精神的な努力が最終的に停止すると示されている[3]。

脳の疲労は，筋力を低下させる[1]。

筋力は，高位中枢が筋を十分に活性化させることができなくなる限界まで保たれる[4]。

脳の激しい活動のあと，意思や神経ではなく，筋自体が疲れ果てていることに気がつく[1]。

これまでの疲労研究に関する歴史をすべての側面から詳細に述べることは，この本の目的から外れる。しかしまず，ヒトの疲労に関する研究の歴史的側面を評価することも重要である。

疲労に関する研究には長い歴史があることを考えると，明確で普遍的に認められる疲労の定義がすでにしっかりできていて，疲労の研究に携わる研究者や学生たちが，疲労の情報を理解し応用するための基準として使用できると予想されるかもしれない。しかし残念ながら，これは真実にはほど遠い。これまでの疲労の研究の長い歴史は，疲労の「定義」の数を増やすのに役立っただけであったといえる（疲労の定義の例を**表 1.1**に示す）。

表 1.1　様々な疲労の定義。疲労の定量化法や解釈の違いを強調した

①要求された筋収縮や作業負荷を維持できない瞬間
②運動後の極度の疲労感――長時間の運動後における筋，器官などの効率の低下
③必要とされた力または予期された力を維持できないこと
④運動皮質からの出力が低下することによる疲労
⑤最大筋力発揮能力の喪失
⑥筋力発揮における力の立ち上がり速度の低下や弛緩の遅延などの筋力低下の可逆的な状態
⑦運動による筋力や筋パワーの発揮能力の低下――末梢性と中枢性の原因がある
⑧その運動強度を維持することができない
⑨その課題が持続できるかどうかに関係なく，運動による筋力や筋パワーを発揮する能力の低下
⑩運動中における筋の随意筋力の漸進的減少

表 1.1 からは，スポーツや運動の疲労の研究における重要な問題，つまり疲労をたった1つの定義にまとめることができないことがわかる。このように疲労を定義できないことが，疲労の科学的研究を妨げ曖昧にする要因となっている。またこれは研究結果を評価・比較するための測定基準や測定装置が1つではないためでもある[5]。さらに，運動強度，関与する筋量，運動の種類や期間，すべてが疲労のメカニズムに影響を与える可能性がある[6]（第7章）。それゆえに，研究された運動の種類や，その研究を行った研究者とその研究成果を利用する人が考える疲労の定義に応じて，実験データは様々に解釈されてしまうようになる。

　混乱を招く他の原因として，研究者たちがしばしば「疲労」と「疲労困憊」という言葉をほとんど同じ意味で使うことがある。疲労困憊テスト中に，被験者が特定のパワーを維持できなくなった時，「疲労困憊」に達したということが多い。しかしこの時もさらに低強度では，まだ運動を続けることができる可能性がある。疲労困憊の定義が，「体力の完全な低下」つまりすべての体力を消費または使い切ること[7] であるならば，この用語は単にある特定の速度で運動を持続することができないだけでなく，完全に運動を持続できなくなることを意味する。したがって，疲労と疲労困憊は異なる概念であり，混同すべきではない。科学論文の間で疲労困憊の概念に対する定義や評価基準が異なる場合には，さらに議論は難しくなる[5-6]。この本では，疲労が議論の中心であり，疲労困憊ではないことは大変重要なので頭に入れておいていただきたい。

> **キーポイント**
>
> 　「疲労」という用語には多くの定義があり，このことが，疲労の研究結果の一貫した解釈と比較を難しくさせている。

　では，**表1.1** に示した疲労の定義をもう一度みてみよう。その中でも特に2，4，9番をみてほしい。これらは，運動によって引き起こされた疲労の複雑で多面的な現象を十分に定義し説明できていると感じられるだろうか？　例えば，定義2は，「長時間運動後の筋や器官などの効率の低下」としているが，これは短時間の運動中に疲労は起こらないと解釈すべきなのだろうか？　800m ランナーの選手にどう思うか聞いてみてほしい！　また，定義4は，疲労とは「運動野からの出力の低下」によるとしている。この定義は，疲労の発生において，末梢性因子

の潜在的な影響を軽視しているようにみえる（1.2.1 項）。定義 9 は，疲労を「課題を持続できるかどうかにかかわらず」生じるものとして定義している。この定義により，疲労と疲労困憊との違いが明確になるだろうか？　このように，疲労の定義の多くは誤解を招くだけでなく，スポーツや運動の疲労をすべての状態で定義できるのかという信憑性に関して，反論や議論が必要であることを表している。1 つの「統一された」疲労の定義ができれば，有用なのは明らかである。しかしながら，ここで注意するべきことは，Marino ら[5] が述べているように，「もっとよいものが存在しないという理由で，未熟な段階でも疲労の定義を確定してしまうことは，我々自身の偏見を認め，疲労の実態を誤って伝えるだけかもしれない」ということである。

▌1.2▐ 一般的な疲労の理論──末梢性疲労と中枢性疲労

　疲労は，一般的に末梢性疲労と中枢性疲労の 2 つに分類されることが多い。この疲労の 2 つのタイプの基礎を理解することは，本書の第 II 部で取り上げる内容を正しく理解する上での土台となる。そこで，疲労に寄与する可能性がある主要な末梢部位および中枢部位の説明を**表 1.2** に示す。

1.2.1 末梢性疲労

　末梢性疲労とは，疲労が生じる部位が中枢神経系（Central Nervous System: CNS）の外側にある疲労のことである。より具体的に言い換えるならば，末梢性疲労とは，神経筋接合部よりも末梢側にある 1 つまたは複数の過程によって引き起こされる発揮筋力の低下に関連している[6]。末梢性疲労の概念は，1920 年代の A.V. Hill たちの初期の研究から始まっている[8-11]。そのいくつかの研究は Hill 自身が被験者となって行われたが，運動終了直前になると活動筋の酸素需要量が，酸素を供給する心臓の能力を上回るという結論が導かれた。これにより活動筋中にアネロビックな状態が発生し，乳酸が蓄積する。この筋内環境の変化により，継続的な収縮が不可能になり，その結果として筋が機能不全の状態になる。この結果から，アネロビックな条件下においてのみ乳酸が体内で産生され，疲労が，筋中乳酸濃度の上昇によって引き起こされると Hill は解釈した[12]。酸素を吸入す

表 1.2　運動による末梢性疲労と中枢性疲労の進行に関与する可能性がある部位

Ⅰ **末梢性疲労**
  A) 内部環境の運動による変化
    ①乳酸と H^+（水素イオン）の蓄積。H^+ は部分的に重炭酸塩から二酸化炭素の産生により緩衝される。
    ②熱の蓄積により，汗の分泌が亢進する。水分が失われ脱水症状を引き起こす可能性がある。
  B) 筋線維内の運動による変化
    ①筋形質における P_i（無機リン酸）の蓄積。クロスブリッジを阻害し収縮力を減少させる。
    ②筋形質における H^+ の蓄積。またそれは，クロスブリッジを阻害し収縮力を減少させる。H^+ の蓄積は，筋小胞体での Ca^{2+} の再取り込みを抑制する可能性もある。
    ③筋形質の Mg^{2+} の蓄積。Mg^{2+} は，筋小胞体からの Ca^{2+} 放出を阻害する。
    ④ P_i の蓄積による筋小胞体からの Ca^{2+} 放出の阻害（①を参照）。Ca^{2+} 放出は，筋小胞体でのリン酸カルシウムの沈殿と Ca^{2+} 放出チャネルのリン酸化によって阻害される。
    ⑤グリコーゲン貯蔵の減少と（極端な場合）血中グルコース濃度の低下
    ⑥筋鞘に沿った活動電位の伝導速度の低下。おそらく筋線維周辺の生化学的な変化によって起こると考えられる。これは筋力発揮に直ちに影響を及ぼすとは考えられていない。
    ⑦筋からの K^+ の流出の増加。横行小管の内腔の K^+ が増加すると，興奮収縮連関の低下により，横行小管の活動電位が遮断され，力が低下する可能性がある。

Ⅱ **中枢性疲労**
    ①軸索活動電位の伝導が，軸索分岐部位でブロックされ，筋線維の活性化が抑制される可能性がある。
    ②運動ニューロンのドライブが，求心性神経からの反射効果で影響を受ける可能性がある。
    ③Ⅲ群およびⅣ群の神経刺激により，運動ニューロンの発火率が低下し，運動皮質の出力が抑制される。
    ④大脳運動皮質内の細胞の興奮性が，経頭蓋磁気刺激法によって示唆されるように，運動課題を維持している過程で変化する可能性がある。
    ⑤セロトニン作動性ニューロンのシナプス効果が増強され，疲労感や疲労が増大する可能性がある。これは運動により BCAA の血中濃度が低下して，セロトニン前駆体であるトリプトファンの脳流入が増加することにより発生する可能性がある。
    ⑥運動によるサイトカインの放出：IL-6 は疲労感を誘発し，IL-1 は疾病行動を誘発する。

Ament と Verkerke[6] より

ると運動パフォーマンスが向上するように思われた研究結果[13]と相まって，Hill と共同研究者たちは，運動耐容能の第一の制限因子は，活動筋へ血液を送り出す心臓の能力であると結論づけた。この理論は，運動パフォーマンスの呼吸循環／アネロビック／カタストロフィ（心機能が恒常性を維持できなくなり破綻した状態）モデルと呼ばれ，運動科学の教育・研究における主要な理論となった[12]。この理論の概略を**図 1.1** に示す。

　スポーツや運動生理学者の頭の中では，今もこの理論が優勢ではあるが，この

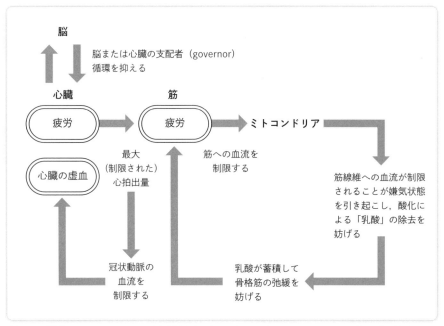

図 1.1 運動パフォーマンスの呼吸循環／アネロビック／カタストロフィモデルの概略図。この理論は，運動生理学の主要な概念となり，いまだに大部分の運動生理関連の教育と研究でも引用されている。Noakes[12] から改変。

運動パフォーマンスの呼吸循環／アネロビック／カタストロフィモデルには問題点が多々ある。第1に，このモデルを支持する研究の多くが，どのように行われたのか，つまり Hill 自身が研究者としてまた被験者として関わっていることを考慮する必要がある。これは明らかに客観的な信頼できる研究法とはいい難い。少し憶測になるが，筋生理学者としての Hill の経歴も，発見の解釈に先入観を生じさせて疲労の主部位を筋とした可能性がある[12]。第2に，Hill と共同研究者たちは，心筋虚血の発症により心拍出量が最大に達すると述べている。これは，簡単にいうと，心臓はそれより多くの酸素を消費できないので，より血液を送り出すことはできないということである。しかしながら，高性能のモニタリング装置の開発により，最大強度運動中に心拍出量が上限に達しても，健常者の心臓に虚血は生じないことが確認されている[14]。第3に，**図 1.1** に示されたモデルでは，「最大」心拍出量に到達すると作業筋への血流が制限され，乳酸の酸化的除去を妨げるアネロビックな環境になるとしている。これにより，筋中に乳酸が蓄積し筋線

維の収縮能力を直接妨げ，筋疲労を引き起こすとしている。運動によって生じる疲労に乳酸が果たす役割については，第3章にて詳しく説明する。ここでは，運動を行っている骨格筋での乳酸が，収縮機能を変化させ疲労を起こす原因であるという概念に，強く疑問を抱かせる証拠がどんどん増えているといえば十分であろう[15-17]。さらに運動中に筋が実際にアネロビックな状態になること，あるいは酸素摂取量や心拍出量が常に疲労時には最大値（運動強度の増加に伴う値がプラトーになっていること）に達することを示す証拠が十分ではなく，これらが彼らの最大運動中の疲労の説明に欠けている[12]。第4に，Hillのモデルは，末梢部に疲労が生じると，これらの疲労している筋線維を助けようと，脳がさらに筋線維を動員し運動強度を維持させていて，利用可能なすべての筋線維が最大限に動員されるまで継続されるとしている。この時点でのみ，「疲労」が起こり始めるとする。しかしながら，このモデルで運動の停止の原因と予測されている代謝不全（すなわちアネロビックな環境の発生）が筋の継続的な動員増加によって亢進されるという面で，このモデルに矛盾が生じる[18]（訳注：動員が最大で止まれば，それ以上に代謝不全にもならない）。現在では，運動時間や運動強度に関係なく，利用可能なすべての筋線維が完全に動員される前に，疲労が起こることがわかってきている。長時間運動中では，動員されるのは筋量のおよそ35〜50％であり[19]，最大運動中でもおよそ60％でしかない[20]。最後に，**図1.1**に示したモデルの概略を再度参照してみよう。図左上の脳と心臓のそばに，「脳または心臓にある支配者（governor）が循環を抑える」と書いてある。Hillとその共同研究者たちは，「運動を制限する」最大心拍出量に達する要因として，心筋虚血を提唱した。もし高強度の運動中に心筋虚血が生じてひどくなっていくのであれば，これは心組織やまたアスリート自身に対して，はっきりとした脅威になる。Hillと共同研究者たちは，脳または心臓にある支配者の存在を提案し，心筋虚血が発症すると心臓の活動を低下させ，それによって損傷から心臓を守り，生命を脅かすような状態が起こらないと説明した[9]。しかしながら，強度が非常に激しい運動中であっても，健康な心臓では心筋虚血が起こらないことは，すでに述べた通りである。したがって，この運動疲労モデルの様々な要素がうまく組み合わさっているとは考えられない。しかし，その理論は，運動によって生じる疲労の説明として最も引用され，今もなお間違いなく存在し続けている。

キーポイント

末梢性疲労とは，中枢神経系の外側である神経筋接合部より遠位にある要因によって引き起こされる疲労のことである。

表 1.1 で示した疲労の定義を使って，このモデルを検討してみると，さらに問題がある。スポーツ愛好者からトップアスリートに至るまで多くの人は，最善の努力をしているのにもかかわらず，与えられた走行速度や自転車のペダル回転数を維持することが，だんだんと難しくなっていく経験があるだろう。これは表の定義 8 で示されている疲労である。また表の定義 5 で示されているように，多くの人は，レース途中で集団から抜け出たくて最大限の努力をしたいのに，筋がそれに抵抗しているのを感じたことがあるだろう。これらは両方とも，アスリートが運動を持続できるのは，もう少し低い強度であるという疲労の定義である。さらに，疲労の定義 2，3，6，7，9，10 も同様である。これらは，主観的に経験され，また実験的に実証されてきた疲労の定義だが，Hill のカタストロフィモデルでは説明できない。なぜなら，そのモデルによれば，疲労はまさに壊滅的な「全か無か」の事象であり，作業筋が力を出し続けることができなくなる不全をもたらす出来事だからである。しかしながら，非常に稀な例外を除いて，筋にカタストロフィが起きたり臓器不全が起きたりすることは，健康な人ではどんな運動中でも疲労困憊時でも起こらない[21]。同様にこのモデルでは，アスリートが異なる所要時間の運動を異なるペースで始めること，つまりより短時間の種目ほど最初のペースがより強度が高く，またより長時間の種目ほど最初のペースはより抑えるということ（6.4.3 項）や，アスリートは一般に練習よりレースの方が，より高い強度で運動できることを説明できない。これは，以下の 2 つのことを示唆している。1 つは，生理学的なメカニズムが運動強度の制御における唯一の要因ではないこと（もしそうなのであれば，アスリートは運動持続時間にかかわらず，きっと生理学的能力を最大限に発揮するだろう）。またもう 1 つは，ヒトの運動制御について予測に関連する要素があり，それはおそらく努力感や意欲に関係するということである[12]。明らかに，この運動制御に関しては，末梢部分すなわち骨格筋だけに起因すると考えることはできない（本章の最後にある「考えてみよう」の例を参照）。確かに，Hill が示唆したように，もし純粋に最大心拍出量に達することによって運動が制限されるのであれば，動機づけ，集中力，自信

のような心理学的側面が，運動パフォーマンスにおいて果たす役割はないだろう。これは明らかに正しくない。よって，長年存在している運動疲労についての「カタストロフィモデル」は，すべての問いの答えにはならず，おそらくヒトの筋疲労という複雑な現象を適切に説明するには単純すぎる（**表 1.2**）。

> **キーポイント**
>
> 　運動パフォーマンスの呼吸循環／アネロビック／カタストロフィ疲労モデルは，この章で取り上げた疲労の定義の大半や，また我々が「疲労」に達した時に実際に経験したり，感じたりすることの多くを，うまく説明してはいない。

1.2.2 中枢性疲労

　末梢性疲労が中枢神経系（Central Nervous System：CNS）の外側の過程を介して生じることからすれば，中枢性疲労は当然のことながら，中枢神経系内に疲労の原因があり，そして神経筋接合部の近位までの過程を介して筋出力の低下を伴うことを示唆している。具体的には，これは脳，脊髄神経，運動ニューロン内を指す。疲労に対して複数の定義があるのと同様に，中枢性疲労にもいくつかの定義があるが，それらには類似点がある。

　　被験者が気力旺盛にもかかわらず表れる負の中枢性の影響

　　電気刺激時よりも小さい，随意的に筋から生じた力

　　筋内部の機能不全では合理的に説明できない中枢神経系機能の何らかの変化に関連した疲労の一部分

　　神経筋接合部より近位の過程によって生じる収縮力や収縮パワーの低下[22]

　これらの定義の中には，疑わしい点もある。例えば，運動を続ける人の動機づ

けの評価や，誰かが運動を行うことに「気力旺盛」であるかどうかを評価することは非常に困難である。しかしながら，これらは中枢性疲労の漠然とした定義であり，疲労の部位やメカニズムに関する詳しい情報はないという点で類似している。

　疲労時に何が起こるかを調べる際，2つの一連の現象について注目することが必要である。1つ目は，筋力の低下で，2つ目は，感覚としての疲労である[1]。

　しかしながら，疲労にも2つのタイプがあり，1つはすべて中枢神経系内で生じるもので，もう1つは筋自体の疲労が神経系の疲労にさらに付け加えられるものと思われる[3]。

　上に引用したのは，それぞれ1915年と1931年に書かれたもので，これから少なくとも100年以上は末梢性疲労と中枢性疲労の認識があったことを示している。しかしながら，疲労に中枢性の要素があるという考えは，研究の観点からはすぐには浸透しなかった。それはおそらく，そのおよそ10年後に運動中の疲労の部位として末梢に焦点を当てたHillや他の研究者たちの研究が出て，とってかわられたからであろう（1.2.1項）[12]。

　実際に数十年前までは，疲労における中枢神経系の役割についての研究は非常に少なかった[22]。疲労に中枢性の要素がある可能性が古くから知られていたことを考慮すると，これは異様に感じる。また上で2番目に引用した中枢性疲労と末梢性疲労とを共に認めるという文章は，末梢のカタストロフィ疲労モデルの「生みの親」であるHillの要望によって，Bainbridgeの教科書に追加されたということは興味深い[12]。しかしながら，末梢性疲労の重要性がより深く認識されるようになるにつれて，中枢性疲労の要素は運動疲労の理論からすぐに消滅した[12]。

　中枢性疲労仮説は，末梢性筋疲労理論を支持するような研究結果が発表されたために，関心を集めなかったのかもしれない（1.2.1項）。また客観的で明確に定義された測定機器がないため，中枢性疲労を測定する能力の限界が原因だったのかもしれない（これについては，本章の次項でさらに説明する）。実際，中枢性疲労の理論を正確に分析しようとすると（第6章），今は科学技術の進歩でより

可能にはなっているものの（本章パート2，第6章），なお課題が残っている[23-24]。ここで中枢性疲労を研究するための一般的な研究アプローチ法は，最大随意収縮力（MVC）と超最大電気刺激によって生成される筋自体の力との比較である（1.3.1項）。この手法による研究では，繰り返しの筋収縮中に，最大随意収縮力と電気刺激により生じる（中枢神経系を介さない）力がどちらも同様に減少することが報告されており，中枢性の過程が筋疲労に関与しないことが示唆されている[25-26]。しかしながら，Davis と Bailey[22] が要約しているように，次のような理由で，そうとはいえないことが考えられる。

- 中枢神経系からのドライブを最大に維持することは難しく，不快でさえあるので，それを行うには，十分に実験環境に慣れ，意欲のある被験者が必要である。
- 被験者の意欲が高くても，一部の筋への中枢神経系のドライブを最大に維持できるとは限らない。
- 伸張性収縮と比べて，最大短縮性収縮を繰り返す際に，すべての運動単位を最大限に動員することはより困難である。したがって，報告された運動パフォーマンスにおける中枢性疲労の影響は，それぞれの研究で使用された具体的な運動プロトコルによる影響を受けている可能性がある。

これらの点から，中枢性疲労の測定に関わる問題が明らかになる。中枢性疲労の測定手段の客観性は重要であり，それにより運動を継続する「意欲」の評価に関連して存在する，潜在的な主観性を一部取り除けることになるからである。しかし中枢性疲労を測定する際の客観性に関して問題があるので，実験結果が疲労のどんな末梢の原因をも支持せず中枢性疲労だけが「残った条件」になる場合にのみ，中枢性疲労が受け入れられることがよくあるのかもしれない[22]。さらに，例えば最大随意収縮力の低下によって中枢性疲労の存在を定量化し，中枢性疲労の発生原因に対する考察をすることはできない（中枢性疲労の考えられる原因については第6章）。中枢神経系から筋への十分な活動ドライブを起こすような意欲がない，または十分な活動ドライブを引き起こすことができないことは，大部分の人々にとって運動疲労の原因となると思われる[22]。したがって，中枢性疲労の研究に関連する困難に立ち向かい解決しようとすることが，運動疲労の過程を

理解するために重要である。

キーポイント

　中枢性疲労とは，中枢神経系（脳，脊髄，運動ニューロン）内に存在する要因によって引き起こされる疲労に対応する用語である。

1.2.3 　末梢性疲労と中枢性疲労のまとめ

　1.2.1 項と 1.2.2 項では，スポーツや運動における疲労の 2 つの重要な理論を紹介してきた。これらの理論はどちらも研究内容に限界があり，またスポーツや運動の疲労をうまく説明できるかという点においても限界があることは，すでに明らかであるかもしれない。実際スポーツや運動の場面において，この 2 つの理論が，それぞれ独立して矛盾なく，そして効果的に疲労を説明できるのかについて，とても疑わしく思える。しかしながら，末梢性疲労と中枢性疲労という用語は，疲労の原因となる複数の具体的な過程を分類するために使用される，単なる包括的な用語として考えればよい。本書の第Ⅱ部で疲労の過程について考えるが，そこで末梢性疲労と中枢性疲労の相対的な価値を評価する。また，末梢性と中枢性の疲労を，共通点や相互に影響がない 2 つの対比する理論として検討することは容易である。しかし本書全体を通して言及しているように，身体は様々なことが統合されて運動に適応している。したがって，末梢性疲労と中枢性疲労の過程は互いに重なりあったり，互いに影響を及ぼしあったりする可能性が非常に高い。そのような互いの影響が関連する可能性については，第Ⅱ部で説明する。

パート 2 　疲労を測定する

　スポーツや運動による疲労の研究を理解するには，疲労がどのように測定されるか，またどのように評価されるかを正しく認識することが重要である。そこで次に，疲労を測定する一般的な方法のいくつかを簡単に紹介する。これは第Ⅱ部

で行うより詳細な議論のため役に立つだろう。

1.3 疲労評価の直接的な方法（直接法）

1.3.1 最大随意収縮力発揮と電気刺激

　筋の張力発揮能力の正確な測定は，筋疲労を正確に評価するために大変重要である[27]。この目的では最大等尺性筋力（MVC：最大随意収縮力）がよく使われる。被験者は，今もっている最大と思われる筋力を，動かない装置に対して発揮するように指示される（そこで等尺性張力という：**図 1.2**）。この時，被験者が本来の最大収縮に到達できるように，実験者は口頭で強く激励する。この最大随意収縮力を疲労の指標として使用する文献は数多くある。例えば，Nybo と Nielsen[28] は，気温 40 度と 18 度の条件下において，60% 最大酸素摂取量（$\dot{V}O_2max$）強度で疲労困憊まで運動した後の疲労に対する気温の影響を調べた。運動後，被験者は膝伸筋の最大随意収縮を 2 分間実施し，その発揮筋力は継続的にモニタリングされた。どちらの条件でも 2 分間で発揮筋力は低下したが，特に暑い条件の方がその低下度が有意に大きかった。このことから，筋力発揮に対して温熱がマイナスの影響を及ぼし，中枢性疲労がより大きくなるとしている。しかしながら，ここでは疲労を評価するために最大随意収縮力を利用することへの

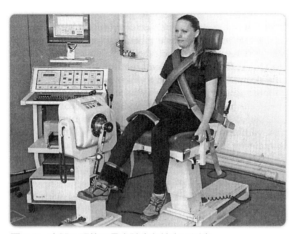

図 1.2　大腿四頭筋の最大随意収縮力の測定

懸念がある。発揮筋力は被験者の自発的な努力や動機づけによって制限される可能性がある。強い励ましやフィードバックを行っても，真の最大収縮を達成できてはいないかもしれない[27]。さらに，最大随意収縮力は中枢神経系内あるいは末梢の要因によって制限される可能性がある。したがって，最大随意収縮力低下の潜在的メカニズムを明確に特定することはできない。

　では，Nybo と Nielsen[28] は，高温下での運動条件における発揮筋力の低下が，中枢性疲労の進行によると，どうして結論づけることができたのだろうか？　その答えは，彼らが電気刺激と呼ばれる方法も利用したからである。この方法は，電気刺激が筋の運動ニューロンの外部から，あるいは直接筋自体に当てられ，それによって筋収縮が起こる（**図 1.2**）。これは通常は，短く繰り返すか，あるいは単縮の形で行われ，それによって刺激が過剰となることで筋力が低下し，筋疲労の間違った解釈に繋がることを防ぐ[29]。この方法を用いる上での重要なことは，筋を収縮させる電気刺激が外部から直接加えられるため，中枢神経系の影響を取り除けることである。したがって，中枢神経系が原因となる筋収縮への影響を無視することができ，収縮する筋自体の能力だけを切り離して考えることができる。随意収縮の能力は次のようなシンプルな式を用いて解釈することができる。

$$\frac{MVC}{MVC+ES}$$

　MVC は最大随意収縮力，ES は電気刺激による発揮筋力を表し，MVC に加算される（これは筋力の総和を示す）。この式によって，随意活動の割合，つまり随意収縮によって達成できる筋力の割合がわかる。式の分母には，中枢神経系を介さない収縮力によって発揮された筋張力が含まれるので，随意活動の割合は，その筋収縮の中に存在する中枢活性の程度の推定値を与える。今のところ，最大随意収縮力と電気刺激は，筋疲労を評価する最も直接的な方法である。

1.3.2 低頻度疲労（低周波疲労）

　低頻度疲労（Low Frequency Fatigue：LFF）は，高周波での筋刺激と比較して，低周波の筋刺激中に筋力の低下が大きくなることを特徴とする[30]。この形態の疲労は，回復するのに数時間あるいは数日間かかることがあり，発揮筋力の低

下において，主要な役割を果たす可能性がある[30]。低頻度疲労は，一般的には様々な周波数での電気刺激に対するトルク応答を測定し，ある周波数（通常20Hz）での筋力と標準周波数（通常50Hzまたは80Hz）での筋力を比較することで解釈される。つまり，この差分が低頻度疲労として解釈される。低頻度疲労状態では，同じ筋力を発揮するのに，より大きな中枢神経系の活性化が必要となる可能性がある。その結果，同じ発揮筋力に対する努力感が増し，中枢性疲労の増大に潜在的に関与することが考えられる。

　低頻度疲労は高強度運動中や最大下運動中で報告されているため[31]，様々な運動場面で，疲労の測定法として使用されることが考えられる。ただし低頻度疲労を定量化するための電気刺激では，刺激部位の近くにある速筋線維の運動単位が優先的に動員される可能性があり，速筋線維の運動単位がより疲労しやすいことから，疲労を過大評価してしまう可能性[32]がある。また，運動ニューロンの軸索の動員閾値が異なることから，電気刺激による条件が違えば動員される運動単位が異なる可能性や[33]，電気刺激では刺激する筋量が多くなく一様に筋損傷を起こすわけではないので，筋損傷が低頻度疲労に与える影響を電気刺激では正確に説明することはできない[34]。しかしながら，Martinら[35]は，低頻度疲労は，大きな表面電極による電気刺激（経皮的刺激と呼ばれる）によれば，正確に評価できることを報告している。低頻度疲労は実験室で運動中の少量の筋に対して刺激を用いるため，その適用性には限界があり，多くのスポーツにおける状況を代表するものではない。

> **キーポイント**
>
> 　運動中の疲労を測定するため一般的に使用される技術の多くは，実際のスポーツに特有な活動中の疲労を測定する性能において限界がある。

1.4 疲労評価の間接的な方法

1.4.1 運動時間（疲労困憊までの時間）

　多くの研究は持久力テスト，よく疲労困憊テストと知られるようなテストに

よって，疲労を定量化したり，特に疲労の進行における介入の影響を調べようとしている。これらのテストは，筋力発揮能力と疲労困憊までの時間との間に関係があるという仮定に基づいている[27]。しかしながら，この仮定された関係は，等尺性収縮を繰り返す際に，かなりばらつくことが実証されている[36]。また，疲労困憊までの総時間（例えば，80%$\dot{V}O_2$max で疲労困憊までの時間）は大きな変動係数（およそ35%まで）を示し[37]，疲労困憊までの時間テストを，ある介入がパフォーマンスや疲労に与える影響を測定するために使われる唯一の手段にするべきではない，ということを示している[38]。ただしこれとは逆に，最近の研究では，トレッドミルによる疲労困憊までの時間は，速度と持続時間の関係に基づく統計的なモデルを用いて変換すれば，本質的に信頼できることが示されている[39]。しかし，この Hinckson と Hopkins の研究[39]での走運動は，およそ2分から8分までの運動時間である。疲労困憊までの時間テストの信頼性に関する他の多くの研究は，もっと長い時間の運動で検討しており，そうなると意欲や倦怠感のような，運動を持続するかの判断に影響を与える可能性がある要因がより多く出てくるため，短時間運動よりも信頼性が低くなる可能性がある。さらに，この論文で統計的モデルによる変換をする前の，短時間の走運動における疲労困憊時間の変動（9〜16%）は，かなり大きい。最後に，Hinckson と Hopkins[39]は，彼らの研究で使用した疲労困憊時間の換算方法は，その時の被験者に特異的な統計モデルを使っていることを認めている。結果として，その換算は概算にすぎないということになる。したがって，疲労困憊までの時間を換算することで，パフォーマンスまたは疲労における小さな変化を検出できるようになるのかは不明である。

1.4.2 筋電図検査

筋電図（Electromyography：EMG）は，筋組織の生体電気的活動の分析方法である。筋電図には通常2つの種類，表面筋電図法（非侵襲的）と針筋電図法（侵襲的）がある。倫理的な理由から，表面筋電図はスポーツ科学の文献で最も普及している。この方法では，表面電極が筋の特定の場所に取りつけられる（**図1.3**）。これらの電極は，その表面の筋組織を通して伝えられた電気信号を検出し，検出された電気的活動の振幅を決定できる。その電気信号の振幅は，活動電位

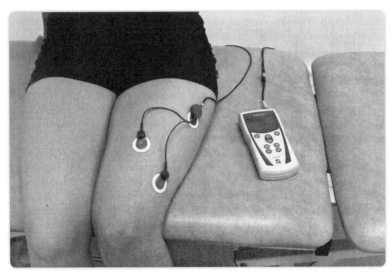

図1.3 大腿四頭筋の表面筋電図の測定

（運動ニューロンを介して筋へ伝達される電気信号）の数と大きさに関係している。筋電図はこれらの活動電位の周波数の変化と活性化された筋線維の数を検出することができるが，これら2つを区別することはできない[27]。

　筋電図の振幅は，最大等尺性収縮を繰り返す中で徐々に低下する。これはおそらく運動単位の活動の低下によっていて，すなわち筋力発揮の低下の原因となる[40]。しかしながら，このことは筋電図が筋疲労の優れた指標であることを直ちに意味するものではない。なぜなら筋電図の振幅と疲労との因果関係は今もなお議論中であるからである。最大下の収縮を繰り返したり維持したりすると，筋電図の活動は上昇するが，発揮筋力は低下する（つまり，筋の電気活動は増加するが，筋力は低下する）。これは，おそらく収縮が進行し，筋線維が疲労し始めるにつれて，より多くの筋線維が動員されるためである[27]。ただし，最大下収縮を繰り返す中で，筋電図の応答は被験者間で大きなばらつきがある。これを**図1.4**に示す。ここでは2人の被験者は最大随意収縮力の低下とともに筋電図の増加を記録したが，他の2人の被験者は最大随意収縮力が低下しても筋電図活動の変化はほとんどみられなかった。さらに，筋電図は基本的には筋収縮の神経因子を記録する。もし発揮筋力の低下の原因が神経入力とは無関係に筋内で生じている場合，筋電図はこれを検出しない[27]。最後に，筋長が変化すると筋電図と神経筋活

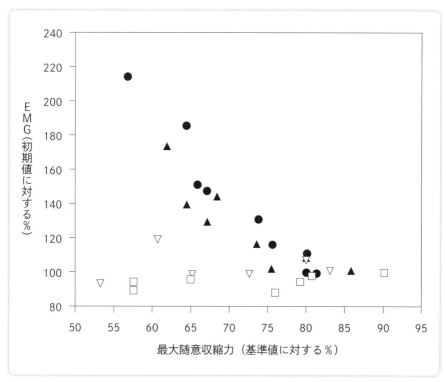

図 1.4 最初の最大随意収縮力に対する 30％の大きさで大腿四頭筋収縮を繰り返した際の筋電図。2 人の被験者（●と▲）のデータでは，最大随意収縮力が減少するにつれて筋電図が増加した。しかし別の 2 人の被験者（▽と□）では，最大随意収縮力の低下が起こっていても筋電図は一定である。データは Mengshoel ら[41]から抜粋。

性化との関係が変化するため，長さの変わらない等尺性収縮の形式でのみ，有効に筋電図が使用できる[27]。このことは，多くのスポーツ特異的筋活動には，筋電図が疲労の指標として適切または有用ではない可能性を示している。

1.4.3 筋バイオプシー

筋バイオプシーとは，生きているヒトの筋から，筋組織を少量摘出して分析することである。スポーツや運動科学の研究では，ニードルバイオプシーが最も一般的である。その摘出部位に，まず局部麻酔を行いニードル（針）を挿入する（一般に大腿四頭筋の外側広筋を使用することが多い）。筋バイオプシーは，筋線

維組成，筋のエネルギー含有量，エネルギー産生に関与する多くの酵素の濃度や活性などを測定するのに用いられて，筋機能やトレーニングのような介入前後でのその変化に対する知見が得られる。

　筋バイオプシーが正確に行われれば，上に述べた因子や他の因子を決定するための様々な分析に使用できる試料が得られる。ただし，とられた試料は筋の一部であり，その筋全体を表していない可能性があるという点が，この方法の限界である。このことから，バイオプシー試料から筋全体を推定するのは不正確になる可能性がある。さらに，試料を繰り返し採取する場合に，摘出部位が変化すると，そのデータの妥当性や信頼性に影響を及ぼす可能性がある。疲労の研究において筋バイオプシーを利用する際の最大の懸念は，その筋試料による測定が，実際に疲労を示しているかどうかである。例えば，筋バイオプシーが，運動中や運動後によく行われ，筋グリコーゲンの分解速度と運動前後の濃度差が疲労を引き起こすメカニズムとされている。しかし，文献を詳細に分析すると，運動中の糖質の摂取は，筋グリコーゲン枯渇の程度を弱めはしないことを示しているように思われる[42]（第Ⅱ部でさらに詳しく説明する）。もちろん，筋バイオプシーの最も困難な点の1つは，倫理的承認を得ることであり，おそらくさらに難しいのは，被験者の同意を得ることであろう。

1.4.4 採血

　採血はスポーツ科学研究において主要な手段である。その方法は，指先または耳たぶの毛細血管からのサンプリング（**図 1.5**）から，動脈や静脈からのサンプリングおよびカニューレ挿入まで様々である。採血の頻度や手法は，研究の目的，サンプリングの目的（どの血液学的変数を測定し，また何に使用するか），および倫理的や合意に基づく制限によって異なる。またこれらと同じ要因により，血液由来の変数のうち何が測定されるのかが，ある程度決定される。一般的によく測定されるのは，血中グルコース濃度や血中乳酸濃度および基本的な血液学的変数であり，これらは毛細血管採血による少量の血液から，正確に測定することが可能である。その他には，ホルモン，遊離脂肪酸，抗酸化物質などの血液由来の物質および，クレアチンキナーゼやミオグロビンのような筋由来基質が測定される。

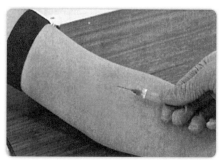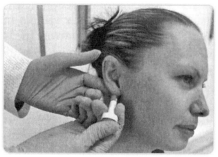

図 1.5 肘静脈血サンプリングと（写真左），耳たぶからの毛細管血液サンプリング（写真右）

　熟練した人が，適切な環境で，安全性を適切に順守して採血を実施すれば，被験者あるいは採血する検者へのリスクを最小限に抑えられる。ただし，筋バイオプシーと同様に，疲労を研究する場合には，その血液由来の分析が，何を意味しその結果としてどう有用であるかを検討する必要がある。古典的な例は，血中乳酸濃度の検査である。疲労に達した時に高い血中乳酸濃度がみられることは，血中乳酸濃度が高いことが疲労を引き起こすという，しばしば繰り返される結論をもたらした（この章のパート 1 を参照）。しかしながら，現在，この主張に対して，反論できる十分な証拠がある（第 3 章）。同様に，血中乳酸濃度は筋中乳酸濃度の代わりの測定手法として，また筋の生化学的状態の測定法として，しばしば用いられている。しかし，血中乳酸濃度は，サンプリングの数分前に行われた活動だけを反映し，また血液への乳酸の出入りのバランスにもよるので，運動中の筋中乳酸濃度の有効な測定方法ではない[43-44]。これについては第 3 章でさらに詳しく説明し，血液における疲労因子については第 II 部全体を通して論じる。

> **キーポイント**
>
> 　採血や，特に筋バイオプシーは，スポーツ科学研究において，これらを利用するための強い根拠が倫理的承認を得る前に必要である。

1.4.5　知覚測定

運動に対する個人の心理的，知覚的，および動機づけの応答を定量化しようと

する多数の評価スケールが，開発されてきている。これは非常に複雑な課題であり，努力感，動機づけ，痛み，楽しさ，集中力，注意力，無気力などの多くの感覚を測定するスケールがつくり出され続けてきた。これらのスケールすべてについて述べることは現実的ではない。ここでは，このような疲労評価の概要を提供するために，これらのスケールの中で最も一般的に使用されているものと，最近評価法に加えられた最新のものについて説明する。

1.4.5.1 主観的運動強度

知覚測定として最も一般的に使用されるのが，Borg の主観的運動強度（Ratings of Perceived Exertion：RPE）である（Borg の 6-20 スケールとも呼ばれる）。1970 年に Gunnar Borg[45] によって開発されたこのスケールは，運動中の個人の努力感のレベルを定量化して表現している。そのスケールは，一般に運動の全体的な努力感を測定するのに使用される（呼吸，筋肉痛，緊張，心臓血管負荷，体温などによる運動の複合的な努力感によって決定される）。結果として，運動中の RPE は，末梢，呼吸と代謝，あるいは特定できない起源によるものとなる[46]。もともと Borg スケールにおける 6〜20 という数値尺度は，心拍数と RPE との間に相関関係があるということから開発されていて，スケール上の数値に 10 をかけると，その時の心拍数の近似値を算出できる（例えば，RPE が 12 の時，心拍数はおよそ 120 拍/分になる）。しかしながら，運動では多数の要素が心拍数に影響するために，この計算で得られるのは，かなり粗い概算値でしかない。

これまでの多くの研究は，RPE を用いることで，運動中の強度を正確に表せることを示している[47-49]。このスケールは適切な指示があれば，かなりシンプルだが，RPE を認識できない子ども（0〜3 歳）や，まとまりのある RPE スコアをつけることができない子ども（4〜7 歳）に対して，RPE を使用することは好ましくない。成人の RPE を正確につける能力に関しては不明である[50]。

「RPE」が示された際に，それが実際には何の情報であるのかを，さらに詳細に調べることは重要である。これは，運動中に運動強度をどのように感知し「自覚」するのかが，まだ完全にはわかっていないという事実から明らかである[51-52]。さらに，音楽を使用したり[53]，感覚上の認識方法を変更させるような条件[54]，また運動強度や残りの持続時間に関する正確または不正確なフィードバックなどに

よって，運動強度（通常は心拍数で測定）とRPEの関係が変化することが明らかになっている[55]（第6章）。

1.4.5.2　課題努力自覚スケール

課題努力自覚スケール（TEA：Task Effort Awareness Scale）は，Swartら[56]によって開発され，最初に使われたものである。このスケールは，努力の心理的または精神的感覚の大きさや，努力を意識的に認識している度合いを定量化するために考案された[56]。またこのスケールは，その運動中に必要となった集中力や精神的な努力の程度に基づいて，心理的および精神的努力を特定しようとしている。大事なことは，TEA評価に際して，その運動で感じる身体的感覚を無視するように指示されることである。そうすることで，TEAスケールは努力の心理的感覚を身体的感覚から区別しようとしている。

Swartら[56]は，高強度運動を時々加えた長時間の自転車運動中に，運動の身体的および心理的感覚の相関関係が認められなかったことを報告した。これは，努力の身体的感覚と心理的感覚は別のものだが，運動強度の調節に協同して関わる「手がかり」として，関係することを示唆している[57]。これは興味深いデータであり，TEAスケールによって運動の調節を研究するための新たな展開がもたらされる可能性が考えられる。しかしながら，本書の執筆時点では，SwartらがTEAスケールを用いた研究を発表した唯一の研究者である。したがって運動疲労の研究でTEAスケールが重要な役割を果たす可能性をさらに理解するには，今後さらに多くの研究が必要である。

1.4.6　磁気共鳴画像法

運動中の身体の複雑な機能を理解し，それによって疲労のメカニズムを決定しようとする時の課題の1つに，運動中や運動後の様々な身体の機構や組織で何が起こっているかを正確に「みる」ことがある。この技術がなければ，疲労の正確なメカニズムを決定することは，間接的な推論や知識による推測のままだろう。

医療および健康科学における磁気共鳴画像法（Magnetic Resonance Imaging：MRI）の技術の開発により，運動中の身体の働きを知るための新たな世界が開かれた。MRI装置は，ヒトの周りに強い磁場を生成する。この磁場は，身体内の

プロトン（陽子）に作用する。プロトンは，磁場に非常に敏感であり，磁束の方向に「引っ張られ」，磁場の方向に「整列」する性質がある。そして高周波パルスが検査対象の身体の部分に向けられる。このパルスにより，プロトンは特定の周波数で特定の方向に回転する。パルスがオフになると，プロトンは磁場内で自然な配列に戻り，高周波パルスから吸収されたエネルギーを放出する。このエネルギーが検出され，それが画像に変換されることで，対象とする身体の部分を「みる」ことができる。

　MRI は，損傷を受けていない完全なままの骨格筋のエネルギー状態[58-60]や細胞内環境，骨格筋線維の走行と構造[61]，および運動に対する心臓の応答[62]について，運動の研究に適用されてきている。さらに，機能的 MRI（functional MRI：fMRI）は，例えば炭水化物マウスリンス（訳注：炭水化物［糖質］を含んだ溶液で口を数秒すすぎ，その後吐き出す方法）など，運動中のパフォーマンスに関連する特定の刺激に応じた脳領域の活性を研究するために適用されている[63]。さらに，MRI の使用は，代謝・機能・解剖学，および制御の観点から，パフォーマンスの向上と限界に関連する過程の理解度を，大幅に向上させる可能性を秘めている。ただし残念ながら，MRI 技術の適用には限界があることは明らかで，装置を購入するには高額な費用がかかり，またよく訓練された測定者が実施に必要なのが，その大きな理由である。さらに，fMRI などの技術をスポーツや運動研究に利用する際に問題となるのは，正確な結果を提供するためには，被験者が装置内で静止している必要がある点である。これにより，ほとんどの実際のスポーツ活動にfMRI を使用することは不可能となる。

1.4.7 経頭蓋磁気刺激法

　経頭蓋磁気刺激法は，スポーツや運動の研究で使用されるようになってきているもう1つの非侵襲的な医療技術である。経頭蓋磁気刺激法では，電磁コイルを頭部に接触させる。そのコイルは，頭蓋骨を通過する短い電磁パルスを放出し，脳に数インチ侵入する小さな電流を誘発する。この電流は，コイルが向けられている脳領域でニューロンの活性化を引き起こす。この刺激された脳活性が活動を起こす。例えば，経頭蓋磁気刺激を一次運動野に使用した場合に筋活動が生じる（これは，運動誘発電位と呼ばれる）。この運動誘発電位により，運動皮質の筋活

動を起こす能力を調べることができる。例えば，炭水化物マウスリンス（これは，中枢から筋へのドライブが影響を受けると考えられる方法）の使用に関する研究では，経頭蓋磁気刺激法を利用して，炭水化物マウスリンスを実施した時に運動誘発電位が有意に増加することが示された[64]。これは，科学技術によって複雑な運動応答を理解する上で，魅力的な新しい手がかりとなるもう1つの例である。残念ながら，MRI 技術と同様に，高価な機器であることや，よく訓練された測定者が必要であることが，スポーツや運動による疲労の研究分野において経頭蓋磁気刺激法の使用を限られたものにしてしまう。

> **キーポイント**
>
> 　研究者は，その測定方法を使用するかどうかを決める前に，それにより，疲労の過程について適切な情報が実際に得られるのかどうかをよく考えなければならない。

1.5 まとめ

- ヒトの疲労は，1世紀以上にわたって研究されており，その初期の研究による発見や疑問の多くは，今日もまだ続いている。

- 疲労について複数の定義があることによって，疲労の研究はその発展が妨げられているといえる。このことは1つの測定因子だけで研究結果を比較検討することはできないということである。これが，疲労研究の発展を遅らせている可能性がある。

- 最も一般的な疲労の理論は，末梢性疲労および中枢性疲労の2つである。末梢性疲労は，もともと1920年代に Hill とその共同研究者たちによってモデル化され，中枢性疲労の中心的な要素の概念もまた，この頃には議論されていた。

- 末梢性疲労は，中枢神経系の外側および神経筋接合部よりも遠位で生じる過程とされる。生理学的変数それぞれと運動中の疲労の発生との間に一貫した関連性がないこと，および Hill らの末梢性疲労モデルの多くの構成要素に対して現代では反論が存在することから，運動疲労に対して別の説明が必要であることが示唆される。

- 中枢性疲労は，中枢神経系内に原因がある疲労に対する用語である。疲労に中枢関連の要素があることは，1世紀以上にわたって推測されてきたが，数十年前までは，この示唆についてほとんど研究がされてこなかった。これは，末梢性疲労が広く支持されていたことと，中枢性疲労に客観的で明確に定義された測定手法がないことによる可能性がある。そのため，実験結果が疲労について末梢性の原因がない場合にのみ中枢性疲労が受け入れられることがあった。
- 末梢性疲労および中枢性疲労の理論はどちらも，研究自体やまたスポーツや運動の疲労を説明する能力に限界があり，それぞれが独立し一貫して，効果的に疲労を説明できるのかは疑問である。
- 末梢性疲労と中枢性疲労は，疲労に関係すると考えられている複数の過程を分類するために使われる，包括的な用語である。
- 末梢性疲労と中枢性疲労は，共通の根拠をもたず相互に影響を及ぼさない反対の理論と考えるべきではない。
- 疲労評価の2つの主要な直接的な方法は，随意収縮と電気刺激による発揮筋力の定量化と，低頻度疲労による評価である。どちらも実験室の方法であり，正確な結果を得るためには，慎重にコントロールされた手順が必要となる。発揮筋力による評価法では，中枢または末梢領域のどちらに限界因子があるかわからないため，疲労発生のメカニズムを特定できない。低頻度疲労評価法は，比較的小さい筋を対象に行われるため，実際のスポーツや運動の状況下への適用には限界がある。
- 疲労評価の間接的な方法には，疲労困憊までの運動時間，筋電図，筋バイオプシー，採血，知覚測定，および磁気共鳴画像法などがある。これらのすべての測定法には，運動中の疲労発生を明らかにするのに，メリットとデメリットがある。その中でどの方法を使用するかの選択は，その研究デザイン，装置の入手可能性，倫理的な制約や同意の制約，およびその方法によって，行われる運動プロトコルや研究のシナリオで，本当に疲労発生の原因を定量化することに役立てる情報が得られるのかに関する，研究者の判断によっている。

考えてみよう

　2005年，エチオピアの長距離ランナーであるケネニサ・ベケレ選手が，10000メートル走で26分17秒の世界新記録（当時）を樹立した。そのレース中，最初の9km

をベケレ選手は 1km あたり 2 分 38 秒の平均ペースで走った。しかし，彼は最後の 1km を 2 分 32 秒で走った。これは，彼が世界記録を狙って設定したレースを 9 割まで走った平均スピードより 6 秒も速い！　これは決して「まぐれ」のパフォーマンスではない。実際，持久的なスポーツでは，アスリートが競技全体を通してどれほど頑張っていたかに関係なく，レースの終わり近くで運動強度が大幅に上がるのはよくあることである。

　本書を読み進めるにあたって，このことを頭に置いてほしい。疲労の各理論について考察し議論する時は，自問してほしい。その理論は，ケネニサ・ベケレ選手が世界記録を樹立した時の走りの説明に役立つだろうか？　結局のところ，もしも理論が現実の世界で我々がみているものを説明していないならば，その理論は再考しなければならない時が来たのではないか……。

テストをしてみよう

　次の質問に，できる限り答えてみよう。そうすると，本書の残りの部分に進む前に必要な重要な知識が復習できる。また，読み進める前に，下記の質問に答えることで得られる情報を理解しよう。

① 運動疲労という用語を定義しなさい。

② 疲労の研究が複雑で，多くの議論の対象となる理由を強調する短い文章を書きなさい。

③ 2 つの最も一般的な疲労の理論について簡潔に説明しなさい。

④ 運動パフォーマンスの末梢性カタストロフィモデルの信憑性に疑いを投げかけた主要な現代の研究結果は何だろうか？

⑤ 運動誘発性疲労評価の主な直接的および間接的な方法は何だろうか？

⑥ 研究で使用する測定方法を決定する前に，研究者はどのようなことを考慮する必要があるだろうか？

文献
1) Mosso A (1915) *Fatigue*. London: Allen and Unwin Ltd.
2) Hill AV (1926) *Muscular Activity*. Baltimore, MD: Williams & Wilkins.
3) Bainbridge FA (1931) *The Physiology of Muscular Exercise* (3rd ed). New York: Longmans, Green

and Co.

4) Merton PA, Pampiglione G (1950) Strength and fatigue. *Nature*: 166.

5) Marino FE, Gard M, Drinkwater EJ (2011) The limits to exercise performance and the future of fatigue research. *Br J Sports Med* 45: 65-7.

6) Ament W, Verkerke GJ (2009) Exercise and fatigue. *Sports Med* 39(5): 389-422.

7) Moore B, ed. (2004) *The Australian Concise Oxford Dictionary* (4th edn). South Melbourne: Oxford University Press.

8) Hill AV, Long H (1923) Muscular exercise, lactic acid, and the supply and utilization of oxygen. *QJ Med* 16: 135-71.

9) Hill AV, Long CHN, Lupton H (1924) Muscular exercise, lactic acid and the supply and utilization of oxygen: parts VII-VIII. *Proc Royal Soc* 97: 155-76.

10) Hill AV, Long CHN, Lupton H (1924) Muscular exercise, lactic acid, and the supply utilization of oxygen: parts I-III. *Proc Royal Soc* 96: 438-75.

11) Hill AV, Long CHN, Lupton H (1924) Muscuilar exercise, lactic acid, and the utilization of oxygen: parts IV-VI. *Proc Royal Soc* 97: 84-138.

12) Noakes TD (2012) Fatigue is a brain-derived emotion that regulates the exercise behaviour to ensure the protection of whole-body homeostasis. *Front Physiol* 3: 1-13.

13) Hill L, Flack M (1910) The influence of oxygen inhalations on muscular work. *J Physiol* 5.

14) Raskoff WJ, Goldman S, Cohn K (1976) The 'athletic heart': prevalence and physiological significance of left ventricular enlargement in distance runners. *J Am Med Assoc* 236: 158-62.

15) Bandschapp O, Soule CL, Iaizzo PA (2012) Lactic acid restores skeletal muscle force in an in vitro fatigue model: are voltage-gated chloride channels involved? *Am J Physiol* 302: C1019-25.

16) Kristensen M, Albertsen J, Rentsch M, et al. (2005) Lactate and force production in skeletal muscle. *J Physiol* 562: 521-6.

17) Nielsen OB, de Paoli F, Overgaard K (2001) Protective effects of lactic acid on force production in rat skeletal muscle. *J Physiol* 536: 161-6.

18) St Clair Gibson A, Noakes TD (2004) Evidence for complex systems integration and dynamic neural regulation of skeletal muscle recruitment during exercise in humans. *Br J Sports Med* 38: 797-806.

19) Amann, M, Eldridge MW, Lovering AT, et al. (2006) Arterial oxygenation influences central motor output and exercise performance via effects on peripheral locomotor muscle fatigue in humans. *J Physiol* 575(3): 937-52.

20) Albertus Y (2008) *Critical Analysis of Techniques for Normalising Electromyographic Data*. PhD thesis, University of Cape Town, Cape Town: 1-219.

21) Noaks TD, St Clair Gibson A (2004) Logical limitations to the 'catastrophe' models of fatigue during exercise in humans. *Br J Sports Med* 38: 648-9.

22) Davis JM, Bailey SP (1997) Possible mechanisms of central nervous system fatigue during exercise. *Med Sci Sports Exerc* 29(1): 4-57.

23) Graham TE, Rush JWE, MacLean DA (1995) Skeletal muscle amino acid metabolism and ammonia productlon during exercise. In: Hargreaves M (ed.) *Exercise Metabolism*. Champaign, IL: Human Kinetics: 131-75.

24) Gandevia SC, Allen GM, Butler JE, et al. (1996) Supra-spinal factors in human muscle fatigue: evidence for sub-optimal output from the motor cortex. *J Physiol* 490: 529-36.

25) Bigland-Ritchie B, Thomas CK, Rice CL, et al. (1992) Muscle temperature, contractile speed, and motor neuron firing rates during human voluntary contractions. *J Appl Physiol* 73: 2457-61.

26) Enoka RM, Stuart DG (1992) Neurobiology of muscle fatigue. *J Appl Physiol* 72: 1631-48.

27) Vøllestad NK (1997) Measurement of human muscle fatigue. *J Neurosci Meth* 74: 219-27.

28) Nybo L, Nielsen B (2001) Hyperthermia and central fatigue during prolonged exercise in humans. *J Appl Physiol* 91(3): 1055-60.

29) Jones DA (1996) High- and low-frequency fatigue revisited. *Acta Physiol Scand* 156: 265-70.

30) Keeton RB, Binder-Macleod SA (2006) Low-frequency fatigue. *Phys Ther* 86: 1146–50.

31) Edwards RH, Hill DK, Jones DA, et al. (1977) Fatigue of long duration in human skeletal muscle after exercise. *J Physiol* 272: 769–78.

32) Trimble MH, Enoka RM (1991) Mechanisms underlying the training effects associated with neuromuscular electrical stimulation. *Phys Ther* 71: 273–80.

33) Gandevia SC (2001) Spinal and supraspinal factors in human muscle fatigue. *Physiol Rev* 81(4): 1725–89.

34) Warren GL, Lowe DA, Armstrong RB (1999) Measurement tools used in the study of eccentric contraction-induced injury. *Sports Med* 27: 43–59.

35) Martin V, Millet GY, Martin A, et al. (2004) Assessment of low-frequency fatigue with two methods of electrical stimulation. *J Appl Physiol* 97: 1923–9.

36) Vøllestad NK, Sejersted OM, Bahr R, et al. (1988) Motor drive and metabolic responses during repeated submaximal contractions in man. *J Appl Physiol* 64(4): 1421–7.

37) Schabort EJ, Hawley JA, Hopkins WG, et al. (1998) A new reliable laboratory test of endurance performance for road cyclists. *Med Sci Sports Exerc* 30(12): 1744–50.

38) McLellan TM, Cheung SS, Jacobs I (1995) Variability of time to exhaustion during submaximal exercise. *Can J Appl Physiol* 20(1): 39–51.

39) Hinckson EA, Hopkins WG (2005) Reliability of time to exhaustion analyzed with critical-power and log-log modelling. *Med Sci Sports Exerc* 37(4): 696–701.

40) Bigland Ritchie B, Jones DA, Woods JJ (1979) Excitation frequency and muscle fatigue: electrical responses during human voluntary and stimulated contractions. *Exp Neurol* 64: 414–27.

41) Mengshoel AM, Saugen E, Førre E, et al. (1995) Muscle fatigue in early fibromyalgia. *J Rheumatol* 22: 143–50.

42) Karelis AD, Smith JEW, Passe DH, et al. (2010) Carbohydrate administration and exercise performance: what are the potential mechanisms involved? *Sports Med* 40(9): 747–63.

43) Bangsbo J, Nørregaard L, Thorsø F (1991) Activity profile of competition soccer. *Can J Sport Sci* 16 (2): 110–16.

44) Krustrup P, Mohr M, Steensberg A, et al. (2006) Muscle and blood metabolites during a soccer game: implications for sprint performance. *Med Sci Sports Exerc* 38: 1165–74.

45) Borg G (1970) Perceived exertion as an indicator of somatic stress. *Scand J Rehab Med* 2: 92–108.

46) Robertson RJ (2001) Development of the perceived exertion knowledge base: an interdisciplinary process. *Int J Sport Psychol* 32: 189–96.

47) Dunbar CC, Robertson RJ, Baun R, et al. (1992) The validity of regulating exercise intensity by rating of perceived exertion. *Med Sci Sports Exerc* 24: 94–9.

48) Eston RG, Williams JG (1988) Reliability of ratings of perceived effort regulation of exercise intensity. *Br J Sports Med* 22: 153–5.

49) Mariott HE, Lamb KL (1996) The use of ratings of perceived exertion for regulating exercise levels in rowing ergometry. *Eur J Appl Physiol* 72(3): 267–71.

50) Groslambert A, Mahon AD (2006) Perceived exertion: influence of age and cognitive function. *Sports Med* 36(11): 911–28.

51) Marcora S (2009) Perception of effort during exercise is independent of afferent feedback from skeletal muscles, heart and lungs. *J Appl Physiol* 106(6): 2060–2.

52) Smirmaul BPC (2012) Sense of effort and other unpleasant sensations during exercise: clarifying concepts and mechanisms. *Br J Sports Med* 46: 308–11.

53) Potteiger JA, Schroeder JM, Goff KL (2000) Influence of music on ratings of perceived exertion during 20 minutes of moderate intensity exercise. *Percept Mot Skills* 91: 848–54.

54) White VB, Potteiger JA (1996) Comparison of passive sensory stimulations on RPE during moderate intensity exercise. *Percept Mot Skills* 82: 819–25.

55) Eston R, Stansfield R, Westoby P, et al. (2012) Effect of deception and expected exercise duration on psychological and physiological variables during treadmill running and cycling. *Psychophysiol* 49:

462-9.

56) Swart J, Lindsay TR, Lambert MI, et al. (2012) Perceptual cues in the regulation of exercise performance-physical sensations of exercise and awareness of effort interact as separate cues. *Br J Sports Med* 46: 42-8.

57) Eston R (2012) Use of ratings of perceived exertion in sports. *Int J Sports Physiol Perf* 7: 175-82.

58) Krssak M, Petersen KF, Bergeron R, et al. (2000) Intramuscular glycogen and intramyocellular lipid utilization during prolonged exercise and recovery in man: A ^{13}C and ^{1}H nuclear magnetic resonance spectroscopy study. *J Clin Endocrin Metab* 85(2): 748-54.

59) Larson-Meyer DE, Smith SR, Heilbronn LK, et al. (2006) Muscle-associated triglyceride measured by computed tomography and magnetic resonance spectroscopy. *Obesity* 14: 73-87.

60) Vanhatalo A, Fulford J, DiMenna FJ, et al. (2010) Influence of hyperoxia on muscle metabolic responses and the power-duration relationship during severeintensity exercise in humans: a ^{13}P magnetic resonance spectroscopy study. *Exp Physiol* 95: 528-40.

61) Sinha U, Sinha S, Hodgson JA, et al.(2011) Human soleus muscle architecture at different ankle joint angles from magnetic resonance diffusion tensor imaging. *J Appl Physiol* 110(3): 807-19.

62) Wilson M, O'Hanlon R, Prasad S, et al. (2011) Biological markers of cardiac damage are not related to measures of cardiac systolic and diastolic function using cardiovascular magnetic resonance and echocardiography after an acute bout of prolonged endurance exercise. *Br J Sports Med* 45: 780-4.

63) Chambers ES, Bridge MW, Jones DA (2009) Carbohydrate sensing in the human mouth: effects on exercise performance and brain activity. *J Physiol* 587(8): 1779-94.

64) Gant N, Stinear CM, Byblow WD (2010) Carbohydrate in the mouth immediately facilitates motor output. *Brain Res* 1350: 151-8.

第 **II** 部

スポーツや運動中の
疲労を何が招くのだろうか

（何は招かないのだろうか）

第 2 章

エネルギーの枯渇

2.1 運動時のエネルギー代謝

　本書ではエネルギー代謝に関する詳細な説明は割愛する。大学レベルの優れた生理学の教科書が多数あるので，興味のある読者はそれらを読み，本章の理解に役立ててもらいたい。しかし，ヒトのエネルギー代謝におけるアデノシン三リン酸（ATP）の重要性を概説することだけはしておきたい。

　ATP は体内で最も重要な化学エネルギーの源である（**図 2.1**）。ATP は 3 つの成分から構成されている。すなわち，アデニン，リボース，3 つのリン酸である。高エネルギー結合が 3 分子のリン酸同士をそれぞれ結びつけている。高エネルギー結合がもつエネルギーは ATP が加水分解される際に放出され，細胞内で起こる様々な応答，例えば筋収縮に使われる。

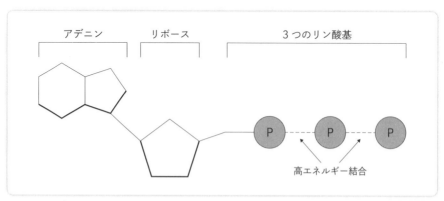

図 2.1　アデノシン三リン酸は，筋の最も重要な化学エネルギー源である。3 つのリン酸基の間の高エネルギー結合を破線で示している。これらの結合は加水分解され，その時に放出されたエネルギーが骨格筋収縮を含む多くの過程で使われる。

$$\text{ATP} + \text{H}_2\text{O} \overset{\text{ATPase}}{\underset{}{\rightleftarrows}} \text{ADP} + \text{P}_i + \text{H}^+ + \text{エネルギー} \quad (2.1)$$

H$_2$O は水，ADP はアデノシン二リン酸，P$_i$ は無機リン酸，H$^+$ は水素イオン，ATPase はアデノシン三リン酸脱リン酸化酵素である。体内には常時，わずかな量の ATP しかない（高強度の筋収縮をおよそ 2 秒程度行えるだけの量である）。骨格筋のエネルギーの代謝回転は，激しい収縮時には安静時の 300 倍に上がるため，ATP を再補充することは骨格筋のパフォーマンスを維持するために重要である。そこで食物がもつエネルギーの出番である。食物のエネルギーは ATP の再補充に「直接的」には利用できないが，下記の 3 つの代謝経路を介して利用できる。すなわち，クレアチンリン酸（PCr）経路，アネロビックな経路，エアロビックな経路である。アネロビックな経路では，グルコース（血液もしくは筋内のグリコーゲン由来）が解糖系と呼ばれる一連の化学反応で代謝され，ATP 再合成に使われる。エアロビックな経路では，グルコースや脂肪酸が ATP 再補充のために 2 つの酵素反応系，クレブス回路と電子伝達系を介して代謝される。PCr 経路は体内に貯蔵されているグルコースや脂質は使わず，PCr と呼ばれる化合物を代謝する（2.2.2 項）。PCr は骨格筋に存在するが，通常の食事量であれば量に変化はない。ATP の分解と再合成は安静時にも絶え間なく行われている。もちろん，エネルギーの需要が高まる運動時には，ATP の代謝回転も高まる。そこで，食物由来のエネルギーをどれだけ利用できるかが，運動を続ける際に十分な ATP 供給を確実に行うためには重要であるということになる。

> **キーポイント**
>
> ATP は主要なエネルギー源である。食物由来のエネルギーは運動時に直接的には使われないが，ATP を継続的に再補充するために必要である。

2.2 運動時の代謝と疲労

2.2.1 ATP の枯渇

これまで述べたように，ATP の枯渇（「エネルギー危機」と呼ばれる運動時の疲労の仮説）を防ぐために，もともと貯蔵の少ない ATP は継続的に再補充されなければいけない。もし ATP 貯蔵が枯渇すると筋は硬直状態に陥り，いつまでも収縮したまま弛緩することができない状況となる。これは重大な事態である。もし運動による疲労が ATP の危機的な枯渇によって引き起こされるなら，骨格筋の硬直に伴い運動は止めざるを得なくなる。しかし，運動時の骨格筋の硬直はヒトでは報告されていない[1]。そこで疑問が浮かび上がる。ATP の枯渇が運動時の疲労を招くのだろうか？

運動強度が上がるにつれて ATP の代謝回転が急激になることを踏まえると，ATP の枯渇は高強度運動時により激しくなると論理的に考えられる。しかし，6 秒の最大自転車スプリント運動を繰り返す際にも ATP の大きな枯渇はみられない[2]。実際に，ATP の顕著な枯渇は，疲労困憊に至るまで漸増負荷運動試験を行った時（最大酸素摂取量［$\dot{V}O_2max$］テストなど），高強度短時間運動時[2]，あるいは中強度の運動を長時間継続した時にはみられていない[3-4]。無傷な骨格筋，あるいは破砕した筋（機械的な「粉砕」により内部の構造物や物質が放出されている筋組織）を用いた研究により，激しい運動を行った際でも細胞内の ATP 濃度は安静時の 60% 以下にはならないことが示されている[5]。したがって，危機的な ATP 濃度の低下が運動時の疲労の直接的な引き金となることはないと考えられる。

筋は ATP の濃度を維持することができるようにみえる[6]が，それはどうやって達成されているのだろうか？　筋の収縮力の低下（すなわち疲労）は ATP 濃度の顕著な低下の前に起こるという説がある。すなわち，それは筋の硬直や統合性が崩れるところまで ATP 濃度が低下するのを防ぐためだと考えられている。よって，疲労の開始はホメオスタシスを維持するための予測的・予防的な戦略であると考えることができる。この概念は疲労研究の上で重要であり，第 6 章で詳細な論議を行う。

キーポイント

　運動時のヒトでは，強度や時間によらず，筋内の ATP 濃度が安静時の 60％以下にはならない。しかし筋線維1本あたりの ATP 濃度は，非常に低いレベルにまで低下することもある。

キーポイント

　ATP が枯渇するのか，またそれが運動時の疲労に影響するのかは議論の余地があり，さらなる研究が必要である。

　ATP の顕著な枯渇が骨格筋全体ではみられないとしても，個々の筋線維，特にタイプⅡ線維では，ATP 濃度が最大運動後には安静時の20％程度まで下がりうる[7]。局所的な ATP の枯渇は興奮収縮連関（骨格筋を収縮させるための過程）の重要な局面でも起こると考えられる[8]。わずかな割合の筋線維で ATP が枯渇しただけでも，その筋線維が収縮に寄与できなくなることで，筋全体の疲労に繋がる可能性がある[7]。筋全体と個々の筋線維で ATP 枯渇に関する矛盾した結果があることを踏まえると，ATP の枯渇の発生と運動時の疲労に与える影響については議論の余地がある。しかし，この一連の論議から導き出される重要なことは，ATP 枯渇は運動時の疲労をもたらす原因としてはっきりとみなされているとはいい難いということである。中には強く反対する文献もある。

2.2.2 クレアチンリン酸の枯渇

　クレアチンリン酸（PCr）はリン酸化されたクレアチン分子であり，爆発的な高強度運動時において特に ATP 再合成に重要である。PCr からの ATP 再合成は PCr と ADP との間でクレアチンキナーゼに触媒されて起こる反応である。

$$PCr + ADP + H^+ \underset{}{\overset{クレアチンキナーゼ}{\rightleftharpoons}} ATP + Cr \quad (2.2)$$

　H^+ は水素イオン，Cr は遊離クレアチンを示している。骨格筋内の PCr 貯蔵量はおよそ 80mmol/kg 乾燥重量である。理論上，およそ10秒の最大運動で枯渇に至る程度の量に相当する（理想的な状況下では，PCr 貯蔵は2～4分で再補充できる）。PCr の枯渇が運動疲労に対して果たす潜在的な役割を議論するに際し

て，異なる種類の運動について考慮することが有効である（運動の種類によるエネルギー需要の違いが疲労の過程で与える影響については，第7章で詳細な論議を行う）。

2.2.2.1 最大運動

　最大スプリント運動のパフォーマンスを測るために用いられる一般的プロトコルは，自転車もしくは走行で行う 5～30 秒間の単回スプリントである。この運動様式では，PCr 濃度は安静時の 35～55％に低下する。また，6 秒スプリント時の必要な ATP のおよそ 50％が PCr 由来であり[2]，残りは解糖系，エアロビック代謝，ATP の加水分解によりまかなわれる（**図 2.2**）。スプリント運動の時間が 20 秒程度になると PCr 濃度は安静時のおよそ 27％になり[9]，30 秒スプリント運動直後には安静時の 20％ほどになる[10]。骨格筋の PCr の顕著な減少はスプリント運動の持続時間が延びるにつれてみられ，また，筋の PCr 回復と力発揮に正の相関関係がみられることから[11]，単回のスプリント運動のパフォーマンスは PCr の利用可能度に影響を受けると示唆される。しかし，PCr は単回のスプリント運

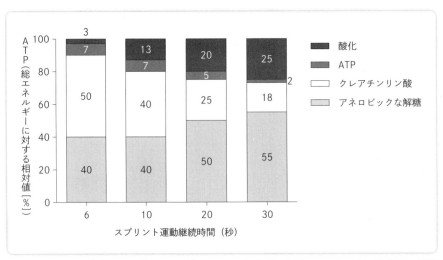

図 2.2　異なる継続時間のスプリント運動時の ATP 再合成における，エネルギー産生系の相対的な貢献度合いを，総エネルギーに対するパーセント値で示した。重要なのは，この図は各継続時間における「単回の」スプリント運動時のエネルギー産生系の貢献度合いを示すということである。スプリント運動を繰り返した際のエネルギー産生系の貢献度合いは，次第にこれとは異なっていくと考えられる。Billaut と Bishop[12] の報告を改変。

動では完全には枯渇しない。通常5～30秒間の単回の最大運動は止まることなく完遂できる。しかし，途中で何らかの疲労が起こり，運動終了時には力発揮や動きの速度が運動初期と比較して低下する。この力発揮の低下は部分的にはPCrの枯渇によるものであり，これによりATP再合成の速度が低下するので，ATP濃度が危機的な低下に至ることを防ぐために力発揮を低下させる必要性が出てくると考えられる。しかし，おそらくPCrの枯渇だけが疲労の原因ではない。というのも，PCrは単回の短時間のスプリントだけでは枯渇しないからである。他の考えられる要因については第6章で議論する。

> **キーポイント**
>
> PCrは，5～30秒の単回のスプリント運動で完全には枯渇しない。よって，短時間最大運動時の疲労はPCrの枯渇だけによるものではないと考えられる。

2.2.2.2 間欠運動

　間欠運動とは，短時間の最大運動（通常5～30秒程度持続）と回復期からなる運動，あるいは強度が変化する運動であり，サッカーなどのチームスポーツが該当する例として挙げられる。間欠運動への代謝応答に関する研究はまだ少ないが，間欠運動時におけるATP供給は，様々なエネルギー代謝経路が複合的に関与して維持される[12]。間欠運動が続くにつれて，各エネルギー代謝経路の相対的な貢献率は，その前に行った運動，また回復期の時間と強度に応じて変化する[12]。エアロビックおよびアネロビックなエネルギー供給は間欠運動時に活発である。この2つの経路の正確な寄与率については議論が続いているが，運動の種類や強度（詳しい議論は第7章で行う），およびアスリートの個人差に影響を受けると考えられる。

　自転車スプリントを繰り返す際，PCrの再合成能力と力発揮の回復には有意な正の相関関係が報告されている[13-14]。同様に，高強度運動後の回復期に，下肢の血流を止めてしまうとPCrの再合成が抑制され，また力発揮の回復も抑えられてしまう[15-16]。これらの研究は，実験室での間欠運動時のパフォーマンスに少なくとも部分的にはPCrが貢献していることを示すよい証拠である。しかし，部分的という表現を再度強調しておく。PCrの回復とスプリント運動を繰り返した

時のパフォーマンスの相関関係を報告した先行研究では，PCr の回復により 45
～71％の力発揮能力が回復したと示されている[13-14]。したがって，回復した力発
揮能力の残り 29～55％は，他の要素によって説明される。

　クレアチンの摂取が間欠運動のパフォーマンスに与える影響を調べた研究では，
PCr がこの運動の疲労に与える影響は絶対的なものではない，ということがさら
に裏づけられた。クレアチンの摂取は安静時に PCr 濃度を高めること，PCr の
再合成を高めること，細胞内 H^+ の緩衝作用をもつことからパフォーマンスを上
げることが考えられる。複数の先行研究で，クレアチンの摂取は PCr の貯蔵を
増やし，実験室での 6 秒または 30 秒間の繰り返しのスプリント運動時のパフォー
マンスを向上させることが示された[17-18]。しかし，他の研究ではクレアチンの摂
取は，筋のクレアチンや PCr 量の増加がみられたにもかかわらず効果がないか，
あるいは顕著な差をもたらさないことが，実験室および現場での繰り返しのスプ
リント運動で報告されている[19-22]。このように研究結果が異なるのは，おそらく
スプリント運動の内容の違いや偽薬（プラセボ）効果にも影響を受けたものだと
思われるが，これらから PCr が間欠的運動時の疲労に果たす役割に対する理解
は曖昧となっている。

　運動時間が長くなるにつれて PCr が疲労に果たす役割は小さくなる。運動時
間が長いほど ATP 再合成の主経路がエアロビックなものとなっていくため，こ
れは当然予想されることである。しかし，長時間運動時においてもチームスポー
ツのように短時間の高強度運動が含まれる場合，PCr は一定の役割を果たす。こ
れまでに述べたように，6 秒スプリント運動時には PCr が ATP 再合成の約半分
を担い，また PCr はエアロビック代謝によって再合成される。チームスポーツで
は，2～3 秒のスプリントと 2 分程度の休憩を繰り返すと報告されている[23-24]。
Gaitanos ら[2] は，スプリント運動の際に PCr を ATP 再合成へ継続的に寄与させ
るためには，30 秒の休憩時間があれば十分であると述べている。チームスポー
ツでは低強度の活動の時間が占める割合が 85％以上という報告を踏まえる
と[24-25]，運動と回復のパターンはランダムではあるが，チームスポーツでは PCr
を試合中に再合成するための十分な時間があるといえる（7.2.2.1.1.2 項）。しかし，
試合中には短い休憩時間でスプリント運動を繰り返すこともある[24, 26]。よって，
PCr の枯渇は運動中止をもたらすものではないと思われるが，筋の張力発揮を一
時的に低下させる可能性があるということは無視できない（7.2.2.1.1.2 項）。

> **キーポイント**
>
> PCrは，単回あるいは繰り返しのスプリント運動時の骨格筋疲労に関わる。PCrが疲労に与える影響は運動時間が長くなるにつれて小さくなるが，長時間運動であっても高強度の活動を含む場合はPCrが貢献している。

2.2.3 グリコーゲンの枯渇

糖，特に筋や肝臓のグリコーゲンや血液中のグルコースは，運動時の主要なエネルギー源である。運動時のエネルギー代謝への糖の貢献度は運動強度が上がるにつれて大きくなる。糖は解糖系（アネロビック）およびクレブス回路（エアロビック）で代謝される。広範囲な強度の運動において，糖はATPを再合成するためのエネルギー源となる。

糖の代謝については多くの側面から研究されていて，この本だけでは紹介しきれない。よってここでは，糖と運動パフォーマンスに関する関係性を示した古典的な研究，またグリコーゲンの枯渇が疲労をもたらすということを再認識させた研究，さらには運動時の疲労に対する糖の役割に関する最近の知見について焦点を当てて論じる。

2.2.3.1 古典的研究の概説

糖と運動パフォーマンスとの関連性についての研究は，1920年代に行われ始めた[27-28]。そして，1960年代後半に筋バイオプシー技術が導入されることで，糖の量を調節することが注目されるようになった。2つの古典的な研究で下記のことが示された[29-30]。

①長時間の最大下運動時には筋グリコーゲンが枯渇しうる。

②疲労困憊に至る運動の後には，高糖質食を摂ることで筋グリコーゲン貯蔵を運動前よりも高レベルにすることができる（超回復）。

③運動が非活動筋のグリコーゲン濃度に与える影響は，血中グルコース濃度が一定に保たれている条件では，無視できるレベルである。

④筋グリコーゲンは長時間の中強度から高強度運動時の主要なエネルギー源で

あり，運動開始時のグリコーゲン量は運動の継続可能時間の決定因子となる（**図 2.3**）。

バイオプシー技術が導入された初期の研究の後，食事での糖質摂取量を変化させることや運動前や運動後に糖質を摂取することと，運動パフォーマンスとの関係性について，多くの研究成果が発表された。それらの研究成果は運動パフォーマンスに対する糖の重要性を再認識させるものであり，糖質摂取がパフォーマンス向上効果をもたらす科学的背景も受け入れられるようになった。いくつかの理論は，長年にわたり，アスリートやコーチ，スポーツ科学を専攻する学生，そして学術界において，糖が運動パフォーマンスに与える影響についての説明として，主要なものであり続けた。糖は疲労に関与しないと述べることは，これまでの多くの研究成果に反するものである。しかし，筋グリコーゲン量と運動パフォーマンスとの関連性は 50 年近く前に示されていたにもかかわらず，なぜグリコーゲン濃度が低い時に発揮筋力は低下するのか（すなわち疲労状態に至るのか），決定的なことは未だにわかっていない。過去および現代の研究を批判的な目をもって子細にみることも重要であり，それによって糖が実際に運動パフォーマンスや疲労に対してもつ効果，またどのようにその効果をもたらすのか，について我々

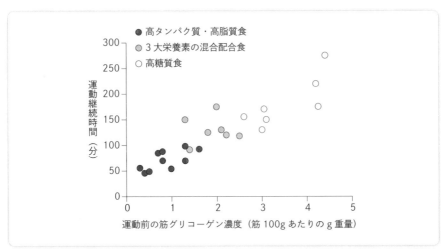

図 2.3 3 種類の異なる食事（高タンパク質・高脂質食，高糖質食，3 大栄養素の混合配合食）の後で行った一定負荷での自転車エルゴメーター運動の継続時間。食事の糖質比が高くなるほど運動継続時間が延びることから，運動を継続する能力は運動前の筋グリコーゲン濃度に部分的に依存することを示している。Bergstrom ら[30] の結果。

の考え方が変化するかもしれない。

キーポイント

　筋のエネルギー源としての糖の重要性は，何十年にもわたって認識されてきた。近年の研究により運動パフォーマンスを制御する上での潜在的な糖の役割についての知見が広まってきた。

2.2.3.2　糖に関連した運動時の疲労を招く可能性のある要因

　運動時，特に長時間運動時にパフォーマンスが低下する原因として，最もいわれている理由の1つは，筋グリコーゲンが枯渇してATPの再合成が必要なだけできなくなることである。もちろん，この説の背景となっている理論は理にかなっている。グリコーゲンは運動時に最も重要なエネルギー源であり，またグリコーゲンは体内に無限に貯蔵できるわけではないため，グリコーゲンの枯渇で疲労に至る。これで問題解決，といってよいのだろうか？

　残念ながら，そうではない。次の項で，糖に関連した疲労のメカニズムとして考えられていること，そして近年の観点について述べる。

2.2.3.2.1　グリコーゲンの枯渇によるATP再合成の低下

　図 2.3 のように，糖貯蔵量と運動の持続時間に関連性があることは数十年前に示されている。私たちはさらに，長時間運動時の疲労には，しばしば骨格筋グリコーゲン濃度の低下を伴っていることも知っている。しかし，この章の冒頭で運動時のATPの再合成に関して論じた点を思い出してほしい（2.2.1 項）。もしATPが運動時に枯渇した場合（ATPの利用がATPの再補充を大きく上回った場合），筋は硬直するだろうが，運動時のヒトでそのようなことは報告されていないことを説明した。それと同様に，筋グリコーゲン濃度の低下がATP供給の減少に繋がることを示す証拠は少ない。反対に，長時間運動時の疲労は筋グリコーゲン濃度が低下している時にみられるが，ATP濃度は安静時とは顕著な差がないことも報告されている（図 2.4）[31-34]。この結果は，筋グリコーゲンの枯渇によるATP再合成の低下は，長時間運動時に疲労をもたらす直接的な原因ではないということを示唆している。

しかし，疲労困憊時に筋ATPは高濃度であるとしても，筋グリコーゲンの枯渇が骨格筋細胞内で局所的にATP濃度の低下をもたらすという可能性を否定はできない。一般的な認識と反して，グリコーゲンは骨格筋内で均一に存在するわけではなく，クラスター（塊）として局在する。グリコーゲンは基本的に，筋細胞膜下グリコーゲン（subsarcolemmal：筋細胞膜または筋膜直下に局在），筋原

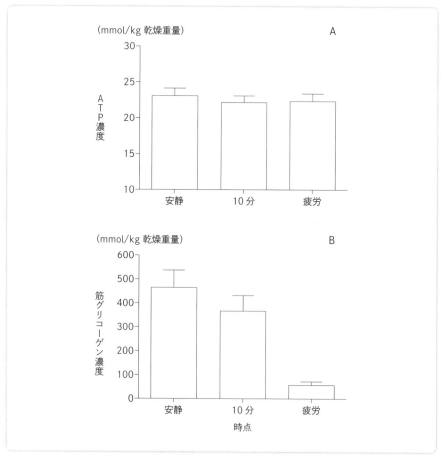

図2.4 安静時および持久的な自転車運動時の様々な時間帯における（A）筋ATP濃度および（B）筋グリコーゲン濃度。筋グリコーゲン濃度は疲労困憊時には低下しているが，筋ATP濃度は安静時との顕著な差はみられないことが一目瞭然である。よって，筋ATP濃度はグリコーゲン濃度が低下しても「守られる」。この結果は，筋グリコーゲン濃度の低下でATPの再合成が必要な分だけ行うことができなくなり，疲労に繋がるという主張を支持しない。著者が文献のデータをもとに図を作成。

線維間グリコーゲン（intermyofibrillar：筋原線維の間に局在），筋原線維内グリコーゲン（intramyofibrillar：筋原線維内の Z 線の近くに局在）の 3 つに大別される[35]。最も多いグリコーゲンの塊は筋原線維間グリコーゲンであるが（全グリコーゲンのおよそ75％を占める），筋線維タイプ，トレーニング状態，筋の動員，そして運動の種類によって変わる[35]。特定部位のグリコーゲンが枯渇することは ATP 濃度にネガティブな影響を与えうると考えられるが，「筋全体での」ATP 濃度を測定してもそれは検出できないだろう。

　局所的な ATP の枯渇は，筋小胞体からのカルシウム（Ca^{2+}）放出の変化を介して疲労と関わる。筋原線維内グリコーゲンは多くの様式の運動で最初に枯渇する[36]。ほとんどの筋原線維内グリコーゲンは三連構造（横行小管とその両側を覆う筋小胞体の終末槽のこと：図 2.5）に近接して貯蔵されている。筋原線維内グリコーゲンは三連構造の ATP 合成に関わると考えられており，故に興奮収縮連関，特に筋小胞体からの Ca^{2+} の放出（アクチン-ミオシンクロスブリッジの形成と筋張力発揮に決定的な役割を果たす）において，重要な役割を果たすことができる。筋原線維内グリコーゲンの枯渇は三連構造の局所的な ATP の枯渇を招く可能性があり，興奮収縮連関での重要な段階が正常に機能しなくなると考えられ

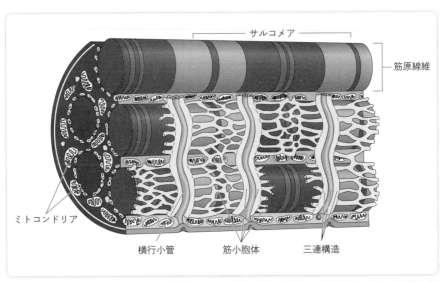

図 2.5　筋サルコメアとそれを囲う膜の概要図。横行小管（T 管），筋小胞体，そして横行小管と筋小胞体の終末槽からなる三連構造を示す。Thibodeau と Patton[40] より作成。

る。この説は，運動後に筋小胞体の機能やCa^{2+}の反応速度が損なわれること，またこの現象が筋グリコーゲンの枯渇と同時に起こるという結果により，支持されている[36-39]（第5章でさらに議論する）。これらの結果は，グリコーゲン枯渇による代謝的なエネルギー不足という説を支持するようにみえる。しかし，これらの示唆を決定づける，あるいは異議を唱えるためには，さらに多くの研究が必要である。というのも，いくつかの研究で筋グリコーゲン濃度の低下とCa^{2+}の反応速度の変化に関連がなかったことが報告されているためである。したがって，筋グリコーゲンが興奮収縮連関で，代謝以外の役割を果たしている可能性が否定できない（5.7.1項）。

キーポイント

筋グリコーゲン枯渇によって必要な分のATP再補充ができなくなり，疲労が進行するという説が一般的である。しかしこの仮説を支持する研究成果は少ない。事実ほとんどの研究で，筋グリコーゲンが枯渇した際にもATP濃度の変化は小さいことが示されている。

キーポイント

局所的な筋グリコーゲンの枯渇は，興奮収縮連関機構の特定の箇所でのATP産生の減少を招き，筋機能の低下に繋がる可能性がある。これは筋グリコーゲン枯渇によるエネルギー不足仮説を支持する結果だろう。

2.2.3.2.2 グリコーゲンの枯渇が低血糖，ひいては疲労に繋がる

4つの主要なエネルギー源（筋グリコーゲン，筋中性脂肪，血中グルコース，遊離脂肪酸）の運動中の利用パターンは，運動の様式や強度と時間，トレーニング状態，栄養補給，運動前のエネルギー貯蔵状態，環境要因—特に環境温度など，多くの要素によって決まる。しかし，中程度の強度の運動時における一般的なエネルギー源利用パターンは**図2.6**に示す通りである。筋中のエネルギー源（グリコーゲンと中性脂肪）が運動の最初の90分間程度において主に使われる。運動時間がそれ以上になると，筋グリコーゲンの枯渇に伴い，血液中にあるエネルギー源（グルコースや遊離脂肪酸）がより大切になる。運動中の血中グルコース

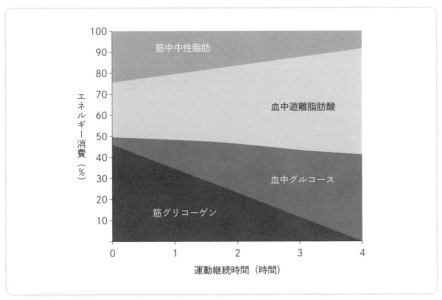

図 2.6 中程度の強度の運動継続時間と 4 つの主要なエネルギー源の貢献。運動の初期（0〜約 1.5 時間）においては，筋内のエネルギー源が主な供給源となることに留意してほしい。運動時間が長くなるにつれて，血中にあるエネルギー源が主となる。各エネルギー源利用の実際の様相は運動の様式や時間，トレーニング状態，運動前のエネルギー状態，環境条件に依存する。

濃度は肝グリコーゲンの分解により保たれる（アミノ酸や中性脂肪成分のグリセロールといった，グルコース産生に関わる物質もあるが，これらの利用は通常多くないためここでは議論しない）。肝グリコーゲン貯蔵量は有限であるため，グルコースの代謝利用の亢進で血中グルコース濃度を適切な範囲内に保てなくなり，低血糖が進む可能性がある。

　長時間運動時には，グルコースは活動筋および中枢神経系にとって大切なエネルギー源となる。脳のグルコース貯蔵量は限られている。したがって，血中グルコースの取り込みは脳にとって極めて重要である。一度血中グルコース濃度が危機的なレベル（およそ 3.6mmol/L）に低下すると，脳のグルコース取り込みは低下し始める[41]。よって，低血糖は骨格筋へのエネルギー源の供給減（末梢性疲労）と脳への供給減（中枢性疲労）を介して，長時間運動時の疲労に関わるだろう。

　複数の研究で，長時間運動時には低血糖の進行が中枢性疲労の要因の 1 つであ

ることを支持するような結果がみられている。これらの研究では，長時間運動時の低血糖が脳のグリコーゲン濃度の低下に繋がる可能性を示している。この現象は中枢性疲労に直接的に，あるいは他のメカニズムを介して間接的に関わっていると考えられ，詳しくは第6章で議論する[42]。長時間運動後の骨格筋の力発揮は血中グルコース濃度が維持された時に高く，また，これには神経筋ドライブ（neuromuscular drive）がよりよいことが伴っている[43]。ラットを対象とした実験で，低血糖状態下での電気刺激による筋力発揮は正常血糖状態時にも変わらないが，低血糖条件で運動を行うと，早い段階で疲労困憊に陥ることが示された[34]。この結果は，筋グリコーゲンの枯渇と低血糖は，筋収縮能力自体には影響を与えないことを示している。筋への直接電気刺激，すなわち中枢神経系を介さない実験系を用いた研究で，筋グリコーゲンの枯渇と低血糖は疲労に関わるが，それは末梢ではなく中枢を介しているのであろう，と著者らは結論づけている。しかし，低血糖は活動筋へのエネルギー供給の低下を介しても疲労に関連することも考えられる。先述した通り，長時間運動を続けるにつれてグルコースがより重要なエネルギー源となる。糖質の摂取による長時間最大下運動時の運動能力の改善は，筋グリコーゲン利用の節約は伴わず，血中グルコース濃度の維持や筋でのグルコース取り込みが改善されることが原因と考えられる[44-45]。

　興味深いことに，低血糖による持久的パフォーマンスへのネガティブな効果はみられず，低血糖を防ぐことが必ずしも運動時の疲労を遅らせることには繋がらない，といくつかの研究で報告されている[46]。低血糖状態で運動しても正常血糖状態で運動した際と比べて筋での糖酸化には差がみられず，正常血糖の維持が持久的運動能力にもたらす影響はかなり不確定であり，何人かの被験者では正常血糖時と低血糖時でパフォーマンスに差がみられなかったことも報告されている[47]。低血糖に対する反応は個人差があり，吐き気や錯乱，めまいの症状が出る人もいるが，そのような兆候がみられない人もいる。低血糖が運動時の疲労に与える影響について一致した見解は得られにくく，低血糖が運動時の疲労をもたらす要因として矛盾がないとは現時点ではいえないように思われる。

キーポイント

　低血糖が長時間運動時に中枢性および末梢性の疲労をもたらすことを示唆する結果はあるものの，一貫して得られているわけではなく，低血糖に対する反応は個人差が非常に大きい。

2.2.3.2.3　糖質の補給についての研究で，疲労に対する糖質の役割に関してどのようなことがわかるだろうか？

　糖質の補給が運動時の疲労の発生を遅らせることができるという考え方は，一般的に受け入れられている。しかし，筋グリコーゲンの枯渇と同様に，この考えの背景となるメカニズムは不明である。古典的な説では，糖質の補給によって血液循環に入ってくる糖の利用が増え，運動時に筋のグリコーゲンを節約できると考えられてきた。筋グリコーゲン利用の節約は，運動後半で容易に利用できるエネルギー貯蔵の増加に繋がり，運動の長時間持続に繋がると考えられる。糖質の補給による筋グリコーゲン利用の節約は様々な運動で観察されている[49-52]。しかし，近年では糖質の補給は，中程度の運動時に筋グリコーゲンの節約をもたらさなかったという報告もある[48]。事実，1986 年の研究でも，被験者は運動時の糖質補給で自転車運動を 1 時間長く継続することができたが，糖質補給の有無による運動中の筋グリコーゲン濃度の違いはみられなかった[44]。この著者らはこの結果を，低血糖の抑制およびそれに伴い筋で継続的に糖を取り込んで利用できたことに起因すると考察した。しかし，2.2.3.2.2 項で論じた通り，低血糖が疲労に与える重要性については議論の余地がある。また，興味深いことに，糖質摂取による筋の糖酸化量の維持と持久的能力の向上の関係を示した研究で，糖酸化量を高く保てていた時でも疲労は起こっていた。血中グルコース濃度または糖酸化量の維持が，実際に疲労を遅らせるためのメカニズムなのか否かは疑問がある[48]。運動時の糖質摂取が筋小胞体の機能および Ca^{2+} の反応速度に与える影響もはっきりしない。疑いもなく，糖質摂取と運動パフォーマンスに関する明快な答えを出すことは難しい！　糖質摂取に関する近年のより批評的な総説によって，さらに難しくなっている。ここでは詳しく述べないが，興味のある読者は近年の論文を読んで情報をさらに得るとよいだろう[53]。しかし，この本の目的を踏まえて，主

要な内容を紹介する。糖質摂取に関する主な批判点は下記の4つである。

①かなりセンセーショナルに表現されているが，実はそこまでの問題ではない運動に関連した事柄，例えば，運動時の脱水について，検証しようとしている（第4章で論ずる）。

②多くの著名な著者が，巨大なスポーツドリンク会社と経済的および職業上の繋がりをもっていて，研究成果と何億ポンドにも値する産業界との間に利益相反がある可能性が示唆されている。

③前述した研究と産業との繋がりは，糖質補給と運動に関するネガティブなデータが論文として発表されにくくなる要因となっている。

④研究デザインの質に問題がある。

このうち②と③に関しては，この本で扱う対象外となるが，先行研究をよく吟味して読者自身で結論を導き出してほしい。一方，研究デザインの質に関してはここで議論するに値する。

キーポイント

糖質の摂取は筋グリコーゲン貯蔵を節約することで疲労を遅らせるというのが一般的な説である。しかし，先行研究で一致した結果として，実は糖質の摂取は中程度の運動時において筋グリコーゲンの節約に繋がらない。

糖質摂取に関する研究デザインにおける問題点を**表2.1**にまとめた。サンプルサイズが小さいことは，スポーツ科学の研究，特に臨床および医学的な研究において，一般的な特徴である。これにはいくつかの理由がある。例えば，研究においてよく特定の集団が求められることが挙げられる（例えば，18〜25歳で2年以上積極的にサッカーを競技している男性，という条件など）。これはえり好みをしているわけではなく（被験者が誰でもいいのなら研究者人生はもっと楽だっただろうに！），より妥当または価値のあるデータを得るためである（一方の性別だけを選ぶのは反応や結果の男女差を除くためであり，年齢の幅を狭めるのはパフォーマンスのばらつきを減らすためである。特定の層の被験者を選ぶのは，ターゲットとなる対象に対してより適用可能なデータを得るためである）。スポーツ科学の研究は被験者募集のやり方も少し異質であり，例えば被験者は，臨床および医学的な研究と比較してしばしばタフで時間がかかる上に，経済的に

表2.1 糖質摂取と運動パフォーマンスに関する研究における，方法論および研究デザインに関する批評

①サンプルサイズの小ささが研究成果の一般化の可能性を狭めている	サンプルサイズの小ささは，被験者と同等の特性をもつ人々以外には研究成果を適用できないことを示している。このことは，研究において一般的で公平な批評であるが，ほとんどのスポーツ科学の研究，特に介入を伴う生理学的研究は，他の分野，例えば臨床的研究よりも小さなサンプルサイズで通常行われている。
②スポーツのパフォーマンスを測定する上で妥当性のない試験を行っている	多くの研究で，疲労困憊に至るまでの運動負荷試験を採用しているが，実際の競技現場では決められた距離をできるだけ短時間で行うことを目的とする場面が多いため，パフォーマンスを測るために妥当な試験とはいえない。
③研究アプローチの違い	研究によってプロトコル，環境条件，運動強度，糖質摂取，測定項目が異なる。よって，異なる研究同士を比較することは難しい。
④盲検化の不足	いくつかの研究では，被験者に対して介入内容の盲検化をしていないため，偽薬（プラセボ）効果を無視できない。
⑤疲労を測るために妥当でない測定項目	いくつかの測定項目は疲労を測る上での妥当性が疑われている。例えば，筋グリコーゲンの節約とパフォーマンス改善や疲労の遅延との間に明確な関係性はなく，また，VO_2max は同質の集団ではスポーツパフォーマンスをよく反映する指標とはいい難い。
⑥運動前の食事の操作	多くの研究で，被験者に一晩の絶食を行わせている。絶食時間は通常 8～16 時間となっており，肝臓や筋のグリコーゲンを顕著に減少させるため，糖質摂取による運動パフォーマンスの改善効果がみられやすいと思われる。

Cohen[53] より

も個人的に得るものがない研究に関わるよう頼まれる。臨床および医学的研究では，しばしばもっと多くの被験者が確保され，また募集を最大限行うために様々な場所や組織を介して研究が行われることがある。サンプルサイズが小さいことは，ほとんどのスポーツ科学の研究に対して行われる批評であるが，擁護はできる。

　非特異的な，または信頼性の低い運動試験を使うことや，疲労とは関係がなさそうな項目の測定を行うことは，一部の研究においての限界となり，なぜ研究者がそのような試験・測定を行ったのか，推察することも適切ではない。適切な盲検技術を用いることは偽薬（プラセボ）効果を打ち消すためにとても重要であり，盲検法の欠落は根本的な弱みとみなされる。研究アプローチの違い（運動様式，

環境条件，糖質摂取など）は，その研究では明らかに正当化されるが，糖質摂取が与える影響について一致した見解を得る上で難点となる。

　糖質摂取に関連した研究において最も大きな問題点の1つは，運動の前に絶食が行われることである。一般的に絶食は，被験者のグリコーゲン濃度を各試験で標準化させ，データを乱す要素である被験者間のエネルギーレベルの差を取り除くことができる。しかし，絶食は筋や肝臓のグリコーゲンを減らす。よって，被験者はグリコーゲン貯蔵が最適以下の状態で運動を始めることになり，運動中の糖質摂取の効果が出やすい可能性がある状況となる。絶食はトレーニングや試合前にアスリートが慣習的に行うものではなく，被験者に絶食を行うよう依頼することはデータの妥当性を下げる。また，被験者が絶食を行うことは糖質摂取がポジティブな効果をもたらすという偏見を招くという主張も生じうる。これは客観的な研究を行うという目的に反するものである。

　現時点で行われている研究に対する重要な視点であるため，上記の議論を入れた。最もよく受け入れられている見解でさえ，常に批判的な評価により異議を唱えられている。何がわかっているのか，何がグレーな点なのか，現存する見解はどれだけ信じてよいものか，そしてもっと知らなければいけないことは何なのかについて，より優れた洞察と正確な理解が我々に求められる。

> **キーポイント**
>
> 　運動時の糖質摂取に関する研究への批評は，真実を十分に見極める上で，批判的かつ客観的に研究成果を検討することの重要性を示す。

　上記の論議を読むと，運動時の疲労に糖が与える影響について，1つの結論やメカニズムに行きつくのは難しいことに気づくだろう。研究による不一致は，運動の様式や強度の違い，トレーニング状態，筋線維タイプの分布の個人差，そして運動前の筋グリコーゲン貯蔵の個人差によると考えられる。例えば，自転車運動中には走運動時よりも血中グルコース濃度と糖酸化量の漸進的な低下が疲労の起こる前にみられる。すなわち，自転車運動中に糖質摂取を行うと，走運動時よりも低血糖を防ぐことによるパフォーマンスの改善（2.2.3.2.2項）が起こりやすいだろう。ただ問題は，筋グリコーゲンの節約を報告した先行研究であっても，運動を長時間続けることができる可能性を示唆したものは数少ないことである。

したがって，筋グリコーゲンの節約と疲労を遅らせることの因果関係は決定的ではなく，筋グリコーゲンの節約は運動中の力発揮の維持または向上，ひいてはパフォーマンスを上げるためのメカニズム「そのもの」ではない可能性が考えられる。

2.2.3.2.4　グリコーゲンと運動時の疲労——簡潔な要約

ここまでの議論は明確な答えを伴わない多くの情報を与えていて，いらだたしい感じにもなっただろうが，この分野の知見の現況を正確に映す鏡ともいえる。現実から目をそらし，筋でグリコーゲンが枯渇してエネルギー危機を招き疲労をもたらすという快適でなじみのある説を手放さないようにすることはできない。なぜなら，それは多くの先行研究の結果を無視することになるからである。現時点でわかっていることは下記の4つである。

①筋グリコーゲンの枯渇は，何らかの形で運動時の疲労の進行に関わっている。

②筋グリコーゲンの枯渇はおそらく筋全体でのATPの枯渇をもたらさない。しかし，筋内での局所的なグリコーゲン枯渇はATPの局所的な枯渇，ひいては興奮収縮連関の過程の特定の段階を妨げ，筋疲労に繋がると考えられる。

③現時点で，局所的な筋グリコーゲンの枯渇はATP依存的なCa^{2+}の細胞内外への移動を阻害し，筋力発揮能力の妨げになるように思われる。

④持久的運動時には，筋や肝臓のグリコーゲンの枯渇は低血糖に繋がる。低血糖が運動時の疲労に対して与える影響は末梢性（筋のグルコース取り込み低下）および中枢性（脳のグルコース取り込み低下）のどちらも考えられる。

概して，糖が関連した疲労に関する研究の焦点は伝統的理論から移りつつあり，一方で糖という重要な栄養素が果たす他の潜在的な役割，例えばCa^{2+}反応速度や中枢性疲労についての検証が始まり出した。事実，多くの現代の研究は疲労の過程における糖の中枢への作用機序に焦点を当てている。

キーポイント

運動時のグリコーゲンの重要性はよく知られていて，運動時の糖質摂取についての研究は多岐にわたる。しかし，この分野において我々が知っていることは完璧とは程遠く，グリコーゲン，糖質摂取，運動時の疲労の関係性について研究がもっと必要である。

2.2.4 遊離脂肪酸

脂肪はその約90％が中性脂肪の形で，全身の様々な場所にある脂肪組織に貯蔵されている。筋内にも量は少ないが重要な中性脂肪の貯蔵がある。脂肪組織や筋の中性脂肪は運動時にエネルギー産生に利用される。脂肪組織に貯蔵されている中性脂肪は，特定のホルモン感受性リパーゼ（脂肪分解酵素）によって分解が調節されていて，中性脂肪1分子につき1つのグリセロールと3つの脂肪酸分子が生じる。グリセロールと脂肪酸は血液中に入り，グリセロールは肝臓に取り込まれて中性脂肪に合成される，酸化され解糖系に入るかあるいはグルコースに変換される。脂肪酸（血液中の脂肪酸のうち，血漿タンパク質のアルブミンとは結合していないもの）は，脂肪酸輸送タンパク質や脂肪酸トランスロカーゼ（転移酵素，FAT/CD36）を介して筋に入ることができる。一度筋内に入ると，脂肪酸はアシルCoAに変換されて，カルニチンシャトルを介してミトコンドリアに入る。一度ミトコンドリア内に入ると，脂肪酸はβ酸化を受け，アシルCoAとなっていた炭素基が，β酸化1サイクルにつき2つ外れる。そこでできるアセチルCoAはクレブス回路に入り，エアロビックなATP再合成に貢献する。脂肪はアネロビックにATPを産生することはできない。

痩せている人であっても脂肪貯蔵は大量にあり（若い成人男性は約6～10万kcalの貯蔵があり，このエネルギー量があれば1マイル9分のペースで800マイル以上走行できる―もちろん理論上の話！），とても長い時間の運動をしている時であっても脂肪酸の枯渇は疲労を招くものではない。しかし，それでも脂肪代謝は運動時の疲労に影響しうる。エネルギー消費における脂質の貢献度合いは運動の継続に伴い上昇する。グリコーゲン貯蔵量に限りがあるため，エアロビックトレーニングの目的の1つは，脂質をエネルギー源として代謝する能力を高めることである。持久的トレーニングによって遊離脂肪酸の血中への出現が増え，脂肪分解が亢進するが，また一方で血中からの脂肪酸消失の亢進，すなわち肝臓や筋での取り込みの亢進も示唆されている[54]。しかし，興味深いことに，この研究では全身レベルでの脂肪分解速度も脂質の総酸化量も増えていない。論文の著者らはこの結果を食事の介入による影響があったと考えている。他の研究では，トレーニングによる運動中の遊離脂肪酸酸化の増加[55-57]，脂質酸化が最大となる運動強度の上昇[58]，さらには脂肪酸の酸化能力が増大する時に骨格筋のグリコー

ゲン利用の節約がみられること[59]を裏づける結果が得られている。この代謝の改善は，おそらくトレーニングによる脂肪酸輸送タンパク質の，総量の増加や筋細胞膜やミトコンドリア上に局在する量の増加が関わっていると考えられている[60]。脂肪酸酸化における代謝の改善は筋グリコーゲンの枯渇，ひいては疲労を遅らせることができると考えられる。しかし，筋グリコーゲン利用の節約は常に脂肪酸酸化の増加を伴っている，というわけではない。

> **キーポイント**
>
> 脂肪は中性脂肪の形で貯蔵されていて，脂肪酸へ分解され，筋に取り込まれて，β酸化を受けた後，クレブス回路でのエアロビックなエネルギー産生に使われる。

　近年，絶食状態（つまり故意に肝臓または筋グリコーゲン貯蔵を低下させた状態）で行うトレーニングは，グリコーゲン貯蔵が大量にある状態で行うよりも，運動時の脂質酸化を改善するために効率的であることが示唆されている。絶食状態でのトレーニングでは，エネルギーのホメオスタシスがよりかく乱され，β酸化の鍵酵素最大活性の増大などの適応を引き起こし，エネルギー源（すなわち遊離脂肪酸）をより多く代謝できるようになると考えられている[58]。興味深いことに，絶食状態でのトレーニングは糖の酸化利用も刺激する可能性があるので，絶食状態は酸化反応全体に対する刺激となることが考えられる。絶食状態でのトレーニングは血中インスリン濃度の低下やアドレナリン濃度の上昇を招き，これにより脂肪分解が促進され，脂肪酸酸化の機会が増加すると考えられている。そこで絶食状態でのトレーニングによって，アスリートは代謝機能の改善，ひいては疲労の発生を遅らせることができると考えられている。しかし，絶食状態でのトレーニングが運動時に筋グリコーゲン利用の節約に繋がるかは曖昧である。また，絶食状態でトレーニングしても，その後グリコーゲンが十分に貯蔵された状態で運動すると，脂質酸化能力が改善された状態であっても糖を主に使う状態に身体が戻ることも報告されている[59]。絶食状態でのトレーニングと運動パフォーマンスの改善の関係は現時点で明らかに示されてはいないので，今後このトレーニング法が疲労防止の上でもたらす有効性について，さらなる研究が適切に行われることが求められる。

> **キーポイント**
>
> 　絶食状態でのトレーニングは，筋がエネルギー利用のために脂質を酸化利用することを亢進し，筋グリコーゲン利用の節約や疲労の遅延に繋がる可能性がある。しかし，このことはまだはっきりとは示されていない。

2.3 まとめ

- ATP は最も重要な化学エネルギー源であり，食物中の主に糖質や脂質からコンスタントに再補充する必要がある。

- ほとんどの様式の運動で，運動強度や時間の違いによらず，筋全体での顕著なATP の枯渇は一般的にみられない。

- ATP の顕著な枯渇は各筋線維内，特に速筋線維にみられる可能性があり，それが疲労に関わっている可能性がある。

- PCr 貯蔵の枯渇は，短時間最大努力での運動を単回または短い回復時間で繰り返し行う際の疲労に付随して起こる。しかし，PCr の枯渇はこの様式の運動時の疲労のすべては説明し切れない。

- 筋グリコーゲンの枯渇は運動時の疲労に付随して起こるが，その正確なメカニズムには議論の余地がある。

- 筋グリコーゲンの枯渇が筋全体での ATP の枯渇を引き起こすようにはみえない。しかし，筋内の特定の場所でのグリコーゲン枯渇は，ATP の局所的な枯渇をもたらし，筋小胞体での Ca^{2+} の放出など興奮収縮連関の一部に影響を与える可能性がある。

- 血中グルコースは中枢神経系の主なエネルギー源である。長時間運動時，肝臓グリコーゲンの枯渇による低血糖の進行は，中枢性疲労の進行や神経筋出力の低下に繋がると考えられる。

- 低血糖は骨格筋のグルコース取り込みを妨げ，糖酸化を減らし，ひいては筋機能の低下に繋がると考えられる。

- 糖質摂取に関する研究は運動パフォーマンスにおける糖利用可能量の重要性を再認識させるが，糖質摂取の有効性のメカニズムは明らかでない。糖質摂取に

よるパフォーマンス改善に関して，一般的によくいわれるメカニズムは筋グリコーゲン利用の節約であるが，このことは今活発に議論されている。

- 糖質摂取に関する研究に批評的な精査が近年行われていることは，糖質摂取と運動パフォーマンスや疲労に関する知識を深める前に，考慮に入れる必要がある。

- 脂肪酸の利用可能量は，疲労の進行に直接的に影響を与える要素ではない。しかし，持久的トレーニングおよび絶食状態でのトレーニングは，運動時に筋がより多くの脂肪を酸化できるような代謝適応を促進し，特に持久的運動時において，筋グリコーゲン利用の節約や疲労の遅延をもたらすと考えられている。ただ，研究成果は一貫性を欠くので，さらに多くの検証が必要である。

考えてみよう

あなたはオリンピック・ディスタンスのトライアスロン競技（1500m 水泳 +40km 自転車 +10km ランニング，合計約 2 時間）で，国を代表するレベルのコーチであるとする。あなたは選手の代謝能力を高め，できるだけ「エネルギーを効率よく利用できる」状態にして，疲労が進行するリスクを最低限にしたい。

この章の内容を踏まえ，選手がパフォーマンス向上に向けて最適なエネルギー利用をできる状態にするために，あなたはどのような戦略でトレーニングや試合に臨むだろうか。根拠をもって考えてみよう。あなたの決断は研究成果に基づいているだろうか。責任をもって疲労を防ぐことができるだろうか……。

テストをしてみよう

できる範囲で以下の問題に解答してみよう。解答することでわかる知識を理解してから，本書の続きを読み進めてみよう。

① 運動時には，どうして ATP がエネルギー供給のために重要なのかを説明してみよう。

② 運動時における筋全体での ATP 枯渇と個々の筋線維での ATP 枯渇の違いとして，考えられることをまとめてみよう。

③ 以下の運動において，PCr が疲労に与える影響は何だろうか。最大努力の運動を 1 回だけ行う場合，短い回復時間で最大努力の運動を繰り返す

場合，長時間にわたる運動で最大努力での運動を短い回復時間で行うこと
もある場合，について考えてみよう。

④　運動時の筋グリコーゲンの枯渇と ATP の再合成に関する最近の知見は，
どのようなものだろうか。

⑤　低血糖が運動時の疲労に与える影響として，2 つの機序が考えられてい
るが，それは何だろうか。

⑥　糖質摂取の研究結果を解釈する上で考慮しなければいけない重要事項，
およびそれによって糖質摂取と運動時の疲労に関する私たちの理解がどの
ように変わるかについて，簡潔にまとめてみよう。

⑦　運動時の遊離脂肪酸の代謝を変化させることが，運動パフォーマンスを
向上させ，疲労の進行を遅らせる上でどのような効果をもつか，説明して
みよう。

文献

1) Noakes TD, Gibson A (2004) Logical limitations to the 'catastrophe' models of fatigue during exercise in humans. *Br J Sports Med* 38: 648-9.

2) Gaitanos GC, Williams C, Boobis LH, et al. (1993) Human muscle metabolism during intermittent maximal exercise. *J Appl Physiol* 75(2): 712-19.

3) Baldwin J, Snow RJ, Gibala MJ, et al. (2003) Glycogen availability does not affect the TCA cycle or TAN pools during prolonged, fatiguing exercise. *J Appl Physiol* 94: 2181-7.

4) Gibala MJ, Gonzalez-Alonson J, Saltin B (2002) Dissociation between muscle tricarboxylic acid cycle pool size and aerobic energy provision during prolonged exercise in humans. *J Physiol* 545: 705-13.

5) Westerblad H, Bruton JD, Katz A (2010) Skeletal muscle: energy metabolism, fiber types, fatigue and adaptability. *Exp Cell Res* 316: 3093-9.

6) MacIntosh BR, Holash RJ, Renaud J (2012) Skeletal muscle fatigue – regulation of excitation-contraction coupling to avoid metabolic catastrophe. *J Cell Sci* 125: 2105-14.

7) Karatzaferi C, de Haan A, Ferguson RA, et al. (2001) Phosphocreatine and ATP content in human single muscle fibres before and after maximum dynamic exercise. *Pflugers Arch* 442: 627-41.

8) Jeneson JA, Schmitz JP, van Dijk JH, et al. (2010) Exercise ability is determined by muscle ATP buffer content, not Pi or pH. *Proc Intl Soc Mag Reson Med* 18: 864.

9) Bogdanis GC, Nevill ME, Lakomy HKA, et al. (1994) Muscle metabolism during repeated sprint exercise in man. *J Physiol* 475: 25-6.

10) Casey A, Constantin-Teodosiu D, Howell S, et al. (1996) Metabolic response of type I and II muscle fibres during repeated bouts of maximal exercise in humans. *Am J Physiol* 271 (1 Pt 1): E38-43.

11) Bogdanis GC, Nevill ME, Boobis LH, et al. (1995) Recovery of power output and muscle metabolites following 30 s of maximal sprint cycling in man. *J Physiol* 482 (Pt 2): 467-80.

12) Billaut F, Bishop D (2009) Muscle fatigue in males and females during multiple-sprint exercise. *Sports Med* 39(4): 257-78.

13) Bogdanis GC, Nevill ME, Boobis LH, et al. (1996) Contribution of phosphocreatine and aerobic metabolism to energy supply during repeated sprint exercise. *J Appl Physiol* 80(3): 876-84.

14) Mendez-Villanueva A, Edge J, Suriano R, et al. (2013) The recovery of repeated-sprint exercise is associated with PCr resynthesis, while muscle pH and EMG amplitude remain depressed. *PLOS One* 7(12): 1-10.

15) Harris R, Hultman E, Kaijser L, et al. (1975) The effect of circulatory occlusion on isometric exercise capacity and energy metabolism of the quadriceps muscle in man. *Scand J Clin Lab Invest* 35: 87-95.

16) Trump ME, Heigenhauser GJ, Putman CT, et al. (1996) Importance of muscle phosphocreatine during intermittent maximal cycling. *J Appl Physiol* 80(5): 1574-80.

17) Balsom PD, Ekblom B, Söerlund K, et al. (1993) Creatine supplementation and dynamic high-intensity intermittent exercise. *Scand J Med Sci Sports* 3(3): 143-9.

18) Birch R, Noble D, Greenhaff PL (1994) The influence of dietary creatine supplementation on performance during repeated bouts of maximal isokinetic cycling in man. *Scand J Med Sci Sports* 69(3): 268-70.

19) Barnett C, Hinds M, Jenkins DG (1996) Effects of creatine supplementation on multiple sprint cycling performance. *Aust J Sci Med Sport* 28: 35-9.

20) Cox G, Mujika I, Tumilty D, et al. (2002) Acute creatine supplementation and performance during a field test simulating match play in elite female soccer players. *Int J Sport Nutr Exerc Metab* 12 (1): 33-46.

21) Dawson B, Cutler M, Moody A, et al. (1995) Effects of oral creatine loading on single and repeated maximal short sprints. *Scand J Med Sci Sports* 27: 56-61.

22) McKenna M, Morton J, Selig SE, et al. (1999) Creatine supplementation increases muscle total creatine but not maximal intermittent exercise performance. *J Appl Physiol* 87(6): 2244-52.

23) Mohr M, Krustrup P, Bangsbo J (2003) Match performance of high-standard soccer players with special reference to development of fatigue. *J Sports Sci* 21: 519-28.

24) Spencer M, Lawrence S, Rechichi C, et al. (2004) Time-motion analysis of elite field hockey, with special reference to repeated-sprint activity. *J Sports Sci* 22: 843-50.

25) Duthie G, Pyne D, Hooper S (2003) Applied physiology and game analysis of rugby union. *Sports Med* 33(13): 973-91.

26) Sirotic AC, Coutts AJ, Knowles H, et al. (2009) A comparison of match demands between elite and semi-elite rugby league competition. *J Sports Sci* 27(3): 203-11.

27) Krogh A, Lindhard J (2010) The relative value of fat and carbohydrate as sources of muscular energy. *Biochem J* 14: 290.

28) Levine S, Gordon B, Derick C (1924) Some changes in the chemical constituents of blood following a marathon race: with special reference to the development of hypoglycaemia. *J Am Med Assoc* 82: 1778-9.

29) Bergström J, Hultman E (1967) A study of the glycogen metabolism during exercise in man. *Scand J Clin Lab Invest* 19(3): 218-28.

30) Bergström J, Hermansen L, Hultman E, et al. (1967) Diet, muscle glycogen and physical performance. *Acta Physiol Scand* 71(2): 140-50.

31) Febbraio MA, Dancey J (1999) Skeletal muscle energy metabolism during prolonged, fatiguing exercise. *J Appl Physiol* 87: 2341-7.

32) Parkin JM, Carey MF, Zhao S, et al. (1999) Effect of ambient temperature on human skeletal muscle metabolism during fatiguing submaximal exercise. *J Appl Physiol* 86: 902-8.

33) Vissing J, Haller RG (2003) The effect of oral sucrose on exercise tolerance in patients with McArdle's Disease. *New Eng J Med* 349: 2503-9.

34) Williams JH, Batts TW, Lees S (2012) Reduced muscle glycogen differentially affects exercise performance and muscle fatigue. *ISRN Physiol* (2013): 1-9.

35) Ortenblad N, Nielsen J, Saltin B, et al. (2011) Role of glycogen availability in sarcoplasmic reticulum Ca^{2+} kinetics in human skeletal muscle. *J Physiol* 589(3): 711-25.

36) Ortenblad N, Westerblad H, Nielsen J (2013) Muscle glycogen stores and fatigue. *J Physiol* 591:

4405-13.

37) Chin ER, Allen DG (1997) Effects of reduced muscle glycogen concentration on force, Ca^{2+} release and contractile protein function in intact mouse skeletal muscle. *J Physiol* 498: 17-29.

38) Duhamel TA, Green HJ, Perco JG, et al. (2006) Comparative effects of a low-carbohydrate diet and exercise plus a lot-carbohydrate diet on muscle sarcoplasmic reticulum responses in males. *Am J Physiol Cell Physiol* 291: C607-17.

39) Nielsen J, Schrøder HD, Rix CG, et al. (2009) Distinct effects of subcellular glycogen localization on tetanic relaxation time and endurance in mechanically skinned rat skeletal muscle fibres. *J Physiol* 587: 3679-90.

40) Thibodeau GA, Patton KT (1999) *Anatomy and Physiology*. 4th ed., p.317, Maryland Heights, MO: Mosby.

41) Nybo L, Møller K, Pedersen BK, et al. (2003) Association between fatigue and failure to preserve cerebral energy turnover during prolonged exercise. *Acta Physiol Scand* 179(1): 67-74.

42) Matsui T, Soya H (2013) Brain glycogen decrease and supercompensation with prolonged exhaustive exercise. *Social Neuroscience and Public Health*: 253-64.

43) Nybo L (2003) CNS fatigue and prolonged exercise: effect of glucose supplementation. *Med Sci Sports Exerc* 35(4): 589-94.

44) Coyle EF, Coggan AR, Hemmert MK, et al. (1986) Muscle glycogen utilization during prolonged strenuous exercise when fed carbohydrate. *J Appl Physiol* 61(1): 165-72.

45) Coggan AR, Coyle EF (1987) Reversal of fatigue during prolonged exercise by carbohydrate infusion or ingestion. *J Appl Physiol* 63(6): 2388-95.

46) Felig P, Cherif A, Minagawa A, et al. (1982) Hypoglycaemia during prolonged exercise in normal men. *N Engl J Med* 306(15): 895-900.

47) Claassen A, Lambert EV, Bosch AN, et al. (2005) Variability in exercise capacity and metabolic response during endurance exercise after a low carbohydrate diet. *Int J Sport Nutr Exerc Metab* 15 (2): 97-116.

48) Karelis AD, Smith JW, Passe DH, et al. (2010) Carbohydrate administration and exercise performance: what are the mechanisms involved? *Sports Med* 40(9): 747-63.

49) De Bock K, Derave W, Ramaekers M, et al. (2006) Fiber type-specific muscle glycogen sparing due to carbohydrate intake before and during exercise. *J Appl Physiol* 102: 183-8.

50) Hargreaves M, Costill DL, Coggan A, et al. (1984) Effect of carbohydrate feeding on muscle glycogen utilization and exercise performance. *Med Sci Sports Exerc* 16(3): 219-22.

51) Tsintzas OK, Williams C, Boobis L, et al. (1995) Carbohydrate ingestion and glycogen utilization in different muscle fibre types in man. *J Physiol* 489(1): 243-50.

52) Tsintzas K, Williams C, Constantin-Teodosiu D, et al. (2001) Phosphocreatine degradation in type I and type II muscle fibres during submaximal exercise in man: effect of carbohydrate ingestion. *J Physiol* 537(1): 305-11.

53) Cohen D (2012) The truth about sports drinks. *B Med J* 345: 1-8.

54) Friedlander AL, Casazza GA, Horning MA, et al. (1999) Endurance training increases fatty acid turnover, but not fat oxidation, in young men. *J Appl Physiol* 86: 2097-105.

55) Friedlander AL, Casazza GA, Horning MA, et al. (1998) Effects of exercise intensity and training on lipid metabolism in young women. *Am J Physiol* 275: E853-63.

56) Martin WH, Dalsky GP, Hurley BF, et al. (1993) Effect of endurance training on plasma free fatty acid turnover and oxidation during exercise. *Am J Physiol* 265: E708-14.

57) Phillips SM, Green HJ, Tarnolpolsky MA, et al. (1996) Effects of training duration on substrate turnover and oxidation during exercise. *J Appl Physiol* 81: 2182-91

58) Van Proeyen K, Szlufcik K, Nielens H, et al. (2011) Beneficial metabolic adaptations due to endurance exercise training in the fasted state. *J Appl Physiol* 110: 236-45.

59) De Bock K, Derave W, Eijnde BO, et al. (2008) Effect of training in the fasted state on metabolic responses during exercise with carbohydrate intake. *J Appl Physiol* 104: 1045-55.

60) Talanian JL, Holloway GP, Snook LA, et al. (2010) Exercise training increases sarcolemmal and mitochondrial fatty acid transport proteins in human skeletal muscle. *Am J Physiol* 299: E180-8.

第 3 章

代謝性アシドーシス

3.1 はじめに

　代謝性アシドーシス（酸性の物質が内因的に産生されることで，体液または組織のpHが通常時より低下すること）は，運動時の疲労を考える上で混乱が起こっている分野である。多くのコーチやアスリート，学生（そして研究者たち）がアシドーシスの進行，特に乳酸の蓄積を介したものが，運動時の疲労を起こす主原因となると考えている。この章では，乳酸，水素の産生についての観点からアシドーシスについて議論したい。これらの要素と疲労との関係について評価し，近年これを覆す研究成果が出ていることについても論ずる。この章を読む時には，研究成果が現在日々積み重ねられていることや，研究者たちの中でもこの分野のことはまだ議論中であることを忘れないでほしい。ここで示す情報は，代謝性アシドーシスに関して決定的なものではなく，あくまで現時点でわかっていることをまとめたものである。

> **キーポイント**
>
> 　代謝性アシドーシスに関わる過程についての我々の知識はどんどん深まっているが，代謝性アシドーシスの正確な原因および運動時の疲労に対する役割については未だに激しい議論の最中である。

3.2 運動時の疲労に対する代謝性アシドーシスの役割──大まかな歴史

運動中に筋で乳酸が産生され，乳酸の蓄積が疲労をもたらすという説は1900

年代初頭に行われた研究に遡る。筋サンプルを電気的に刺激することで，研究者らは筋が乳酸を産生することを報告した[1]。筋サンプルを窒素主体の環境（訳注：酸素が少ない条件）や酸素を豊富に含む環境で，様々な温度条件下で電気刺激を行った際，酸素が豊富な条件よりも窒素が豊富な条件で乳酸濃度がより高まった。つまり，酸素にさらした筋では乳酸濃度が最も低かった。この結果により，乳酸の増加は嫌気性条件下で最も高まり，通常酸素条件下では乳酸の増加が抑えられ，そして酸素のみを含む条件下では全く産生されないと結論づけられた[1]。また，「嫌気的な条件で乳酸が筋内で自然と高まる」「収縮時の疲労は乳酸の増加を伴う」という結論ももたらされた[1]。よって，研究創始期の論文著者たちが，骨格筋内での乳酸の増加が疲労を招くといっているように受けとられた。しかしこれは正しくなく，彼らは乳酸が疲労を・も・た・ら・す・とはいっていない。彼らは単に乳酸の産生と疲労の発生について報告しただけであり，この2つに原因-結果の関係（因果関係）を示したわけではない[2]。この違いは極めて重要で，研究創始期の成果に対して，乳酸が筋疲労を招く役割をもつという間違った解釈がなされたのである。また，この解釈は今日の運動時の疲労に対する観念にも未だに影響をもつ（1.2.1項）。

　筋での乳酸産生に関する初期の報告の後，他の研究グループによって，疲労困憊まで運動をした際には血中乳酸濃度が上がること，解糖系の生化学的な反応経路の詳細な記述と，解糖系によって乳酸が生じることが報告された[3-4]。初期の研究成果とその当時の生化学的理解によって，不十分な酸素供給下で（いわゆる「嫌気状態」）激しい筋収縮を行う際には，乳酸の産生が骨格筋のアシドーシスをもたらして疲労に至る，という結論に至ったのは，必然だったかもしれない。こうした結果より，これらに原因-結果の関係があるからという仮説が考えられ[4]，乳酸産生がアシドーシスや筋疲労をもたらすという説が生まれた。

　初期の研究以後，乳酸産生とアシドーシス，疲労との関係を支持すると思われる結果が多数発表された。1970年代には，乳酸の蓄積と筋張力の低下が直線関係をもつことが，カエルで[5]，後にヒトの下肢筋で[6]報告された。これらの研究では，筋張力の低下と筋の酸性度の増加が同様の経時変化をたどることも示され，両者がお互いに影響し合う可能性が示された[7]。アシドーシスと筋張力の低下は，いずれも身体トレーニングによってより緩やかに起こるようになり，また，速筋主体の筋よりも遅筋主体の筋でより緩やかである。これらの結果は筋疲労に対し

て乳酸が関わることを示す証拠であるようにみえる。しかし，これらの研究はいずれも，アシドーシスと疲労との間の相関分析を行っただけである。この2つの間に相関関係がみられたとしても，原因−結果の関係があることを示すものではない。簡単にいうと，アシドーシスと疲労に相関関係がみられたとしても，アシドーシスが疲労をもたらすとはいえない。事実，乳酸と疲労との間の相関研究を示した研究のほとんどで，他の代謝的測定因子との間にも疲労と相関関係がみられた[7]。

3.2.1 乳酸はどのように疲労をもたらす可能性があるのだろうか？

乳酸産生が運動時の疲労をもたらすメカニズムとして考えられている仮説は，主に2つである。1つ目は，乳酸産生による筋中pH低下が，筋の等尺性張力や短縮速度の低下を介して筋収縮を妨げるという説である（3.3.2.4項）。これは筋内アシドーシスが筋小胞体のカルシウムイオン（Ca^{2+}）放出[8]やカルシウム感受性[9]を低減させることによると考えられた。しかしこの仮説を覆す研究成果もある（3.3.2.1項）。2つ目は，筋内アシドーシスが解糖系を阻害することで疲労をもたらすだろうという説である（3.3.2.3項）[10-13]。この仮説は，筋中pHの顕著な低下が起こる運動中に，解糖系を調節する鍵酵素の活性が低下することから導き出された。これら2つの仮説は，血液をよりアルカリ化することで，高強度間欠運動時の仕事量や力発揮の維持ができるようになったことを示す研究成果によって支持された[14-16]。しかし，筋のCa^{2+}放出や感受性へのアシドーシスの影響と同様に，アシドーシスが解糖系を阻害する可能性に対する有力な反論もあり，詳しくは3.3.2.3項で示す。

キーポイント

　乳酸が疲労をもたらす要因としては，筋中pHの低下を介した等尺性張力や収縮速度の低下，解糖系の阻害が考えられる。

3.3 代謝性アシドーシスと運動時の疲労──反論

多くの研究者が運動中の代謝性アシドーシスに興味をもち，研究が行われてき

たが，運動時の疲労に対する代謝性アシドーシスの役割はすべてが解明されたわけではなく，未だに白熱した議論の的となっている。しかし，これまでの研究の成果によって，代謝性アシドーシスが疲労に対する役割について，完全に無視することはできないにしても疑わしいことは確かである，ということがわかった。

　乳酸の生化学について議論する際に重要な質問の1つに「運動中に身体で産生されるのは lactic acid なのか lactate なのか？」がある（訳注：通常 lactic acid とlactate は両方とも乳酸と訳されてしまうので，ここでは区別のために英語のままで表記する）。一般的な記事，あるいは学術論文を読む時，よく lactic acid と lactate があたかも同じ意味をもつかのように混同されて使われていることに気づくだろう。重要なことはこの2つの用語は同じではない。lactic acid は名前が示すように酸性の化合物であり，液体中でプロトン（水素イオン，H^+）を放出することが可能であり，溶液をより酸性化する（**図 3.1**）。一方，lactate は H^+ を放出せず，したがって塩と称される。lactate は H^+ を与えることができないので，周囲を直接酸
性化させることはない（**図 3.1**）。

　運動中，ATP はアネロビックな解糖系（**図 3.2**）や，脂肪酸の β 酸化やクレブス回路でのピルビン酸の分解を介した，電子伝達系での酸化的リン酸化によって再合成される。解糖系は，運動強度や ATP 再合成における酸化的経路の度合いによらず，常に働いている。なぜなら糖が利用されるには解糖系によってピルビン酸に変換される必要があり（**図 3.2**），その後ピルビン酸はアセチル CoA に変換され，クレブス回路に入る。解糖系の特定の段階，特に ATP 加水分解を伴う過程で，H^+ が産生される（式 2.1 および**図 3.2**）。解糖系のより速い流れ（高い活性）は H^+ の産生増加に繋がる。高強度運動時に，ミトコンドリアは解糖系で産生されるすべてのピルビン酸を代謝することはできない（言い換えれば，解糖系の活性と比べてミトコンドリアの活性には差がある）。ピルビン酸の蓄積は解糖系の抑制，ひいてはアネロビックおよび酸化的な ATP 再合成を損なうため，ピルビン酸の蓄積を防ぐために，乳酸脱水素酵素による反応を介して lactate に変換される（**図 3.2**）。ここで大変重要な点は，lactic acid ではなく lactate が解糖系で産生されることである[17]。乳酸脱水素酵素の反応は H^+ を消費して，細胞質から H^+ を ATP 再合成において重要な電子伝達系に運ぶ分子ニコチンアミドアデニンジヌクレオチド（NAD^+）を生成する。ピルビン酸から乳酸への変換は NADH と H^+ を用いて NAD^+ を生成する。その反応をまとめると下記のように

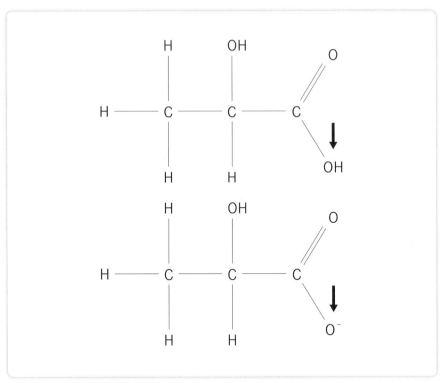

図 3.1 lactic acid（上段）および lactate（下段）の化学的構造。lactic acid からは水素イオ
ン（H⁺）が乖離して周囲の溶液中に移動し，酸性化を促進する。しかし，ここまで述
べた通り，lactic acid ではなく lactate が運動時に生成される。lactate は H⁺ を放出
せず，周囲の環境を直接酸性化させることはできない。

なる。

$$\text{ピルビン酸} + NADH + H^+ \xrightarrow{\text{乳酸脱水素酵素}} lactate + NAD^+$$

　NADH は NAD^+ の還元型であり（NADH には H^+ がついている），NAD^+ は
NAD の酸化型である（NAD^+ には H^+ が結合しておらず，H^+ を受け入れること
ができる）。

　解糖系の流れが増加すると，H^+ の産生が NAD^+ による除去よりも速くなるこ
とがある。この状況では，NAD^+ は H^+ と飽和する可能性があり，そうすると細
胞質での H^+ の蓄積に繋がり，そのままでは組織の整合性や機能に欠陥が生じる

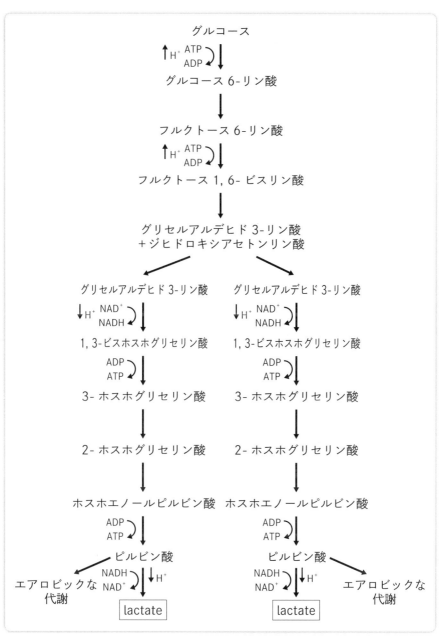

図 3.2 解糖系の概要。グルコース分子がピルビン酸に代謝されてクレブス回路（エアロビックな代謝）に入るまでを示す。また，解糖系における水素イオンの産生（↑ H⁺）および水素イオンの消費あるいは除去（↓ H⁺）を示す。

ほど細胞の酸性化が進む可能性がある。乳酸脱水素酵素の反応はピルビン酸を lactate に変換する過程で H^+ を消費して NAD^+ をリサイクルすることで，細胞内の H^+ 蓄積を防ぐ緩衝的な役割を果たす（**図 3.2**）[4]。端的にいうと，乳酸脱水素酵素による lactate の産生は，細胞内をアルカリ化する方向に働き，酸性化はしない。lactate は細胞膜にあるモノカルボン酸輸送担体（MCT）を介した H^+ の除去も促進する（3.3.1 項）。これらの輸送担体（トランスポーター）は細胞からの H^+ の除去に関わるので，lactate の除去時には骨格筋から H^+ も除去される。

このように lactate は直接的には細胞内の環境をより酸性化させるものではない。つまり，lactate の産生は直接的に細胞内アシドーシスを招くものではない。このことから明らかなのは，高強度運動時に lactic acid の産生がなく，lactic acid によるアシドーシスが疲労を招く要素とはなりえないということである。ただし lactate は強い酸性陰イオン（負に帯電したイオン）として，水からの水素の産生をもたらす可能性はある[7]。したがって，lactate の産生は間接的に細胞内の酸性化を招く可能性はある。しかし，このことが運動時の疲労に対して意味のある影響を与えるとはとても考えにくい。

> **キーポイント**
>
> lactic acid ではなく lactate が解糖系で産生される。lactic acid を放出するならば環境をより酸性化する可能性があるが，lactate にはそのような可能性はない。これは疲労に対する lactate や lactic acid の役割について，重要な意味がある。

上記および**図 3.2** で示すように，解糖系では lactic acid ではなく lactate が産生される。lactic acid の酸解離定数は生体の組織および体液中の平常 pH よりも低いため，体内で lactic acid は存在しないも同然である[7]。すなわち，体内に存在する lactic acid は lactate と H^+ に解離している。この 2 つのイオンがどれだけ生成されて，また環境やお互いのイオンに与える影響は何なのかは，乳酸アシドーシス仮説への反論を理解するために重要である。ここまで lactate と周囲の環境をより酸性化させる可能性がある H^+ について述べてきた（またこれからも述べるが），さらに話を進めていこう。

H^+ とは本質的には，水素原子が化学反応（酸化反応と呼ばれる）の過程で，

唯一所持していた電子を放出している状態である。水素原子の構造は，核に1つ
だけプロトン（陽子）をもち，核の周囲を1つの電子が「回転」している（**図
3.3**）。水素原子が電子を失うと，残るは1つのプロトン（陽子）のみとなる。
これが H^+ がプロトンと呼ばれる由縁である。H^+ の「プラス」マークは，イオン
がプロトンだけを含み，正電荷をもつことを意味している。H^+（プロトン）は
酸性であり（酸とはプロトンを提供する物質のことである），その結果，溶液
（水，血液，あるいは体液）が酸性化される。

　古くから lactate の産生は H^+ の産生も伴い，筋内環境の pH 低下をもたらすと
考えられてきた。言い換えると，lactate の産生がアシドーシスを招くという意
見である。しかし，多くの研究者によって，lactate は H^+ の産生に関与せず（逆
もまた然り），H^+ は実は解糖系の過程において ATP の加水分解によって生じる
ことが示され（**図3.2** と式 2.1），古典的な考え方に異議が唱えられた[18-20]。そこ
で運動時のアシドーシスの進行に対して lactate は無関係であるようにみえる。
しかし，本書で触れているほとんどのトピックと同様に，はっきり白黒をつけら
れる問題ではない。lactate の産生は水の挙動の変化ひいては細胞内の H^+ の流入
をもたらすとか，運動中にできるのは lactic acid でアシドーシスを招くと主張す
る研究者もいる[17, 21-23]。この混乱は各研究で，実験デザインが異なることにもよ
る可能性がある。いくつかの研究では，ヒト組織の一部を用いて，生体内の環境
を人工的に再現しようと試みた環境で実験が行われ（*in vitro* 実験系），他の研
究では生きているヒトもしくは動物で実験が行われていた（*in vivo* 実験系）。動
物の細胞がもつ複雑な機能を *in vitro* で再現することは非常に難しい。したがっ

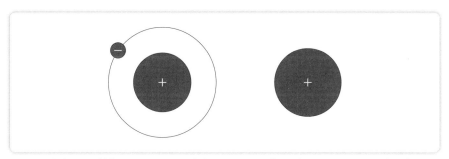

図 3.3　水素原子（左）は1つの陽子（プロトン，正電荷，＋）と1つの電子（負電荷，－）
　　　　からなる。酸化反応で1つの電子を失うと，正電荷をもつプロトンだけが残る（右）。
　　　　このプロトンのことを H^+ という。

て，*in vitro* の研究は生化学的過程の全貌を示すことは難しい。具体例として，pH 低下が筋機能に果たす役割を調べたいくつかの *in vitro* の研究で，筋の温度が無傷のすなわち *in vivo* の骨格筋と比較して，顕著に低かったことが挙げられる。酸-塩基調節は温度に影響を受け，生理学的に通常の温度に近い条件である時ほど，筋機能に対する pH 低下の影響は非常に小さくなることが報告されている（3.3.2 項）。また，代謝に関わる生化学の複雑な反応はそれぞれ相互依存的に作用し合うものであり，それを部分的にみるだけでは状況を正確に理解するには至らない[17]。したがって，代謝の過程については全体を一連のイベントと捉えて研究することが適切である。ただしこれは非常に難しいことではあるが。ここでの大事なメッセージは，代謝性アシドーシスに関する生化学的研究論文を読む際には，用いられている方法を考慮に入れることが必須なことである。正確な原因は置いておいて，重要なのは H^+ の蓄積が筋や血液の pH 低下を招くことである。この pH 低下（アシドーシス）は高強度運動時の疲労の原因と長らく考えられてきた。

> **キーポイント**
>
> H^+ は電子 1 つを放出している形の水素原子であり，プロトン 1 つだけの状態である。H^+ は酸性であり，溶液をより酸性化させる。

> **キーポイント**
>
> lactate の産生は H^+ を生成せず，周囲の環境を直接的により酸性化させることはない。しかし，lactate の産生は細胞内の水の動態を変え，間接的に H^+ の産生を招く可能性はある。

3.3.1 乳酸——その誤解とメリット

　乳酸（訳注：本項以下では lactate のことを示す）は多くの人に誤解されている物質である。最も重大な誤解は，乳酸が運動時の疲労の直接的原因であるということである。しかし，乳酸の産生に対する他の誤解，重要なメリットについても，論ずる必要がある。

誤解① 乳酸は老廃物であり，有益なことがない

　これはよくいわれることだが，おそらく深く考えられてはいない。一般原則として，身体はエネルギーや資源を「無駄にする」ことはない。一見，無駄の多いようにみえることでも（例：熱として放出される多くの代謝エネルギー），実は重要な役割を果たしている（熱によって体内が温かく保たれ，体温が調節され，その結果生体内のシステムが適切に機能を果たすことができる）。したがって乳酸は疲労をもたらす不必要な物質，代謝の不備に伴う副産物であり，これに耐えなければならず，またそれによるダメージを最小化すべき，と捉えることは理にかなっていない。事実，この視点は少なくとも下記の2つの点から，もはや適切ではない。1つ目は，乳酸産生は実は骨格筋内のアシドーシスを抑える作用をもち，少なくとも機能を維持するか，あるいは運動パフォーマンスを改善する可能性をもつことが知られている。3.3節で述べた通り，激しい運動時には，乳酸の産生と取り込みにより乳酸濃度の増加がみられる。乳酸の蓄積は疲労を招くという古典的な解釈は間違っており，原因と結果の関係とする誤用の典型例といえる。すでにわかっているように，2つの変数の間に相関関係があっても，それは一方がもう一方の値を変えるという意味をもつわけではない。言い換えれば，筋中／血中の乳酸の増加とパフォーマンスの悪化に相関関係がみられるといっても，筋中／血中の乳酸の増加がパフォーマンス悪化をもたらすことを意味しているわけではない。このことは，乳酸の産生が H^+ を消費するということは，乳酸の産生が筋の酸性度を抑えることを意味しているので，より明確になる。多くの乳酸が高強度運動時にみられ，この時にはパフォーマンスの低下も併せてみられることがある。しかし，乳酸の産生が多いのは過剰なピルビン酸や H^+ を緩衝する役割のためであり，パフォーマンスを落とすものではない。したがって乳酸の産生の増加は，身体が筋内の酸性度の上昇を防ごうとした結果であり，それが疲労の発生と同時に起きているのである。

　解糖系や乳酸産生にメリットがあるということは，解糖系によるグリコーゲン分解が遺伝的にできず，乳酸を産生できないマッカードル病患者を対象とした所見により，さらに裏づけられる。乳酸を産生できる非患者と比較して，この患者は運動時に疲労しやすく，乳酸の産生がパフォーマンスに対して実際に有益性を

もつという強い証拠となっている。したがって，乳酸は運動時の疲労の原因として長い間悪者扱いされてきたが，実際は逆である。乳酸は運動をより長く続けるために役立っている。

乳酸は単なる老廃物ではないという2つ目の根拠は，運動時や運動後のエネルギー源となることである。運動時に産生された乳酸のおよそ75％は骨格筋でエネルギー源として利用され，また，1500m走の時に必要なエネルギーの約25％は乳酸によってまかなわれる[24]。モノカルボン酸のエネルギー源としての利用は，筋線維の細胞膜やミトコンドリアにある特異的なモノカルボン酸輸送担体（MCT）タンパク質によって促進される。MCTは筋線維間での乳酸の輸送を促進し，また，ミトコンドリアで乳酸をピルビン酸に変換し直して，エネルギー産生のために酸化することを促進する。乳酸は運動後に肝臓でいわゆる糖新生を介してグルコースにも変換され，運動で枯渇した有限な糖貯蔵の再補充に貢献する[25]。さらに，脳はエネルギー源としてグルコースのみを使うと思われてきたが，乳酸も運動前や運動後にエネルギー産生に使うことができると考えられている[26-27]。

乳酸の機能的な重要性は，運動時に摂取するとエルゴジェニック効果をもつとの研究成果からもわかる。特に，高強度短時間運動時には乳酸摂取によって有意にパフォーマンス向上がみられた[28]。このパフォーマンス向上のメカニズムとしては主に，乳酸が血液をアルカリ化する効果をもつことによると考えられている。乳酸は血液の酸塩基平衡の緩衝システムである重炭酸塩によって中和される。したがって，乳酸の消費は筋と血液間のpH勾配を高め，骨格筋から血液へのH^+の放出を促進し，最終的には重炭酸塩で緩衝されると考えられている。

誤解②　乳酸は運動中や運動後に筋を硬化させ，痛みやそれ以外の不快な症状をもたらす

乳酸が特に激しい運動，不慣れな運動中やその運動の数時間後，また翌日以降に筋の不快感をもたらすという科学的な理論や論拠はない。事実，運動中に産生される乳酸は運動後およそ1時間もしないうちに筋から除去されるので[29]，運動後に遅発性筋痛をもたらすことはありえない。運動中にしばしば感じられる筋の不快な症状，例えば筋痛やヒリヒリ感は，明確な原因がわかっていない。ただ，

これらの感覚は，H^+ をはじめとした生化学物質や収縮時の機械的ストレスによって，筋での痛覚を生み出す（侵害受容）自由神経終末（III群とIV群求心性神経）への刺激を介している可能性がある[30]。運動から数時間後あるいは数日後にしばしば感じる筋痛は，筋構造の微小な損傷によって起こる炎症や細胞内の浮腫（むくみ）や，ホルモンを介した自由神経終末の鋭敏化によってもたらされる可能性が考えられている[31-32]。

3.3.2 H^+ の産生が骨格筋機能に与える影響

3.3.2.1 筋小胞体の Ca^{2+} 放出とトロポニン C への Ca^{2+} の結合

　代謝性アシドーシスは，筋小胞体からの Ca^{2+} の放出速度を低下させることで筋力の低下をもたらすと，もともとは考えられていた。Ca^{2+} の放出は筋収縮に重要であり，もし Ca^{2+} の放出が不十分になると，収縮時の張力が小さくなると考えられる。しかし，筋のpHが6.2程度まで低下しても（通常安静時のpHは7.1程度），筋小胞体からの Ca^{2+} 放出の通常の過程は損なわれないようである[33]。Ca^{2+} の細胞内貯蔵部位からの動態にアシドーシスが与える影響はわずかであると考えられる。

　Ca^{2+} は一度筋小胞体から放出されると，トロポニン C という3分子のタンパク質複合体と結合する。トロポニン C は骨格筋での2つの主要な収縮フィラメントである，アクチンとミオシン間のクロスブリッジ形成の開始時に重要な役割を果たす（**図 3.4**）。このクロスブリッジは筋収縮に必要不可欠である。もし Ca^{2+} がトロポニン C に結合できないと，アクチンとミオシンは相互作用し合うことができず，筋収縮は起こらない。H^+ はトロポニン C に対して Ca^{2+} と競合するため，筋内での H^+ の蓄積は筋力の低下に繋がると考えられてきた。しかし，筋の酸性度の増加は筋線維の他の部位，例えば筋小胞体の Ca^{2+} ポンプなどに結合する Ca^{2+} の減少ももたらす。実際，Ca^{2+} の Ca^{2+} ポンプへの結合の減少は，トロポニン C への Ca^{2+} の結合の減少よりも程度が大きい。したがって，酸性化している筋では，トロポニン C に自由に結合できる Ca^{2+} が多くなる。その結果，筋張力発揮は酸性化している筋線維の方が大きくなる可能性がある。まとめると，アシドーシスが筋収縮機構に与える影響は当初考えられていたよりも小さく，しかも正常な pH 条件よりも張力発揮が大きくなる方向に働く。

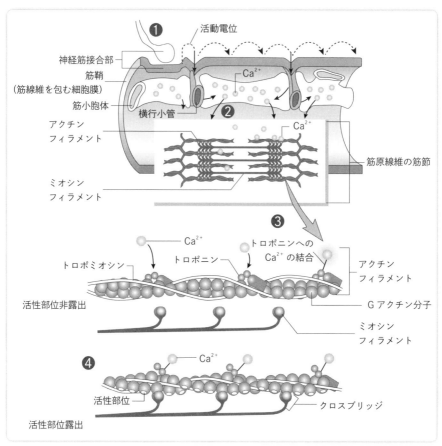

図 3.4 弛緩した筋では，トロポミオシンタンパク質がミオシンのアクチンへの結合を妨げ，アクチンとミオシンの相互作用を防いでいる。活動電位が横行小管（T 管）を伝搬すると❶，横行 T 管が脱分極し，筋小胞体にあるチャネルが開き，筋形質内に Ca^{2+} が放出される❷。Ca^{2+} はトロポニン C に結合し，トロポニンの形態が変化し，アクチンフィラメントのミオシン結合部位からトロポミオシンが押し出される❸。その結果，アクチンとミオシンが相互作用できるようになり，筋収縮が起こる❹。Tate[58] より許可を得て転載。

> **キーポイント**
>
> 　筋のアシドーシスは Ca^{2+} 動態の変化を招くが，それが筋張力発揮に与える影響は小さい。事実，アシドーシス条件の方が，筋張力は大きくなる方向の変化が起きる。

3.3.2.2　骨格筋の膜興奮性

H^+ が筋の興奮性（電気的信号が骨格筋細胞膜に伝わった後，筋内で Ca^{2+} 放出を刺激する能力）に与える影響についての研究結果は，H^+ が筋機能にポジティブな効果を発揮するよい例である。筋が収縮を繰り返す時，カリウム（K^+）は細胞内環境から失われ，細胞外環境に蓄積する（詳しくは第5章で述べる）。細胞外スペースに K^+ が蓄積すると，筋の興奮性は低下し，収縮張力が低下する。細胞内酸性化は筋線維の興奮性や繰り返しの収縮時の張力発揮の維持に繋がるが，これはもしかしたら細胞外の K^+ 蓄積による張力低下を抑えることによる可能性がある[34]。しかし，*in vitro* でアシドーシスと K^+ 動態の関係について調べた研究では，しばしば筋収縮時の環境を正確に模すことができていない。したがって，その研究結果は実際に *in vivo* で起こる応答と食い違うこともある。このことは，*in vivo* で繰り返し筋収縮を行った際に，アシドーシスは筋の興奮性に保護的な効果がみられないことの説明ともなりうるだろう[35]。他の研究では，アシドーシスは筋膜の塩化物イオン（Cl^-）チャネルの活性を低下させることが示唆されている[36]。このイオンチャネルを介した Cl^- の移動は，筋興奮性を阻害する作用をもつ。アシドーシスによる Cl^- チャネル活性の低下は，筋興奮性の増加に繋がると思われる。

> **キーポイント**
>
> 　アシドーシスは筋膜の興奮性や張力発揮の維持を助ける可能性があり，それはおそらく細胞外の K^+ 蓄積による張力低下効果の抑制や，筋膜の Cl^- チャネルの活性低下を介していると考えられる。

3.3.2.3　解糖系の速度

最大努力での間欠的運動を行う時，筋中 pH の低下と出力や仕事量の低下には有意な相関関係が報告されている[37-39]。アシドーシスは解糖系の鍵酵素（特にホスホフルクトキナーゼやグリコーゲンホスホリラーゼ）の機能にネガティブに働くことが示唆されている。酵素は pH が通常の範囲内の時に最もよく働く。細胞 pH の低下は酵素の機能を妨げ，解糖系が阻害されれば筋でエネルギーを産生する能力を低下させる[40]。高強度運動時，特に短時間の繰り返し運動の場合，エネ

ルギー供給に対する解糖系の貢献度は漸進的に減っていくが[40-42]，それにアシドーシスが関与しているかは疑問が残る。3.3.1 項で論じた通り，血液のアルカリ度を高めることで作業筋から H^+ をより除去できるようになり，運動パフォーマンスの改善に繋がると考えられる。しかし，複数の研究で，血液のアルカリ度を高めても運動パフォーマンスには何の効果もなかったことが報告されている[39,41,43]。研究ごとの不一致は運動の強度や時間，運動間の休息時間の短さ，被験者の in vivo での緩衝能力の違いによるとも考えられる。アシドーシスが解糖系速度に与える影響については，1 つの研究成果だけで結論を導き出すべきでない。

複数の研究で，筋の解糖系速度にアシドーシスの影響がないことが観察され[44-45]，運動時の筋中 pH の低下は解糖系に影響しないことが示唆されている。この説は下記の研究成果によっても支持されている。

①高強度運動後の筋張力の回復の経時変化は，pH 回復の経時変化よりも早い。
②アシドーシス条件でも高い筋張力，パワーの発揮ができる。
③筋中 pH の回復とスプリント運動のパフォーマンスの回復に，有意な相関関係はない。

アシドーシスが解糖系の機能に与える影響について検討した研究を比べると，矛盾があるのは明らかである。よりクリアな概念を導き出すためには多くの研究が必要であるが，最も重要なのは，H^+ 蓄積やそれに付随したアシドーシスがネガティブな影響を与えるという認識は，やはりもはや決して受け入れられるものではないことである。

キーポイント

アシドーシスが解糖系の酵素を阻害して，その結果解糖系の速度を低下させるという意見には議論がある。筋中 pH と筋張力や高強度運動時のパフォーマンスとの間に関連性がないことが，複数の研究で示されている。

3.3.2.4 クロスブリッジサイクル

強い筋収縮時（微小フィラメントであるアクチンとミオシンが強く結合し，筋収縮が起こる時），筋中 pH の低下はクロスブリッジ（アクチンとミオシンの結

合部位）での力発揮の減少に繋がる可能性がある[9]。高強度運動時には，筋中pH はクロスブリッジでの力発揮の阻害が起こる程度まで低下する（およそpH6.2）[47]。H^+ はクロスブリッジの数を減らすことで，クロスブリッジでの力発揮を抑えると考えられる。H^+ がクロスブリッジでの力発揮を抑える効果は，十分な Ca^{2+} があってトロポニン C の結合部位が飽和している時でもみられる。したがって，H^+ がクロスブリッジでの力発揮に与える影響には，Ca^{2+} のトロポニン C への結合を阻害する以外のことが関係していることが示唆される[48-49]。H^+ がクロスブリッジでの力発揮に与える影響については，運動強度により，pH 値が最も低くなるタイプⅡ線維で大きいことが考えられる[50]。

　H^+ の産生およびそれに伴う pH の低下は，筋最大収縮速度の低下ももたらす可能性が考えられる。現時点では，この効果についてのメカニズムは不明である。pH 低下が筋線維の収縮速度に与える影響についても論争が生じている[51]。筋の短縮速度は，高強度運動時にみられるような pH が 6.7 以下にならないと低下しない[9]。pH が筋線維の収縮速度に与える影響については，H^+ が生じる程度，筋の温度，そして Ca^{2+} 動態に依存するだろうと考えられる[9]。

　H^+ の産生は筋力と収縮速度のいずれも低下させる可能性があるため，筋のパワーを低下させるとしても驚きではない[9]。タイプⅠ線維では，H^+ 産生はより暖かい温度条件でパワーをより大きく抑え（おそらく暖かい条件の方がより収縮速度の低下が大きいことによる），タイプⅡ線維ではより低い温度条件の方がより低下が大きいように見受けられる[9]。ただ，筋線維タイプの違いに関するデータの多くは *in vitro* で集められていることを心に留めるべきである[9]。

キーポイント

　H^+ の産生はクロスブリッジでの力産生を妨げ，筋の力発揮を低下させる。H^+ の産生は筋収縮時の最大収縮速度を低下させるが，これはアシドーシスの程度，筋温，Ca^{2+} 動態にも依存する。H^+ が骨格筋の力発揮や収縮速度に影響を及ぼす可能性があることから，骨格筋のパワー出力も低下させる可能性が考えられる。

3.3.2.5　中枢神経系のドライブ

　高強度運動時には多量の H^+ が筋から血液に移動する。H^+ が血液中へ非常に多量に入った場合，血液の緩衝能力を超え，細胞外（血液）のアシドーシスが進む可能性がある。細胞外アシドーシスは動脈中のヘモグロビンを非飽和状態にする（つまり血液中で輸送される酸素の量を減らす）いわゆるボーア効果をもたらす。血液中の飽和ヘモグロビンの減少は，脳への酸素供給の低下に繋がり[52]，脳の低酸素状態，ひいては中枢性疲労に繋がる可能性がある[7,52-55]。実際，中枢起源の疲労は全力で力発揮を行う時に数秒で起こることが報告されている[56]。重炭酸塩などによる血液のアルカリ化効果は血液中のヘモグロビンの非飽和化を抑え，中枢性疲労の抑制に繋がる可能性がある[7]。この仮説は，血液のアシドーシスが主観的運動強度（RPE）の増大と運動時の耐久力の減少をもたらし，一方で重炭酸塩の摂取は RPE を減少させたという報告によって支持される[52,57]。重炭酸塩が中枢神経系のドライブを維持するという効果は，重炭酸塩が筋収縮自体に常に効果があるわけではないことを説明する材料といえるだろう。

> **キーポイント**
>
> 　血液中での H^+ 蓄積による細胞外アシドーシスは，血液中のヘモグロビンの非飽和化に繋がりうる。ヘモグロビンの非飽和化は脳への酸素供給の減少をもたらし，脳の低酸素状態，ひいては中枢性疲労や努力感の増大，運動耐久力の低下に繋がる可能性がある。

3.3.3　乳酸，H^+，アシドーシスと疲労——簡潔な要約

　代謝性アシドーシスが運動時の疲労に与える影響については，現在も論争が続いており，扱いにくい点である。ここで乳酸について，覚えておいてほしいことを下記にまとめておく（**表 3.1** も併せて読んでほしい）。

① lactic acid（酸性）ではなく，lactate（中性）が高強度運動時に筋で産生される。

② lactate と lactic acid は同じものではない。別の物質である。

③ lactate は H^+ の産生によって筋がより酸性化したことに応じて産生される。

表 3.1 乳酸の性質や役割に関するいくつかの一般的な誤解，およびそれに対する近年の反論

誤解	反論
① lactic acid と lactate は同じ物質である。	① lactic acid がもつ H^+ は組織／溶液中で乖離して酸性化をもたらす。lactate は H^+ を含まないため，直接周囲の環境をより酸性化させることはない。
② 運動時には lactic acid が多量に生成される。	② 体内に lactic acid はほとんど存在しない。運動時には，lactate と H^+ という 2 つの別のイオンが生成される。
③ lactate が運動時のヒリヒリするような感じをもたらしたり，疲労の原因となる。	③ lactate が運動中にヒリヒリするような感覚をもたらすという証拠はない。実は，lactate は H^+ が増えて酸性化をするのを防ぐ緩衝作用や，代謝のエネルギー源として働き，運動パフォーマンスを高める。
④ lactate は廃棄物であり運動時に利益をもたらさない。	④ ③に説明したように，lactate は酸性化するのを防ぐ作用をもち，様々な強度や時間の運動でエネルギー源となる。
⑤ lactate は運動から数時間後や数時間後にみられる筋肉痛の原因である。	⑤ ③で説明した。さらに，運動時に多く産生された lactate は回復期の最初の 1 時間で代謝される。したがって，運動から数時間または数日後に感じるような筋肉痛をもたらすわけがない。

lactate の産生が筋を酸性化させるわけではない。

④ lactate の産生は H^+ を消費することで筋の酸性化を抑え，高強度運動を長く持続させる方向に働く。

⑤ lactate は収縮筋および脳の重要なエネルギー源である。

⑥ 高強度運動時には，lactate が産生されていないとより早く疲労する。

近年の研究成果を踏まえると，H^+ 産生によって生じる代謝性アシドーシスが運動時の疲労に与える影響は，以前考えられていたよりもかなり小さいと考えられる。事実，pH の低下が筋張力発揮を高め，興奮性の維持を助ける可能性も報告されている。しかし，H^+ が筋パフォーマンスに対してわずかな直接的影響を与えるとすると（10%以下のパフォーマンス低下に繋がると考えられている），運動時に，特にエリートレベルにおいては，全身レベルでのパフォーマンス低下に十分繋がりうる[7]。さらに，H^+ の産生は筋以外の組織への直接的影響，例えば中枢神経系のドライブの低下や疲労感などの増大を介して，パフォーマンス低下に繋がる可能性がある。運動時の疲労に関する議論の中で H^+ を考慮に入れる必要はあるが，すべての疲労に関する「犯人」ではない。

3.4 まとめ

（訳注：乳酸＝lactate とし，lactic acid のみ英語のまま記載する）

- 1900 年代初頭に摘出筋を用いて行われた研究では，嫌気的条件下での lactic acid の産生，また骨格筋が疲労に至った段階での lactic acid 濃度の上昇が観察された。

- 上記研究の成果は，lactic acid の産生が筋疲労をもたらすという誤った解釈がなされた。

- lactic acid は等尺性張力の低下や筋短縮速度の減少，解糖系の重要な酵素の活性低下などを介して疲労に関わると考えられた。

- 安静時や運動時に解糖系で生じるのは lactic acid ではなく乳酸（lactate）であることを区別しなければならない。体内に実質的には lactic acid は存在しない。

- 乳酸は周囲の環境に H^+ を放出しない。したがって，乳酸は周囲の環境を直接的に酸性化するものではない。

- 乳酸は直接的に H^+ を産生するわけではない。解糖系の過程で起こる ATP の分解が H^+ 産生の主要なルートである。

- H^+ は水素原子が唯一もつ電子を失い，1 つのプロトン（陽子）だけが残っている状態である。H^+ は酸性であり，溶液をより酸性化させる。

- 古典的には乳酸の産生が H^+ 産生を増加させると考えられてきた。しかし，近年では，それは起こらないと考えられている。

- 乳酸は筋や脳の重要なエネルギー源であり，H^+ の緩衝作用ももつ。したがって，古典的な見解とは異なり，乳酸の産生は組織の酸性化を抑える。

- H^+ の産生は筋小胞体からの Ca^{2+} の放出の減少，筋興奮性の抑制，解糖系の活性の低下を介して運動時のパフォーマンスを低下させると考えられていた。しかし，生理学的に正常な温度では H^+ の蓄積がこれらに与える影響は最小限である。

- H^+ の産生はクロスブリッジでの張力産生，筋収縮速度，筋力を低下させる。しかし，H^+ がこれらに与える影響はアシドーシスや温度，筋の Ca^{2+} 動態，筋線維タイプに依存する。

- H^+ の産生は血液のヘモグロビンの非飽和化を招き，中枢神経系のドライブの減少や中枢性疲労の進行をもたらす。

- H^+ が筋疲労にもたらす影響は以前考えられたよりも小さいが，全身性の運動パフォーマンスの制限因子となりうるとはいってもよいと考えられる。

考えてみよう

　lactic acid ではなく lactate が産生されること，運動時の乳酸産生の利点（エネルギー源および代謝の緩衝材として），運動時の疲労に対するアシドーシスの影響はわずかであることは将来広く認知されるだろう。しかし，科学的な研究が多く行われているにもかかわらず，未だに多くのアスリートやコーチ，スポーツコメンテーター（多くは元エリートアスリート），そしてスポーツ科学の学生は筋の痛みや疲れ，パフォーマンスの低下を「乳酸が溜まった」せいだといっている。

　なぜこんな時代遅れな説明が未だに信頼されているのだろうか？　正反対な証拠があるにもかかわらず，多くの人が正しいと信じ込んでいる定着した意見が心地よいのだろうか？　あるいは，研究の成果やメッセージが人々に届かず，学習や活用に至っていないのだろうか？　もしメッセージが届いていないなら，それはなぜだろうか？　どうしたら研究者・科学者は話を聞いてもらえるのだろうか？

テストをしてみよう

　できる範囲で以下の問題に解答してみよう。解答によってわかる知識を理解してから，本書の続きを読み進めてみよう。

① どのようにして lactic acid の産生の増加が運動時の疲労に関わるという認識が定着してきただろうか？

② lactic acid の産生が運動時の疲労に関わると考えられた2つの経路は，どのようなものだっただろうか？

③ lactic acid 分子と lactate 分子の違いは何だろうか？　アシドーシスの進行に関する重要な相違点は何だろうか？

④ 水素原子とプロトンの違いは何だろうか？　アシドーシスの進行に関する重要な相違点は何だろうか？

⑤ この章で述べた，lactate に関する主な誤解と利点を列記してみよう。

⑥ アシドーシスが運動パフォーマンスを損なう主な経路は何だろうか？

文献

1) Fletcher WM, Hopkins FG (1907) Lactic acid in amphibian muscle. *J Physiol* 35: 247-309.
2) Noakes TD, Gibson A (2004) Logical limitations to the 'catastrophe' models of fatigue during exercise in humans. *Br J Sports Med* 38: 648-9.
3) Hill AV, Lupton H (1923) Muscular exercise, lactic acid, and the supply and utilization of oxygen. *Q J Med* 16: 135-71.
4) Robergs RA, Ghiasvand F, Parker D (2004) Biochemistry of exercise-induced metabolic acidosis. *Am J Physiol Regul Integr Comp Physiol* 287: R502-16.
5) Fitts RH, Holloszy JO (1976) Lactate and contractile force in frog muscle during development of fatigue and recovery. *Am J Physiol* 231: 430-3.
6) Spriet LL, Sodeland K, Bergstrom M, et al. (1987) Skeletal muscle glycogenolysis, glycolysis, and pH during electrical stimulation in men. *J Appl Physiol* 62: 616-21.
7) Cairns SP (2006) Lactic acid and exercise performance: culprit or friend? *Sports Med* 36(4): 279-91.
8) Lamb GD, Recupero E, Stephenson DG (1992) Effect of myoplasmic pH on excitation-contraction coupling in skeletal muscle fibres of the toad. *J Physiol* 448: 211-24.
9) Fitts RH (2008) The cross-bridge cycle and skeletal muscle fatigue. *J Appl Physiol* 104: 551-18.
10) Balsom PD, Seger JY, Sjödin B, et al. (1992) Physiological responses to maximal intensity intermittent exercise. *Eur J Appl Physiol* 65: 144-9.
11) Brooks S, Nevill ME, Meleagros L, et al. (1990) The hormonal responses to repetitive brief maximal exercise in humans. *Eur J Appl Physiol* 60: 144-8.
12) Christmass MA, Dawson B, Arthur PG (1999) Effect of work and recovery duration on skeletal muscle oxygenation and fuel use during sustained intermittent exercise. *Eur J Appl Physiol* 80: 436-47.
13) Gaitanos GC, Williams C, Boobis LH, et al. (1993) Human muscle metabolism during intermittent maximal exercise. *J Appl Physiol* 75: 712-9.
14) Bishop D, Edge J, Davis C, et al. (2004) Induced metabolic alkalosis affects muscle metabolism and repeated sprint ability. *Med Sci Sports Exerc* 36: 807-13.
15) Bishop D, Claudius B (2005) Effects of induced metabolic alkalosis on prolonged intermittent-sprint performance. *Med Sci Sports Exerc* 37: 759-67.
16) Lavender G, Bird SR (1989) Effect of sodium bicarbonate ingestion upon repeated sprints. *Br J Sports Med* 23: 41-5.
17) Lindinger MI, Kowalchuk JM, Heigenhauser GJF (2005) Applying physiochemical principles to skeletal muscle acid-base status. *Am J Physiol Regul Integr Comp Physiol* 289: R891-4.
18) Brooks GA (2010) What does glycolysis make and why is it important? *J Appl Physiol* 108: 1450-1.
19) Robergs RA, Ghiasvand F, Parker D (2004) Biochemistry of exercise-induced metabolic acidosis. *Am J Physiol Regul Integr Comp Physiol* 287: R502-16.
20) Robergs RA, Ghiasvand F, Parker D (2005) Lingering construct of lactic acidosis. *Am J Physiol Regul Integr Comp Physiol* 289: R904-10.
21) Böning D, Strobel G, Beneke R, et al. (2005) Lactic acid still remains the real cause of exercise-induced metabolic acidosis. *Am J Physiol Regul Integr Comp Physiol* 289: R902-3.
22) Böning D, Maassen N (2008) Point: counterpoint: lactic acid is/is not the only physiochemical contributor to the acidosis of exercise. *J Appl Physiol* 105: 358-9.
23) Lindinger MI (2011) Lactate: metabolic fuel or poison? *Exp Physiol* 96: 1099-100.
24) Brooks GA (2007) Lactate: link between glycolytic and oxidative metabolism. *Sports Med* 37: 341-3.
25) Brooks GA (2009) Cell-cell and intracellular lactate shuttles. *J Physiol* 587: 5591-600.
26) Ide K, Schmalbruch IK, Quistorff B, Horn A, Secher NH (2000) Lactate, glucose and O$_2$ uptake in human brain during recovery from maximal exercise. *J Physiol* 522: 159-64.
27) Quistorff B, Secher NH, Van Lieshout JJ (2008) Lactate fuels the human brain during exercise. *Journal Fed Am Soc Exp Biol* 22: 3443-9.
28) Morris DM, Schafer RS, Fairbrother KR, Woodall MW (2011) Effects of lactate consumption on

blood bicarbonate levels and performance during high-intensity exercise. *Int J Sport Nutr Exerc Metab* 21: 311–7.

29) Monedero J, Donne B (2000) Effect of recovery interventions on lactate removal and subsequent performance. *Int J Sports Med* 21: 593–7.

30) Mense S (2009) Algesic agents exciting muscle nociceptors. *Exp Brain Res* 196: 89–100.

31) Aminian-Far A, Hadian M, Olyaei G, Talebian S, Bakhtiary A (2011) Whole-body vibration and the prevention and treatment of delayed-onset muscle soreness. *J Athl Perf* 46: 43–9.

32) Lewis PB, Ruby D, Bush-Joseph CA (2012) Muscle soreness and delayed onset muscle soreness. *Clin Sports Med* 31: 255–62.

33) Wada M, Kuratani M, Kanzaki K (2013) Calcium kinetics of sarcoplasmic reticulum and muscle fatigue. *J Phys Fitness Sports Med* 2: 169–78.

34) Nielsen OB, de Paoli F, Overgaard K (2001) Protective effects of lactic acid on force production in rat skeletal muscle. *J Physiol* 536: 161–6.

35) Kristensen, M, Albertsen, J, Rentsch, M, Juel, C (2005) Lactate and force production in skeletal muscle, *J Physiol* 562: 521–6.

36) Pedersen TH, de Paoli F, Nielsen OB (2005) Increased excitability of acidified skeletal muscle: role of chloride conductance. *J Gen Physiol* 125: 237–46.

37) Bishop D, Edge J, Goodman C (2004) Muscle buffer capacity and aerobic fitness are associated with repeated-sprint ability in women. *Eur J Appl Physiol* 92: 540–7.

38) Krustrup (2003) Muscle metabolites during a football match in relation to a decreased sprinting ability. Communication to the Fifth World Congress of Soccer and Science, Lisbon, Portugal.

39) Messonnier L, Denis C, Féasson L, et al. (2006) An elevated sarcolemmal lactate (and proton) transport capacity is an advantage during muscle activity in healthy humans. *J Appl Physiol.* DOI: 10.1152/japplphysiol.00807.2006.

40) Spriet LL, Lindinger MI, McKelvie RS, et al. (1989) Muscle glycogenolysis and H^+ concentration during maximal intermittent cycling. *J Appl Physiol* 66: 8–13.

41) Gaitanos GC, Williams C, Boobis LH, Brooks S (1993) Human muscle metabolism during intermittent maximal exercise. *J Appl Physiol* 75: 712–9.

42) McCartney N, Spriet LL, Heigenhauser GJF, Kowalchuk JM, Sutton JR, Jones NL (1986) Muscle power and metabolism in maximal intermittent exercise. *J Appl Physiol* 60: 1164–9.

43) Katz A, Costill DL, King DS, Hargreaves M, Fink WJ (1984) Maximal exerctse tolerance after induced alkalosis. *Int J Sports Med* 5: 107–10.

44) Bangsbo J, Madsen K, Kiens B, Richter EA (1996) Effect of muscle acidity on muscle metabolism and fatigue during intense exercise in man. *J Physiol* 492: 587–96.

45) Lamb GD, Stephenson DG, Bangsbo J, Juel C (2006) Point: Counterpoint: Lactic acid accumulation is an advantage/disadvantage during muscle activity. *J App Physiol* 100: 1410–14.

46) Girard O, Mendez-Villanueva A, Bishop D (2011) Repeated-sprint ability. Part 1: factors contributing to fatigue. *Sports Med* 41: 673–94.

47) Cady EB, Jones DA, Moll A (1989) Changes in force and intracellular metabolites during fatigue of human skeletal muscle. *J Physiol* 418: 327–37.

48) Debold EP, Dave H, Fitts RH (2004) Fiber type and temperature dependence of inorganic phosphate: implications for fatigue. *Am J Physiol* 287: C673–81.

49) Metzger JM, Moss RL (1990) Calcium-sensitive cross-bridge transitions in mammalian fast and slow twitch skeletal muscle fibers. *Science* 247: 1088–90.

50) Fitts RH (1994) Cellular mechanisms of muscle fatigue. *Physiol Rev* 74: 49–94.

51) Knuth ST, Dave H, Peters JR, Fitts RH (2006) Low cell pH depresses peak power in rat skeletal muscle fibres at both 30°C and 15°C: implications for muscle fatigue. *J Physiol* 575: 887–99.

52) Nielsen HB, Bredmose PP, Stromstad M, Volianitis S, Quistorff B, Secher NH (2002) Bicarbonate attenuates arterial desaturation during maximal exercise in humans. *J Appl Physiol* 93: 724–31.

53) Knicker AJ, Renshaw I, Oldham ARH, Cairns SP (2011) Interactive processes link the multiple

symptoms of fatigue in sport competition. *Sports Med* 41: 307-28.

54) Nybo L, Secher NH (2004) Cerebral perturbations provoked by prolonged exercise. *Prag Neurobiol* 72: 223-61.

55) Amann M, Calbert JAL (2008) Convective oxygen transport and fatigue. *J Appl Physiol* 104: 861-70.

56) Gandevia SC, Allen GM, Butler JE, Taylor JL (1996) Supraspinal factors in human muscle fatigue: evidence for suboptimal output from the motor cortex. *J Physiol* 490: 529-36.

57) Swank A, Robertson RJ (1989) Effect of induced alkalosis on perception of exertion during intermittent exercise. *J Appl Physiol* 67: 1862-7.

58) Tate P (2009) *Seeley's Principles of Anatomy and Physiology.* McGraw Hill, New York.

第 4 章

脱水と高体温

4.1 はじめに

　脱水や高体温は，アシドーシスと同様に多くの方には疲労の原因と認識されているであろうから，本章では第3章と同様のアプローチをする。よく，脱水と高体温は結びつけて考えられていて，まるでそれぞれが独立しては起こらないかのようである。しかしこれは正しいことではない。そこで本章ではこの2つをそれぞれ独立した事象として分けて記述し，必要がある場合に一緒に述べる。まず脱水について述べる。そして古典的な脱水による疲労のメカニズムを説明し，続いて他のあまり知られていない脱水関連の疲労のメカニズムについても述べる。そして脱水と運動疲労に関する知識の進展について述べ，現時点でのこのトピックについての考え方をまとめる。

　続く高体温についての節でも同様のアプローチを行う。古典的な理論をまず紹介する。その1つとして「臨界」深部体温の考え方があり，この体温に一度達すると運動パフォーマンスが低下するというものである。そして脱水と高体温の関わりについて述べ，脱水と高体温のそれぞれ，また2つが重なった運動疲労に対する影響について述べる。この章によって，このよくいわれている2つの要因が運動疲労に与える影響について，より「深い」理解ができるだろう。

4.2 脱水と運動疲労

4.2.1 用語の定義

　本論に入る前に，本章全体でよく出てくる重要単語の定義をしておくのがよい

だろう。水分状態（hydration, euhydration）はその人にとっての通常の（あるいはもっと正確には適切な）身体水分量である状態をいう。この時には水分過剰状態（hyperhydration）にはない。水分過剰は身体水分量が過剰にある状態をいう。この状態は危険であり，本章でも触れる。水分を損失する動的な過程のことを脱水（dehydration）という。最後に，水分損失後の身体の水分状態の程度のことを水分不足（hypohydration）という。脱水と水分不足は密接に関係しているが，同じことをいっているのではない。例えば，運動中の水分損失は主として発汗によっている。運動終了時に体重の 1.5％に相当する水分が損失されるとする。そこで脱水によって，その人は 1.5％水分不足となっていることになる。脱水は水分が失われる過程のことをいっており，水分不足はその損失の結果である。

> **キーポイント**
>
> 　脱水と水分不足は，全く同じことをいっているのではない。脱水は水分が損失される過程のことをいい，水分不足はその損失の結果のことである。

4.2.2 身体における水の重要性

　水にカロリーはないが，生命にとって最も大事な栄養の 1 つであり，酸素に続く重要成分といえる。食事を摂らなくてもヒトは数週間生きられるし，脂肪，糖，タンパク質が減って体重の 40％分が減少しても生きていける。しかし水を数日摂らなかったり，体重の 9〜12％相当の水分損失があると，生きてはいけない。身体内には水が行きわたっており，水は通常の身体機能に多くの重要な役割を果たしていることから，我々には水が必要なのである。正常の水分状態では，成人男性の体重 60％程度，成人女性の 50％程度が水である（この数字は身体組成にもよっていて，除脂肪組織の方が脂肪より水分が多い［除脂肪 73％，脂肪 10％（概算）］ので，除脂肪量の多い人の方が水分量は多い）。身体水分量の 2/3 程度は細胞内にあり（細胞内液），1/3 が細胞外にある（細胞外液）。

　水は，大部分の生命維持に関係する細胞，組織や臓器システムの反応が起こる溶媒である（**表 4.1**）。この水の重要性から，水の摂取量と損失量で定義される水の収支バランスを保つことが絶対必要である（**図 4.1**）。**表 4.1** にまとめた機

表 4.1　身体内における水の重要な機能

①血液の液体成分で，栄養素，老廃物，酸素，免疫細胞を全身に運搬する
②血液の適正量を保つ——循環機能を維持する上で必須
③代謝反応に関わる
④タンパク質，グルコース，ビタミン，ミネラルを溶かす溶媒として働く
⑤電解質バランスを保つのに重要な役割を果たす
⑥汗の液体成分となり，体温調節を行う
⑦身体深部から皮膚表面へ熱を伝え，体温調節を補助する
⑧関節の動きを滑らかにする
⑨脊髄や眼球の溶液の主成分

能の大部分は，運動時にもまた安静時にも重要である。そこでなぜ身体の水分量やその運動時の損失が，古くから運動パフォーマンスに重要と考えられてきたのかを理解するのは容易である。

　水の収支バランスに関連した概念を理解する上で複雑になるのは，水分損失に影響を与える要因の多くが，個人によって異なることである（運動の強度，発汗量，身体組成，食事，水分摂取量）。結果として，水分損失量や水分必要量は人によってかなり異なる。運動時の水分収支バランスに最も影響する要因の1つが発汗である。水分損失による運動時の影響を考慮して，必要水分摂取量はその人の毎日の運動量から算出することが奨励される。健常成人では，1kcalのエネルギー消費あたり1〜1.5mL，選手では1kcalあたり1.5mLの水分摂取が奨励される。そこで1日に4000kcal消費する選手であれば，6000mL＝6Lの水分摂取が必要となる。しかし本章を読めばわかるように，今ではこうした選手や健常成人に奨励される水分摂取量は，疑問視されてもいる。

> **キーポイント**
>
> 　身体の水分収支バランスは，人によって多くの要因の影響を受ける。その結果，人によって水分必要量も様々である。

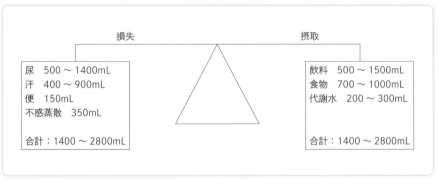

| 損失 | 摂取 |

| 尿　　500 ～ 1400mL
汗　　400 ～ 900mL
便　　150mL
不感蒸散　350mL

合計：1400 ～ 2800mL | 飲料　　500 ～ 1500mL
食物　　700 ～ 1000mL
代謝水　200 ～ 300mL

合計：1400 ～ 2800mL |

図 4.1　健常成人の一般的な水分損失量と水分摂取量。これは，食事，水分摂取量，体重，身体組成，環境条件，運動量によって影響を受ける。左に傾く（水分収支が負＝水分損失量が摂取量より大＝脱水／水分不足），右に傾く（水分収支が正＝水分摂取量が損失量より大＝水分過剰）。

4.2.3　脱水によるパフォーマンス低下とされてきた古典的メカニズム

　運動中は発汗量が増加する。発汗は運動のエネルギー代謝増加によりできた熱を身体から放散させる主たる方法である。汗の水分は血液の血漿，筋組織，皮膚，その他の内部組織からのものである。血漿の水分が失われると，血漿量が減少する。血漿量が減少すると，心臓の拍動ごとに心臓に入る血液が減ることになる（心臓充満圧の低下）。そうすると1回拍出量（1回の拍出によって押し出される血液量）と，心拍出量（1分あたりの心臓から送り出される血液量）が減少する。このことは作業筋に望ましい量の血液と酸素を送り込むには，心拍数を上げないといけないということである。こうして心臓の効率が悪くなること自体が運動パフォーマンス低下の原因ともなりうる。脱水により体重が1％減少するごとに心拍数が1分あたり3～5回上昇する[1]。しかし運動と水分損失が続いていると，血漿量の減少によって血流配分の内部器官，組織と皮膚において競合が起きてしまう（循環ストレスという）。この競合によって皮膚血流が減少すると，蒸発熱による熱放散が低下し，深部体温が上がってしまう（高体温）。そこで古典的な理論では，脱水が直接的には心臓の効率を悪化させ，間接的には体温を上昇させることでパフォーマンスを低下させると説明されていた。**図 4.2** に古典的な脱水によるパフォーマンス低下の理論をまとめた。

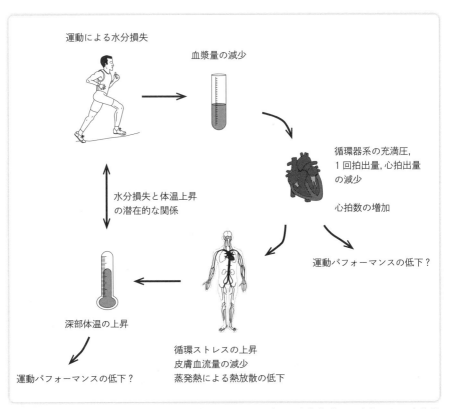

図 **4.2** 脱水によってパフォーマンスが低下するメカニズムの古典的説明。身体からの水分損失が血漿量を減少させ，これによって充満圧，1 回拍出量，心拍出量を減少させる。心臓の効率が悪くなるので，作業筋へ望ましい量の血液と酸素を送り込むのに心拍数を上げなければならない。心拍数の上昇それ自体が運動パフォーマンスを低下させることが考えられる。運動と水分損失が続いていると，血漿量の減少によって，内部器官，組織，皮膚との間で血流の競合が起きてしまう（循環ストレス）。この競合によって，皮膚血流が減少し，蒸発熱による熱放散が低下し，深部体温が上昇する。

> **キーポイント**
>
> 　脱水が直接的には心臓の効率を低下させ，間接的には体温を上昇させることでパフォーマンスを低下させる可能性が考えられる。

脱水によるパフォーマンス低下を起こす可能性がある他のメカニズム

　脱水は，肝臓からのグルコース放出を高め，筋グリコーゲンの利用を高めることで運動時の糖依存を高めると考えられ，これにより同じ運動強度における血中乳酸濃度が上がる[2]。水分不足状態で糖代謝により依存することの原因として，深部体温が上昇することが，代謝酵素の活性やミトコンドリアの機能を変化させることも考えられる[3-4]。そうだとすると高体温を伴わない脱水は，運動時の代謝に影響しないことが考えられる。糖代謝により依存すると，グリコーゲン枯渇による疲労が起きやすいことになる（グリコーゲン枯渇が運動時の疲労に関係することの詳細は第2章を参照）。

　脱水時にはそうでない状態の運動時と比較して，運動時の主観的運動強度（RPE）が上がることも考えられる[1]。同様に水分不足状態では認知機能（視覚，注意，記憶等）も低下する可能性がある[5]。もしも水分不足により本当に運動時の主観的な努力感や精神的な過程が影響を受けるのであれば，これによって動機づけ，意思決定，ペース配分戦略に関連する要因が変化し，パフォーマンスが低下することが考えられる。水分不足を含む様々な要因が，知覚反応に与える影響については本章と第6章で説明する。このように脱水による疲労の原因は，中枢性でも末梢性でもありうる。4.6節で述べるとともに，**図4.3**にまとめた。

> **キーポイント**
>
> 　脱水は直接的にパフォーマンスを低下させる可能性もあるし，努力感や認知機能，エネルギー代謝を変化させて間接的に低下させることも考えられる。

4.3 脱水と運動疲労——研究結果から

　運動時の脱水がパフォーマンスを低下させることを示した研究は多数ある[6-7]。脱水のこうした負の影響を4.2.3項と4.2.4項で述べたが，運動時の水分摂取についてガイドラインが発表されている。最新版の情報は基本的には極めてシンプルである。それによると水分状態を保ち，運動時に過度の水分損失にならないように，自分に合った水分摂取プログラムをつくるのがよいということである[8]。そ

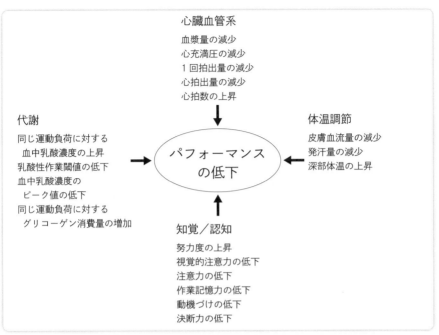

図 4.3 脱水に関連して運動パフォーマンスを低下させると考えられる要素のまとめ

うなると明らかな疑問は,「過度の」水分損失とはどの程度なのかということである。運動時の水分状態を検討する基礎をつくってきた初期の研究では,水分損失がその人の体重2%分というのが「閾値」であり,それを超えるとエアロビックな運動パフォーマンスが低下するとされた[7-9]。この2%脱水閾値は,水分摂取を推奨する際に出てくる確固たる原則として長い間定着していた。

> **キーポイント**
>
> 初期の研究によって,体重2%分の脱水「閾値」という考え方が定着し,それを超えるとエアロビックな運動パフォーマンスが低下するとされた。この閾値が,水分摂取の推奨量やガイドラインにおける基礎概念とされてきた。

しかしながら,前の章でも述べたように,よりしっかりと結果を解釈するためには,その研究がどのような方法で行われたのかを考慮することが重要である。水分バランスと運動パフォーマンスに関する研究は25~30年前くらいから出始

めていて，初期の論文のいくつかは，この分野の古典論文として今日まで継続して引用されている。もっといえば，初期論文が，脱水は運動パフォーマンスを低下させるという概念を支持するものとしていつも引用されている。しかしこうした論文の中には，脱水状態を起こす方法に問題がある場合がある。暑熱環境で水分摂取なしにかなりの長時間被験者を座らせているものもある[10]。また暑熱環境で少量の水分摂取のみで2時間の運動を行い，その後に通常の環境で飲料を制限して1時間休んだ後に，さらに運動を行っているような研究もある[11]。また利尿剤を使い，排尿によって水分損失を増やしたような研究もある[12]。こうした方法では，基本的に被験者は運動によって水分を失い水分不足状態になっていくのではなく，運動開始時にすでに水分不足状態になっていると考えられる。運動前にこうしたやり方を，実際にやる人は明らかにいない。このような研究方法では，水分不足状態が運動パフォーマンスに与える影響と，水分不足状態にするために行ったやり方による影響を区別できない[8]。こうした点から，運動中に水分不足状態になっていった研究だけが，水分不足状態の影響を正確にみることができる，ということが示唆されてきている[8]。

　もしも水分摂取制限が運動パフォーマンスに与える影響を検討したいならば，実験に参加する人は，運動を水分摂取なしか，あるいは通常の飲料摂取よりも少ない状況で運動することを知っていて運動することになる。この事前の知識により，参加者はこれから行う運動についての心構えが違う状態になり，おそらくパフォーマンスが低下することを予期することになる[8]。事実，飲料摂取が制限されるとわかっていると，飲みたい時に飲める条件と比較して運動開始時の運動強度が低くなることが報告されている[13]。このことから，水分不足状態がパフォーマンスを低下させるという結果は，実験方法や，水分状態以外の要素にもよっていることがわかる。

　研究参加者は「好都合」と呼ばれるような，つまりは研究者が交渉しやすい人々であることが多い。結果として参加者は高い競技能力をもっている人ではないことが多い。選手はこうした好都合な人とは，多くの点で生理学的にも心理学的にも違っている。そこで好都合な人を使った研究結果は，競技選手のような他のタイプの人には当てはまらないことが考えられる。

　脱水研究の結果を解釈する上で，おそらく最も考慮するべきなのは，行われた運動の種類であろう。多くの研究で用いられているのは一定強度での運動か，あ

るいは被験者が疲労困憊まで行うことが必要な運動である。これは理解できる選択で，こうした方法によって，研究結果に影響を与える多くの因子をコントロールできる。しかし疲労困憊まで行うことが必要な運動条件は，悪名高いといえるほど信頼性が低い（1.4.1 項）[14-15]。もしも被験者のパフォーマンスのばらつきが大きいと，脱水のパフォーマンスに与える影響が過大評価されるようなことが起きたり，あるいは反対の結果や，検討した効果が消えてしまうということもありうる。また一定強度の運動というのは（疲労困憊までであってもなくても），通常は起こりえず，実際の運動状態を反映してはいない。多くの競技スポーツでは，決められた距離をできるだけ速く行くことが競われるのであって，できるだけ長い距離を行けるかが競われるのではない。また自分でペース設定するのであり，選手は強度を自分でいつでも上げ下げできる。そこで一定強度の運動では選択肢は2つしかないが（進むか止まるか），自己ペースによる運動では，努力感にいつも変化があり，それが運動パフォーマンスに影響することになる[15]。

> **キーポイント**
>
> 脱水と運動パフォーマンスとの関係についての研究を解釈する上では，その研究が用いた方法について考慮することが必要である。

　脱水が運動パフォーマンスに与える影響に関する昔の研究における問題点は，最近の研究を考慮すればさらにみえてくる。最近の多くの研究で，参加者が運動前の体重より 1.7〜3.1%相当の体重減少がある状態でも，60 分から 4 時間の運動パフォーマンスは影響を受けないということが報告されている[16-19]。これは初期の研究による運動パフォーマンス低下となる体重減少（2%閾値）よりも水分損失が大きいのに，なぜ運動パフォーマンスは低下しないのだろうか？　その可能性がある理由を考える上で，それぞれの研究を順番に要約して，最後にそれらをまとめてみることにする。

　Marino ら[17]　60 分の自己ペースによる高強度自転車運動を適度（水分不足による体重減少 1.7%分）と暑め（水分不足による体重減少 2.1%分）の条件で，飲料摂取なしに行ったところ，体重が減らないように飲料摂取した条件と比較してパフォーマンスに低下はみられなかった。面白いことに水分不足レベルによって，

神経筋システムが筋の動員を変化させ，水分状態が異なってもパフォーマンスが変化しないことを示唆する結果も出ている。

Nolte ら[18]　他の水分関連の研究とは少し異なり，本研究では兵士を使って水分摂取と 14.5km の行軍時間との関係をみている。面白いことに，飲料摂取と運動時間，体重減少度と運動時間との間には関係がみられなかった。さらに体重が2%程度減少しているのに，身体の水分状態は保たれていた。

Zouhal ら[19]　体重変化（水分状態の指標）とマラソンタイムとの関係を検討した。そして体重の減少度が大きいほど，マラソンのタイムがよい傾向にあることがわかった。別の表現をすれば，より体重が減少した人，つまりより水分が減った人の方が，水分状態を維持している人や水分損失量よりも多く摂取した人よりも，パフォーマンスがよい傾向にあった。

Dion ら[16]　しっかり飲料を摂って体重を維持したハーフマラソンと，のどの渇き感によって飲料摂取したハーフマラソン（言葉を換えればのどが渇いた時にだけ飲んだ），その場合飲料摂取量は少なく体重が 3.1％減少していたが，両条件を比較したところ，ハーフマラソンのタイムには差がなかった。またパフォーマンスだけでなく，発汗量，体温，心拍数にも差がなかった。

全体のまとめ　上記の研究や他の研究では，運動パフォーマンスに脱水が与える影響はないか小さい[20-22]。そしてこれらの研究で共通しているのは，自己ペースの現実的な運動（通常の運動条件で行っているか，実験室での設定が実際の運動条件をよく再現しているか）を行っている点である。上で述べたように，自己ペースでの運動は，参加者が自分のパフォーマンスをどう調節するのかが自由なので，脱水などがパフォーマンスに与える影響を検討するにはより望ましい条件となる。事実，脱水に関する研究を分析してみると，脱水が運動パフォーマンスを低下させるのは，固定負荷による運動条件（現実的な運動条件を再現していない）だけである[23]。

　運動を自己ペースで行った研究では，脱水は運動パフォーマンスを低下させない。さらに文献に当たってみると，脱水は固定負荷条件での運動のみで，運動パフォーマンスを低下させる。

　上記の研究からもう１つわかる面白い点は，運動時の体重が２％減少することが，必ずしも顕著な水分不足状態を意味しないということである。例えば，Nolte らの研究では，体重減少は平均 1.98％である[18]。それでも尿の分析からみると，参加者の水分状態には影響がなかった。このことからすると，体重変化は必ずしも正確に水分損失を反映するのではない可能性が考えられる。運動中には，エアロビック代謝による水産生で身体内の水分が増えたり，筋と肝臓グリコーゲンの分解により水が放出される[24]。同様にエネルギー基質の酸化により，水分損失に関係なく体重の減少は起こりうる。そこで運動中には，体重を減らすようなことと同時に身体水分量を増やすようなことも起きている。結果として，顕著な脱水状態にならずに体重が１〜３％も減少することがありうる[24]。

　運動中の体重減少は必ずしも水分状態が負になっていることを意味しない。体重減少量は必ずしも水分損失量とイコールではない。

　体重減少が水分不足状態とは関係なく起こりうるということからすると，体重減少を防ぐために十分な飲料摂取を行う必要がないとも思われる。事実，研究の中には体重減少を防ごうと意識して飲料摂取した選手よりも，のどの渇き感にまかせて飲んだ選手の方がレースに勝つという傾向にあることや[19]，のどの渇き感にしたがって飲むことが最も効率のよい水分管理戦略である，とするものがある[16]。水分不足状態になっていなくて体重が減少することは，より少ないエネルギー量と努力で同じ強度の運動をできることになるので，パフォーマンスにはプラスになる。これを支持する結果として，持久的競技において勝者は最も体重が減った選手であることが多い，ということもよく観察されている（しかし企業から全然宣伝はされていない）[7, 19, 25]。

　したがって持久的運動をする場合には，体重を減らして運動を「よりイージー

に」するのがよいのだろうか？ これは確かにダメである。ある本ではこう述べている。「体重の大きな減少は，"ユニークな人"では，シンプルに体重を移動させるのが楽になることによって運動パフォーマンスが上がる」（" "の強調はその本の著者による）[19]。ここで注意するべきことは，体重減少によって持久的運動のパフォーマンスが上がることは多くの研究で示されているが，そうした研究の対象者はよくトレーニングをされた経験豊富な選手であったり，その研究が行われた環境に馴化していたり，あるいはそれらを併せもつ条件ということがある。これらの特徴のある人とない人では，体重減少の影響が異なることになる。また大事なことは，体重減少と持久的パフォーマンスとの間に有意な関係があるといっても，非常に弱い関係の場合もあることである。例えば643人のマラソン選手を対象とした Zouhal らの研究では[19]，体重減少とマラソンタイムに $r=0.21$ の相関があると報告している。この相関は有意で，体重減少が大きいほどマラソンタイムがよいことになる。しかしこの相関結果からわかることは，体重減少によってマラソンタイムを説明できるのは4％である（0.21の2乗が決定係数）。実際には，運動中の飲料摂取を制限するのはおそらくパフォーマンスには有益ではないし，また通常条件以上に摂取するのも同様に有益でない[16]。したがってのどの渇き感にあわせて飲料摂取するのが，おそらく最も効率的なやり方であろう。

> **キーポイント**
>
> 体重が大きく減ると運動パフォーマンスが上がるのは，特殊な人に限られる。したがって，意図して体重を減らしパフォーマンスを上げようとするのは，推奨されるべきではない。

明らかに，脱水による運動中の体重減少が運動パフォーマンスを妨げないという証拠がある。さらに長いあいだ信じられてきた，脱水によって循環と体温調節機構の負荷が高まり，パフォーマンスが低下する（**図 4.2**）という考えに反するような証拠もある。自己ペースでの運動中には，脱水による深部体温や心拍数の上昇は，パフォーマンス[16, 26-27]，RPE，熱ストレスには影響しないと考えられる[16]。

その領域での研究結果をまとめて「全体像」を描くことは，特に水分状態と運動パフォーマンスのような大きな範囲では，難しいことが多い。幸運なことに，

近年はメタ解析（多くの研究を合わせてパターンを抜き出すこと）によって，これが楽にできるようになってきている[28]。現実的な条件で60分の自転車運動を行った13の研究を検討した解析がある。まずこの中で脱水によって運動パフォーマンスに有意な負の影響が出たという論文はなかった。また実際に1つの研究では，水分状態を保った条件に比較して体重が2.3%減少した条件の方が，60分の自転車タイムトライアルのパフォーマンスが有意に高かったことを報告している。さらにこのメタ解析の結果，以下の重要なことがわかった。

- 平均で体重2.2%減少の水分不足状態は，運動パフォーマンスを低下させないし，実際にはパフォーマンスを向上させる可能性がある（程度は小さいが）。したがって全体としては，運動による脱水はパフォーマンスを著しく向上させることはないが，低下もさせないと考えられる。
- のどの渇き感にしたがって飲料を摂取することで，それよりも少ない量を摂取した条件と比較して自転車タイムトライアルの結果が平均5%向上し，また渇き感よりも多く摂取した場合と比較しても2.5%向上した。
- のどの渇き感にしたがって飲料摂取すると，渇き感よりも飲む量が少ない場合と比較して，自転車タイムトライアルのパワー発揮が上がる確率は98%であり，渇き感以上に摂取した場合の確率は62%である。
- 体重の変化率と運動中のパワー発揮の変化率には関係がない。
- 運動時間と運動強度の方が，脱水よりもパフォーマンスの決定要因としてより重要である。
- 体重減少率が2%未満と2%以上でパフォーマンスに差はない。
- 運動時のパフォーマンス低下に関係するのは脱水それ自体ではなく，のどの渇きを満たすだけの量を飲んでいないことである。したがって体重減少やパフォーマンス低下を防ぐために「先に」飲むというのが，ドグマとして信じ込まれているが，このやり方は必要ない。
- のどの渇き感にしたがって飲むというのが，運動パフォーマンスには最も有効な方法である。

Gouletの報告は，脱水が持久的運動パフォーマンスに与える影響について，優れた解析であるといえる[28]。しかしながら，この報告は自転車選手や，トレー

ニングされた人を対象に，1時間の運動を行った研究だけを解析したものである[28]。前述のように，体重が減少しても運動パフォーマンスが影響を受けないには，トレーニングされているなどの特性が当てはまることが必要であると考えられる。そこでこのことは，この報告を他の対象にも当てはめる際に，考慮するべきことである。

> **キーポイント**
>
> 　体重減少が2％を超えても超えなくても，パフォーマンスには差はない。したがって，よくいわれてきたような体重2％「閾値」の考え方は適切ではない。

> **キーポイント**
>
> 　運動中に飲み足りない，あるいは飲み過ぎることでパフォーマンスは上がらない。したがって，のどの渇き感にしたがって飲むことが，最も効率的な方法である。

4.4 運動時の水分過剰

　運動パフォーマンスのためには，体重減少を防ぐのではなく，のどの渇き感にしたがって飲むのが最も効率的な方法であることを4.3節で述べた。さらにのどの渇き感による方が，より適切で安全であるという別の観点が，すなわち大量に飲料摂取をすること，水分過剰（4.2.1項で定義した）である。

　水分過剰によって起きる問題はいくつか考えられる。まず水分過剰は体重を増やすので，特に身体移動を伴う運動ではパフォーマンスにマイナスである。次に多くの場合は体重減少を防ごうとして必要以上に運動中に飲料摂取をしようとした結果，いろいろな消化管関係に様々な程度の問題が生じたことが報告されている。明らかにこうした消化管関係のトラブルはパフォーマンスを悪化させる。しかしもっと問題なのは，水分過剰によって循環血液量増加（血漿量の異常な増加）や低ナトリウム血症（血液中ナトリウム濃度の異常な低下）が起こることである。

　まず大事なことは，ある程度の循環血液量増加は，持久的トレーニングを行う

ことでもたらされる望ましい正常な適応である。血漿量の増加，すなわち血液量の増加は心臓（1回拍出量，最大心拍出量の増加や心拍数の低下）や，体温調節（発汗感受性と発汗量の増加）機能を高め，フィットネスレベルを向上させる[29]。しかし過剰な循環血液量増加は，運動パフォーマンスを低下させるし，さらに重要なことに健康にも影響してしまう。

> **キーポイント**
>
> 　循環血液量増加は，水分摂取過剰で起こりうる，血漿量の異常な増加のことである。低ナトリウム血症は，水分摂取過剰や発汗によるナトリウム損失で起こる血中ナトリウム濃度の異常な低下である。

身体水分量の増加は，多くの原因によって起こる。
- タンパク質の分解による，血漿タンパクと血漿量の増加[30]
- 血漿ナトリウム濃度の上昇による血漿量の増加[31]
- アルドステロン活性の増加によるナトリウムの貯留[32]
- バソプレッシン活性の増加による血漿量の増加[33]
- 脱水による腎臓機能低下[34]

　しかし身体水分量を増やす最も一般的な原因は，もちろん過剰な飲料摂取による水分過剰である。循環血液量を増加させる可能性のある原因を考えてみれば，運動中の循環血液量増加の報告例の大部分が，ウルトラエンデュランスの運動（例えばマラソンよりも長い距離で行われるランニングレース）で起きている理由がわかる[35-37]。それよりも短い運動では，おそらくこうした原因が生じるには時間が不十分と考えられる（異常に暑い条件下でなければ）[38]。ただしウルトラエンデュランスの運動で必ず循環血液量増加が報告されるといっているのではない。前述したように，循環血液量増加は体重を増やし，運動中にこの増えた重さを運ばなければならないので，運動パフォーマンスを悪化させる。循環血液量の増加がもっと深刻な結果となる可能性があるのは，低ナトリウム血症となることである。

　持久的運動競技において，低ナトリウム血症が，以前に考えられていたよりもかなり高い13～29%の割合で選手に起きていることが報告されている[39]。低ナ

トリウム血症の症状は，無症状，虚弱感，めまい，頭痛，吐き気といった比較的軽い場合から，脳の水分蓄積（脳浮腫）とそれから起こる脳腫脹や精神機能の変化，てんかん，肺の水分蓄積（肺水腫），昏睡，そして死という重篤な場合もありうる[39]。こうした症状の程度は，細胞外ナトリウム量の低下度にもよっている[39]。

キーポイント

持久的運動時における低ナトリウム血症の発現率は，以前に考えられていたよりも高い。低ナトリウム血症の症状は虚弱感，めまい，頭痛，吐き気から，脳や肺の水分蓄積，てんかん，昏睡，そして死と様々である。

持久的運動時に低ナトリウム血症の発症に関係すると考えられる危険因子は多くある。摂取する飲料の組成，低い BMI，運動がゆっくりで長時間，持久的運動の未経験，非ステロイド系抗炎薬の服用，性別（男性より女性）は，その危険因子である[40]（これらの論議については Rosner と Kirven の総説[39]を参照）。しかし多くの研究から，低ナトリウム血症の発症に関係する最も強い因子は，運動中の過剰な水分摂取であることがはっきりしてきた[39-41]。そこで水分過剰状態と低ナトリウム血症とがはっきり関連していることがわかる。また汗の成分も低ナトリウム血症発症に関連する危険因子であることも重要である。塩分の多い汗（ナトリウムの多い汗）が産生されれば，より少ない飲料摂取で低ナトリウム血症が起きやすくなる[41]。そこで塩分の多い汗が出やすい人の方が，薄い汗が出やすい人に比べて低ナトリウム血症になりやすいことになる。

キーポイント

運動中に低ナトリウム血症が発症する主たる原因は，水分摂取過剰である。ナトリウム濃度が高い汗が出るほど，血中のナトリウムを薄めるのに必要な水分が少なくても低ナトリウム血症を発症する。

運動中に低ナトリウム血症を起こす最も大きな要因は，飲料摂取過剰であり，また汗のナトリウム量も低ナトリウム血症に関係することがわかった。汗の組成は人によるので，運動時の適正な飲料摂取量は，身体の大きさ，運動強度，発汗

量，環境条件といった，個人や運動で様々に異なる要因によっていることになる。そこで，運動時に選手に耐えられるだけの飲料を摂取しなさいといったガイドラインや，発汗量や汗の組成，運動強度，身体の大きさに関係なく，この量の飲料を摂取しなさいといったガイドラインは，選手に低ナトリウム血症を起こしてしまう危険性のあることが，容易に理解できることだろう。同じ理由で低ナトリウム血症を防ぐための共通ガイドラインをつくる，ということは無理である。しかし一般的な推奨はされていて，それによれば，選手は運動条件にもよるが（身体の大きさ，環境条件，運動時間），のどの渇き感にしたがって飲料を摂り，それが1時間あたり400〜800mLを超えないようにする[39]。この摂取量は，低ナトリウム血症を起こすとされている量（1時間あたり1500mL）よりもかなり少ない。過剰な飲料摂取を制限するガイドラインが設定されれば，運動による低ナトリウム血症の発症も抑えられることになる[42-43]。

> **キーポイント**
>
> 選手に多量の飲料摂取を推奨するガイドラインは，低ナトリウム血症の発症リスクを高めている。過剰な飲料摂取を制限するガイドラインができたことで，低ナトリウム血症の発症が減少している。

4.5 高体温

4.5.1 どのくらいが暑すぎなのか？

高体温は，深部体温が異常に上昇したことをいう。正常な体温は36.5〜37.5度だが，測定部位（直腸，食道，鼓膜等）によって，少し異なる（0.1度程度）。専門的には高体温は体温が37.5度以上のことになる。ただし深部体温の上昇度によって，高体温の程度も異なる。

高体温と発熱（疾病の一部として）はどちらも体温の上昇であるが，原因と体温の調節のされ方が異なっているので，同じことではない。発熱は，免疫細胞が感染に対応して視床下部を刺激して体温を上げる物質を放出することで起こる。簡単にいえば，通常の深部体温が低すぎると判断されて，視床下部が新たな高い

体温をセットする。これはサーモスタットの温度設定を変えるのと同じことである。これに対して高体温は，脳の体温調節領域が刺激されることなく起こる体温上昇であり，普通は熱産生と熱放散のバランスが崩れて起こる（4.5.2項）。

> **キーポイント**
>
> 正常な深部体温は 36.5〜37.5 度である。専門的には高体温とはこれ以上に体温が上がることである。高体温は深部体温の上昇度を含むいくつかの要因によって程度が変わる。

4.5.2 運動中の体温上昇

　熱損失を上回る熱産生があれば，体温上昇が起こる。体温上昇についての古典的な説明は，4.2.3項と**図4.2**で取り上げた。簡単にまとめれば，運動によって血漿量が減少し，それによって深部器官と組織，皮膚とで血流配分の競合が起き，心臓や循環機能に負荷がかかる。この競合で皮膚血流が低下し，蒸発熱による熱放散量が減少し，深部体温が上昇する。基本的には代謝，放射，対流，伝導（外気温が皮膚温よりも高い場合）による熱獲得量が，伝導，対流，放射と蒸発（運動中の熱損失には最もよい方法）による熱損失量を上回った場合に，深部体温は上昇する。そこで身体からの熱放散が阻害された状況で体温の上昇がよく起こるというのは，驚きではない。そうした状況の例として，暑熱下または高湿度下で空気の対流が少ない，過剰な衣服を着用している，十分な日よけがない場合や，これらが合わさった状況がある。正常な体温を維持するのが最も困難なのは，暑くて湿気のある条件である。暑熱下の運動では皮膚温が上がる（4.6.3項）。このことは蒸発熱による熱放散を高めるには有効だが，深部体温と皮膚温の差が減り，皮膚温と外気温の差も減ることになるので，深部から皮膚へ，そして外気へ熱を伝導，対流，放射によって移すのが，より困難になる。これに高湿度条件がさらに加わると，外気の水分がすでに多くなっているので（特に湿度が60％を超えた場合），皮膚表面の汗が簡単には蒸発できなくなり，蒸発熱による熱放散が大きく低下する。そこで高温多湿環境で運動すると，熱損失の経路がすべて阻害されてしまうことになり，熱獲得が高まる。この条件で運動を続ければ，深部体温が上昇し，前述した心臓循環系のストレスがさらに悪化する。

4.6 高体温と疲労の研究結果

高体温は運動パフォーマンスを妨げないのかを議論するのが，この節の目的ではない。これは誤った議論であろう。暑熱下では通常の条件下よりも選手のパフォーマンスが下がるという研究は無数にあるといえる。この節で焦点を当てるのは，運動パフォーマンスが低下する中での高体温の役割，「臨界深部体温説」（ある深部体温を超えると疲労が起こるとする説）についての議論，そしてこの説に反する最近の研究成果についてである。高体温は運動パフォーマンスに，末梢と中枢のどちらも含む様々なことで関係する（**図 4.4**）。そのメカニズムについて述べることにする。

4.6.1 高体温に関連した末梢性疲労

暑熱下で運動すると，皮膚血流が増加し，身体から周囲への熱移動を高める。作業筋と皮膚のどちらも血流が多く必要な状況になるが[44-45]，同時に血漿量の減少で心臓の1回拍出量が減少している状況では[46]，心拍出量が十分でなく，作業

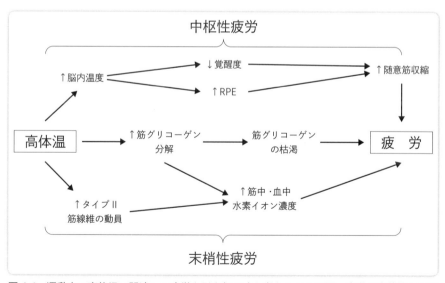

図 4.4 運動中の高体温に関連して疲労を引き起こすと考えられる要因。疲労が末梢性と中枢性の起源に分けて特徴づけられている。Cheung と Sleivert[44]より改変。

筋と皮膚どちらにも十分な血液を送れなくなってしまうことが考えられる。また前述の通り（**図 4.2**），選手が水分不足状態にあると，心機能低下はさらに起きやすいと考えられる。そこで心臓循環系機能の低下は，暑熱下の運動における疲労の原因である。実際に，最大酸素摂取量（$\dot{V}O_2max$）レベルの強度での運動で選手の作業筋への血流が減少していることから，心臓循環系による酸素運搬量が必要量に達していないことがわかる[47]。しかし暑熱下の最大より低い強度の長時間運動では，筋への酸素運搬と取り込みは通常温度条件での同一運動と差がないが，運動パフォーマンスはそれでも低下することが報告されている[48]。そこで暑熱下の最大より低い強度の持久的運動では，心臓循環系機能が疲労の主たる原因でないことが考えられる[49]。高体温による疲労のメカニズムは，強度とおそらく時間によって異なることが考えられる。

　暑熱下での長時間運動中に筋の酸素取り込みは維持されているが，作業筋への血流減少はみられる（特に水分不足状態の場合）。筋は流れてくる血液から，より多く酸素を抜き取ることで酸素取り込み量を維持している[50]。筋血流量の減少は，グリコーゲン利用の増加と脂質代謝の低下を伴っている[51]。そこで筋のグリコーゲン利用の増加と，その結果としてのグリコーゲンの枯渇が，暑熱下での運動パフォーマンス低下の原因となることが考えられる（筋グリコーゲン枯渇と疲労については第 2 章を参照）。しかし暑熱下の運動で疲労困憊になった時に，筋グリコーゲンはまだ残っていて枯渇まではほど遠かった，ということもよく報告されている[46]。こうした条件ではグリコーゲンの枯渇により疲労は説明できない[50]。

　運動で体温が上昇しても，深部体温が 41 度，筋温が 42 度程度までであれば，筋収縮を妨げない[46]。筋への運動神経を直接刺激（1.3.1 項）してみると，高体温条件と通常体温条件で，筋の発揮する力に差はない[48]。全体的にみれば，高体温による末梢の変化は，少なくとも最大より低い強度の運動における疲労の進行にはあまり重要ではないと考えられる。

キーポイント

　高体温による末梢性疲労の原因となる候補として，心臓循環系の機能低下による作業筋への血流減少，筋グリコーゲン分解の亢進，筋収縮の低下がある。しかしこれらでは，暑熱環境における最大より低い強度での疲労の進行を十分には説明できない。

4.6.2 高体温に関連した中枢性疲労

4.6.1 項で述べたように，高体温は直接筋収縮能力を阻害することはない。同様に短時間（数秒）の随意収縮能力を阻害することもないように思われる。しかし随意収縮の持続力は高体温ではっきり低下する（**図4.5**）。筋自体の力発揮能力は変化しないのに，発揮筋力の持続力が低下するということは，高体温時の疲労には中枢性疲労が関係することを示唆している。しかし末梢の要素も無視されるべきではない。作業筋や皮膚からの感覚フィードバック（4.6.3 項参照）が，神経筋機能の動員に関する中枢性の変化を調節していることが考えられる[46]。

> **キーポイント**
>
> 高体温で，筋自体の力発揮能力に変化はなく，発揮筋力の持続力が低下するという証拠がある。このことから高体温による疲労には，末梢よりも中枢の要因がより重要であることが考えられる。

高体温時の長時間運動中に，脳の代謝が高まるが，脳全体の血流は減少する[52]。脳の電気的活動も低下する[48]。これらが関係して，運動の困難感が増大し，運動中のパワー発揮やスピードが低下する[53]。基本的には選手はその運動強度を維持するのがどんどんきつくなっていき，スピードの低下が始まる。そこで高体温と，脳の血流と機能，運動パフォーマンスは関連している[54]。

脳血流が減少するだけでなく，暑熱下の運動時には頸静脈（頭部から心臓に血液を戻す主要な血管）内の血液温度がわずかに低下するので，頸静脈と頸動脈（心臓から脳への主要な血管）の温度差が小さくなる[46-47]。このことは暑熱環境では，脳が熱を蓄えるということになる。実際に頸動脈温度とともに脳内温度は，少なくとも0.2度は深部体温よりも高くなる[47]。脳内温度は高体温状態では，ヒトの運動パフォーマンスに影響する非常に大きい要因であると認識されてきている。これは動物実験からわかったことであるが，深部体温に変化なく脳内温度が上がることにより，動物の運動しようとする能力や意思が低下することが報告されている[55]。こうした行動反応は，ヒトが暑熱環境で運動する時にみられるものと同様である。ただしヒトでも脳内温度の上昇で同様の反応が起こるのかを確認するのは困難である。なぜならヒトでは深部体温を変化させないで脳を冷やした

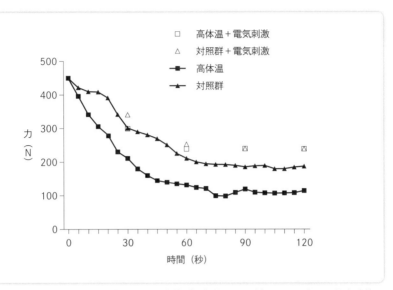

図 4.5 暑熱下条件（深部体温 40 度）と対照条件（深部体温 38 度）での 2 分間の最大膝伸展における大腿筋の力発揮。被験者は 2 分間ずっと最大努力をするよう指示されている。30 秒ごとに電気刺激を与えた。電気刺激の結果から，筋の収縮能力は温度条件の影響を受けていないことがわかる。しかし対照条件と比較して，随意筋力を維持できていない。このことから，温度の高い条件での力発揮低下は，中枢性の原因によるということが示唆される。Nybo と Nielsen[48] より。

り温めたりはできないからである[47]。この点が今でもヒトの運動に対する脳内温度の影響や，「クールな脳」の恩恵について論争が続いている理由の 1 つである[56-57]。また脳の神経伝達物質と運動時の中枢性疲労の進行とが，関連している可能性もある。このことについては 6.2.1.2 項で述べる。

キーポイント

　高体温時の運動中に，脳の代謝量は増加するが，脳への血流や脳の電気的活動は低下する。こうした変化は，運動の困難感が徐々に高まっていくことに関連していて，脳の血流量や機能と，運動パフォーマンスに関係があることを示している。

暑熱下の運動では脳内温度が上昇する。動物実験では脳内温度の上昇は，深部体温の変化に関係なく，運動の意欲を低下させる。そこでヒトの運動パフォーマンスに脳内温度は非常に重要である可能性がある。ただしヒトでは深部体温に影響を与えずに脳内温度を変えることはできないので，このことを確認するのは困難である。

4.6.3 高深部体温か高皮膚温か

暑熱下の運動に関する初期の研究では，パフォーマンスに影響する要因が多くあるにもかかわらず（動機づけ，トレーニング状態，暑熱馴化，水分摂取他），同程度の深部体温（ほぼ40度）になると，ヒトは自分から運動をやめることが報告されている[51, 58-59]。運動開始時の深部体温や，運動中の熱蓄積に関係なく，このくらいの深部体温になると疲労が起こることになる。深部体温が高くなると，中枢神経系からの運動信号が低下する。このことからすると，深部体温は温度が上昇しすぎて危険な状態に陥るのを防ぐブレーキであるとか，この深部体温が徐々にパフォーマンスが低下し始める閾値である，といったことが考えられる[46, 60-61]。この考え方（信念）のことを，臨界深部体温説といい，暑熱下でのパフォーマンス低下を説明する主流の考え方となり，疑問視されることはほとんどなかった[49]。

この臨界深部体温説を支持する研究の多くは，深部体温だけではなく，筋や皮膚の温度も上げた条件で検討している。これは重要な点で，皮膚温が上がると，身体深部と皮膚との温度勾配が小さくなる。この勾配が小さくなると，深部の熱を放散するのに，より多くの皮膚血流を必要とすることになる。この章の前半で述べたように，皮膚血流が増加すると，心臓充満圧が低下して心臓循環系機能が低下する可能性がある。また皮膚温の上昇による皮膚血流の増加により，脳血流と酸素運搬を減少させる可能性もある[52]。ただしこのことが中枢性疲労を引き起こすとは思われない[62]。そこで深部体温と皮膚温とをどちらも上昇させた研究では，それぞれの影響をはっきり区別して別々に検討することが非常に困難である。また深部体温が40度というのは，細胞にダメージが生じると考えられる温度よ

りもかなり低いし[63]，中枢神経系も何時間もダメージなしで41度以上に耐えられると思われる[64]。そこで深部体温40度が臨界温度と考えるのが適切なのか，疑問視される。

> **キーポイント**
>
> パフォーマンスを制限する「臨界」深部体温について検討している多くの研究では，深部体温と皮膚温のどちらも上がるような条件で検討されている。そこで深部体温の上昇の影響だけを検討することができていない。

> **キーポイント**
>
> 「臨界」深部体温であるという40度は，細胞にダメージを起こすとされる温度よりもかなり低い。そこでこの温度が，運動パフォーマンスの制限因子となる温度であるとするのが適切なのか，疑問視される。

> **キーポイント**
>
> 皮膚温が上がると，皮膚血流を増加させる必要が生じるので，運動時の心臓循環系機能を阻害する可能性がある。高皮膚温は脳血流と酸素運搬を減少させる可能性もある。

高皮膚温だけでも，深部体温の上昇に関係なく運動パフォーマンスが低下する可能性がある。深部体温があまり上がっていなくて（ほぼ38度）心拍数にも差がない条件で，高皮膚温が疲労を起こすという報告がある。また同じ運動強度に対する心拍数が上がり心臓循環系の負荷は上がってはいるが，深部体温が38.5度より低い条件で，疲労が起き始めたという報告もある（**表4.2**）[65-66]。これらの研究は，深部体温が臨界深部体温説よりもかなり低い状況でも，高皮膚温によって疲労が起こる可能性があることを示している[49]。さらに高皮膚温は，水分不足状態が運動パフォーマンスを悪化させる程度をもっと加速させる可能性がある[67]。そこで暑熱下の運動では，パフォーマンスの低下は高体温と水分不足の両方がその原因の可能性として考えられるが，皮膚温の過度の上昇によっても起こりうる。実際に高皮膚温では，皮膚血流を増加させる必要があり，深部への血流や心拍出量が減少し，そこで$\dot{V}O_2max$も低下するので，このことが高皮膚温が

表 4.2　長時間で高強度のランニングに必要とされる皮膚血流量の推定値と深部体温・皮膚温の関係

深部体温（度）	皮膚温（度）	温度差（度）	皮膚血流量（L/分）
38	30	8	1.1
38	32	6	1.5
38	34	4	2.2
38	36	2	4.4
39	30	9	1.0
39	32	7	1.3
39	34	5	1.8
39	36	3	2.9

どの皮膚温でも深部体温が上がると皮膚温との温度差が大きくなり，皮膚血流量は減少する。どの深部体温でも，皮膚温が上がると，深部体温との温度差が小さくなり，皮膚血流量は増加する。Sawka ら[49] より。

暑熱下での運動を妨げる主要因であることが考えられる。$\dot{V}O_2max$ が低下した結果として，運動の相対的な強度が増し，運動がよりつらくなり，最終的に運動継続をできなくさせる。皮膚温の上昇による心臓循環系への負荷は，その統合的調節がすでに行われている水分不足状態でより大きくなる。

> **キーポイント**
>
> 　高皮膚温は深部体温の変化に関係なく，運動パフォーマンスを妨げると考えられる。

　臨界深部体温説に反証するさらなる点として，深部体温が40度を超えていても，持久的運動パフォーマンスは維持できたという報告がある。深部体温が40度より低いか高いかの条件で，8kmのタイムトライアルの平均走行速度に差がなかったという[60]。また同様の報告として，さらに長い距離の走行で，深部体温の高さとパフォーマンスには関係がないというものもある[68-69]。興味深いことに，深部体温の高さとパフォーマンスに関係がないという報告では，その皮膚温は上がっていないか少し上がったという程度である。

キーポイント

臨界深部体温説で提示された深部体温 40 度を超えても，運動パフォーマンスは維持できる。そこで暑熱下の運動パフォーマンスの制限因子は他にもあると考えられる。

　ここまでの議論からはっきりわかるように，暑熱下における運動疲労の原因については，臨界深部体温に達するということよりも，さらに深く考えるべきことである。事実，臨界深部体温説は，最近強く反論を受けている。最近の知識からいえば，高体温によって疲労を起こす原因には，高深部体温，高皮膚温，脳の血流や電気的活動の低下，脳温の上昇があるとわかってきている。この分野の研究はこの 10 年で大きく発展したが，暑熱下における運動疲労の原因については，まだわかっていないといえる。これは主に高体温に関連するとされている因子を，特に脳内温度を運動中のヒトで測定するのが容易ではないことが大きい。しかしながら，今明らかなことは，高体温による疲労は，臨界深部体温に達すれば起き，達しなければ起きないというようなことではなく，末梢のフィードバックと中枢性の過程により，徐々に複合的に進んでいく，ということになる[47]。

キーポイント

高体温による疲労は，末梢からのフィードバックと中枢性の過程により複合的に徐々に進んでいく。ある臨界深部体温に達すれば疲労が起き，達しなければ起きないというようなことではない。

4.7 まとめ

- 水分状態と運動パフォーマンスとの関係を検討している研究は主として，水分の通常状態，水分過剰，脱水，水分不足状態の概念から進められている。
- 脱水と水分不足は同じことではない。脱水とは水分が失われる過程のことをいい，水分不足状態とは，水分損失の結果として行き着いた結果（水分損失の程度）のことをいう。
- 水は生命にとっても，運動パフォーマンスにとっても大変重要であるが，これ

は身体に水が多量にあり，多くの細胞，器官，組織のシステムに関わるからである。

- 身体の水分状態は，身体の水分摂取と水分損失のバランスによる水収支を定量することでわかる。

- 脱水により血漿量が減少すると，拍動ごとに心臓に入る血液量が減少する。これによって1回拍出量や心拍出量が減少し，心拍数が上昇する。さらに皮膚と深部組織との血流配分の競合が起きれば，蒸発熱による熱放散が低下し，高体温となる危険が高まる。

- 脱水すると，同じ運動強度でも筋グリコーゲンの利用が高まり，グリコーゲンの枯渇による疲労が起きやすくなる可能性がある。ただし脱水でのグリコーゲン利用の増加は，高体温であるかどうかにもよっている。

- 脱水すると運動の努力感が増し，運動時の認知関連機能が低下する可能性がある。

- 初期の研究では，水分損失による体重2%分の減少が閾値で，これを超えると持久的運動のパフォーマンスが低下するとされた。しかしこうした研究には限界がある。

- 最近の多くの研究では初期の研究に限界があることを示し，体重2%分を超える水分不足状態になっても持久的運動パフォーマンスは低下しないし，むしろおそらく少し向上することを報告している。

- 最近できつつあるコンセンサスは，水分不足状態（厳しいものでなければ）でも持久的運動パフォーマンスは低下せず，自分ののどの渇き感にしたがって飲料摂取するのが，自己ペースの運動ではパフォーマンスを最高にする最も効率的な方法である。

- 運動時の過剰な飲料摂取は，血漿量の過剰増加と低ナトリウム血症の，最も重要な危険因子であると考えられる。

- 高体温とは異常な深部体温の上昇（通常の深部体温は36.5〜37.5度）である。

- 高体温は，身体からの熱放散よりも身体内の熱獲得が多ければ，いつでも起こりうる。体温の維持に最も厳しい条件は，湿度の高い暑熱条件である。

- 高体温に関連して末梢で起こる疲労の要因として，血漿量の減少による作業筋への血液と酸素の運搬減少，筋グリコーゲン利用の増加がある。ただしこれらの要因が本当に疲労を起こすというはっきりした研究結果はない。

- 高体温になると中枢性の要因（深部体温の上昇，脳内温度の上昇，脳への血液と酸素の運搬減少，脳の電気的活動の低下，運動神経発火の減少）は，運動時の疲労により大きく影響する可能性がある。
- 「臨界」深部体温がほぼ 40 度にあって，これを超えると運動の疲労が起こるという考えは，おそらく誤りである。
- 高皮膚温の方が，高深部体温よりも，運動時の高体温に関連する疲労への影響が大きいと考えられる。高皮膚温になると，皮膚血流が増加し，それによって心臓機能の悪化，$\dot{V}O_2max$ の低下，相対運動強度の上昇が起こり，選手はより早く疲労しやすくなる。
- 暑熱下での運動疲労は，末梢性のフィードバックと中枢性の過程のどちらも関係して，徐々に進行していく。

考えてみよう

　極端な環境条件で大きなスポーツ大会が行われることが増えている。本書を執筆している時点で，サッカーの 2022 年 FIFA ワールドカップはカタールで行われることになっている。（ワールドカップが行われる）夏にはカタールの気温は 42 度に達し，湿度も 90％にもなる（訳注：実際には 2022 年の 11～12 月に行われた）。一方，参加チームの中には，20 度以下の気温で競技をするのが普通の国があるし，またさらに雪の中で行っている国すらある。

　こうした極端な環境条件で大きなスポーツ大会をやることについて，あなたはどう思うだろうか？　参加国やチームすべてにとってこれが公平なのか，あるいはこうした気象条件に慣れている国に有利と思うだろうか？　こうした環境で大会を行うことに対する倫理的問題（スポーツ，医学，健康の観点で）があるだろうか？　スポンサーや関連して働く人，観客にとってもどうだろうか。またそうした考え方は，国の場所によっても異なるだろうか？

テストをしてみよう

　次の問題に自分の力で答えてみよう。本書をさらに読み進める前に，この問いを答えるのに必要な情報を理解するようにしよう。

① 脱水，水分不足，水分過剰という 3 つの用語について，その定義と違

いをまとめてみよう。

② 脱水がパフォーマンス低下を引き起こす「古典的な」説明を簡潔にまとめてみよう。

③ 脱水がパフォーマンス低下を引き起こす過程について，別の説明をしてみよう。

④ 脱水による体重減少を 2 ％まで許容する考え方は，古典的な論文が根拠とされている。そのうちいくつかの論文で使われている方法論の限界について重要なものを挙げてみよう。

⑤ 循環血液量増加と低ナトリウム血症という用語を定義し，簡潔に解説してみよう。

⑥ 高体温に関係する末梢性疲労，中枢性疲労の主な原因は何だろうか。

⑦ 臨界深部体温の考え方に対する反論で重要なのは，どんなものだろうか。

⑧ 深部体温に関係なく，皮膚温が高いことが疲労に繋がるのは，どのような仕組みなのだろうか。

文献

1) Casa DJ, Armstrong LE, Hillman SK, Montain SJ, Reiff RV, Rich BSE, Roberts WO, Stone JA (2000) National Athletic Trainers Association position statement: fluid replacement for athletes. *J Athl Train* 35: 212-24.

2) Sawka MN, Burke LM, Eichner ER, Maughan RJ, Montain SJ, Stachenfeld NS (2007) American College of Sports Medicine Position Stand: exercise and fluid replacement. *Med Sci Sports Exerc* 39: 377-90.

3) Logan-Sprenger HM, Heigenhauser GJ, Killian KJ, Spreit LL (2012) Effects of dehydration during cycling on skeletal muscle metabolism in females. *Med Sci Sports Exerc* 44: 1949-57.

4) Logan-Sprenger HM, Heigenhauser GJ, Jones GL, Spreit LL (2013) Increase in skeletal-muscle glycogenolysis and perceived exertion with progressive dehydration during cycling in hydrated men. *Int J Sport Nutr Exerc Metab* 23: 220-9.

5) Ganio MS, Armstrong LE, Casa DJ, McDermott BP, Lee EC, Yamamoto LM, Marzano S, Lopez RM, Jimenez L, Bellego L, Chevillotte E, Lieberman HR (2011) Mild dehydration impairs cognitive performance and mood of men. *Br J Nutr* 106: 1535-43.

6) Casa DJ, Clarkson PM, Roberts WO (2005) American College of Sports Medicine roundtable on hydration and physical activity: consensus statements. *Curr Sports Med Rep* 4: 115-27.

7) Cheuvront SN, Carter Ⅲ R, Sawka MN (2003) Fluid balance and endurance exercise performance. *Curr Sports Med Rep* 2: 202-8.

8) Sawka MN, Noakes TD (2007) Does dehydration impair exercise performance? *Med Sci Sports Exerc* 39: 1209-17.

9) Sawka MN (1992) Physiological consequences of hypohydration: execise performance and thermoregulation. *Med Sci Sports Exerc* 24: 657-70.

10) Craig FN, Cummings EG (1966) Dehydration and muscular work. *J Appl Physiol* 21: 670-4.

11) Dougherty KA, Baker LB, Chow M, Kenney WL (2006) Two percent dehydration impairs and six percent carbohydrate drink improves boys basketball skills. *Med Sci Sports Exerc* 38: 1650-8.
12) Armstrong LE, Costill DL, Fink WJ (1985) Influence of diuretic-induced dehydration on competitive running performance. *Med Sci Sports Exerc* 17: 456-61.
13) Dugas JP, Oosthuizen V, Tucker R, Noakes TD (2006) Drinking 'ad libltum' optimises performance and physiological function during 80 km indoor cycling trials in hot and humid conditions with appropriate convective cooling. *Med Sci Sports Exerc* 38: S176.
14) Jeukendrup A, Saris WHM, Brouns F, Kester ADM (1996) A new validated endurance performance test. *Med Sci Sports Exerc* 28: 266-70.
15) Mündel T (2011) To drink or not to drink? Explaining 'contradictory findings' in fluid replacement and exercise performance: evidence from a more valid model for real-life competition. *Br J Sports Med* 45: 2.
16) Dion T, Savoie FA, Audrey A, Gariepy C, Goulet EDB (2013) Half-marathon running performance is not improved by a rate of fluid intake above that dictated by thirst sensation in trained distance runners. *Eur J Appl Physiol* 113: 3011-20.
17) Marino FE, Cannon J, Kay D (2011) Neuromuscular responses to hydrationi in moderate to warm ambient conditions during self-paced high-intensity exercise. *Br J Sports Med* 44: 961-7.
18) Nolte HW, Noakes TD, van Vuuren B (2011) Protection of total body water content and absence of hyperthermia despite 2% body mass loss ('voluntary dehydration') in soldiers drinking ad libitum during prolonged exercise in cool environmental conditions. *Br J Sports Med* 45: 1106-12.
19) Zouhal H, Groussard C, Minter G, Vincent S, Cretual A, Gratas-Delamarche A, Delamar he P, Noakes TD (2011) Inverse relationship between percentage body weight change and finishing time in 643 forty two-kilometre marathon runners. *Br J Sports Med* 45: 1101-5.
20) Aragón-Vargas LF, Wilk B, Timmons BW, Bar-Or O (2013) Bodyweight changes in child and adolescent athletes during a triathlon competition. *Eur J Appl Physiol* 113: 233-9.
21) Kao WF, Shy CL, Yang XW, Hsu TF, Chen JJ, Kao WC, Polun C, Huang YJ, Kuo FC, Huang CI, Lee CH (2008) Athletic performance and serial weight changes during 12-and 24-hour ultra-marathons. *Clin J Sport Med* 18: 155-8.
22) Rüst CA, Knechtle B, Knechtle P, Wirth A, Rosemann T (2012) Body mass change and ultraendurance performance: a decrease in body mass is associated with an increased running speed in male 100-km ultramarathoners. *J Strength Cond Res* 6: 1505-16.
23) Goulet ED (2013) Effect of exercise-induced dehydration on endurance performance: evaluating the impact of exercise protocols on outcomes using a meta-analytic procedure. *Br J Sports Med* 47: 679-86.
24) Maughan RJ, Shirreffs SM, Leiper JB (2007) Errors in the estimation of hydration status from changes in body mass. *J Sports Sci* 25: 797-804.
25) Zouhal H, Groussard C, Vincent S, Jacob C, Abderrahman AR, Delamarche P, Gratas-Delamarche A (2009) Athletic performance and weight changes during the 'Marathon of Sands' in athletes well-trained in endurance. *Int J Sports Med* 30: 516-21.
26) Dugas JP, Oosthuizen U, Tucker R, Noakes TD (2009) Rates of fluid ingestion alter pacing but not thermoregulatory responses during prolonged exercise in hot and humid conditions with appropriate convective cooling. *Eur J Appl Physiol* 105: 69-80.
27) Gigou PY, Dion T, Asselin A, Berrigan F, Goulet ED (2012) Pre-exercise hyperhydration-induced bodyweight gain does not alter prolonged treadmill running time-trial peformance in warm ambient conditions. *Nutrients* 4: 949-66.
28) Goulet EDB (2011) Effect of exercise-induced dehydration on time-trial exercise performance: a meta-analysis. *Br J Sports Med* 45: 1149-56.
29) Convertino VA (1983) Heart rate and sweat rate responses associated with exercise-induced hypervolemia. *Med Sci Sports Exerc* 15: 77-82.
30) Mischler I, Boirie Y, Gachon P, Plaloux V, Moumer R, Rousset P, Coudert J, Fellmann, N (2003)

Human albumin synthesis is increased by an ultra-endurance trial. *Med Sci Sports Exerc* 35: 75–81.

31) Leiper JB, McCormick K, Robertson JD, Whiting PH, Maughan RJ (1988) Fluid homeostasis during prolonged low-intensity walking on consecutive days. *Clin Sci (London)* 75: 63–70.

32) Fellmann N, Ritz P, Ribeyre J, Beaufrère B, Dlaître M, Coudert J (1999) Intracellular hyperhydration induced by a 7-day endurance race. *Eur J Appl Physiol* 80: 353–9.

33) Fellmann N, Sagnol M, Bedu M, Falgairette G, Van Praagh E, Gaillard G, Jouanel P, Coudert J. (1988) Enzymatic and hormonal responses following a 24 h endurance run and a 10 h triathlon race. *Eur J Appl Physiol* 57: 545–53.

34) Skenderi KP, Kavouras SA, Anastasiou CA, Yiannakouris N, Matalas AL (2006) Exertional rhabdomyolysis during a 246-km continuous running race. *Med Sci Sports Exerc* 38: 1054–7.

35) Knechtle B, Duff B, Schulze I, Kohler G (2008) A multi-stage ultra-endurance run over 1,200 km leads to a continuous accumulation of total body water. *J Sports Sci Med* 7: 357–64.

36) Knechtle B, Wirth A, Knechtle P, Rosemann T (2009) Increase of total body water with decrease of body mass while running 100 km nonstop - formation of edema? *Res Quart Exerc Sport* 80: 593–603.

37) Noakes TD, Sharwood K, Collins M, Perkins DR (2004) The dipsomania of great distance: water intoxication in an ironman triathlete. *Br J Sports Med* 38: e16.

38) Knechtle B, Senn O, Imoberdorf R (2011) No fluid overload in male ultra-runners during a 100 km ultra-run. *Res Sports Med* 19: 14–27.

39) Rosner MH, Kirven J (2007) Exercise-associated hyponatremia. *Clin J Am Soc Nephrol* 2: 151–61.

40) Almond CSD, Shin AY, Fortescue EB, Mannix RC, Wypij D, Binstadt BA, Duncan CN, Olson DP, Salerno AE, Newburger JW, Greenes DS (2005) Hyponatraemia among runners in the Boston Marathon. *New Eng J Med* 352: 1550–6.

41) Montain SJ, Cheuvront SN, Sawka MN (2005) Exercise associated hyponatraemia: quantitative analysis to understand the aetiology. *Br J Sports Med* 40: 98–106.

42) Sharwood KA, Collins M, Goedecke JH, Wilson G, Noakes TD (2004) Weight changes, medical complications, and performance during an Ironman triathlon. *Br J Sports Med* 38: 718–24.

43) Noakes TD, Speedy DB (2006) Case proven: exercise associated hyponatraemia is due to overdrinking. So why did it take 20 years before the original evidence was accepted? *Br J Sports Med* 40: 567–72.

44) Cheung SS, Sleivert GG (2004) Multiple triggers for hyperthermic fatigue and exhaustion. *Exerc Sport Sci Rev* 32: 100–6.

45) Maughan RJ (2012) Thermoregulatory aspects of performance. *Exp Physiol* 97: 325–6.

46) Nybo L (2008) Hyperthermia and fatigue. *J Appl Physiol* 104: 871–8.

47) Nybo L (2012) Brain temperature and exercise performance. *Exp Physiol* 97: 333–9.

48) Nybo L, Nielsen B (2001) Hyperthermia and central fatigue during prolonged exercise in humans. *J Appl Physiol* 91: 1055–60.

49) Sawka MN, Cheuvront SN, Kenefick RW (2012) High skin temperature and hypohydration impair aerobic performance. *Exp Physiol* 97: 327–32.

50) González-Alonso J, Calbet JAL, Nielsen B (1998) Muscle blood flow is reduced with dehydration during prolonged exercise in humans. *J Physiol* 513: 895–905.

51) González-Alonso J, Calbet JAL, Nielsen B (1999) Metabolic and thermodynamic responses to dehydration-induced reductions in muscle blood flow in exercising humans. *J Physiol* 520: 577–89.

52) Nybo L, Møller K, Volianitis S, Nielsen B, Secher NH (2002) Effects of hyperthermia on cerebral blood flow and metabolism during prolonged exercise in humans. *J Appl Physiol* 93: 58–64.

53) Tucker R, Marie T, Lambert EV, Noakes TD (2004) Impaired exercise performance in the heat is associated with an anticipatory reduction in skeletal muscle recruitment. *Pflug Arch* 448: 422–30.

54) Rasmussen P, Nielsen J, Overgaard M, Krogh-Madsen R, Gjedde A, Secher NH, Petersen NC (2010) Reduced muscle activation during exercise related to brain oxygenation and metabolism in humans. *J Physiol* 588: 1985–95.

55) Caputa SS, McLellan TM (1986) Effect of brain and trunk temperatures on exercise performance in

goats. *Pflug Arch Physiol* 406: 184-9.

56) White MD, Greiner JG, McDonald PLL (2011) Point: Humans do demonstrate selective brain cooling during hyperthermia. *J Appl Physiol* 110: 569-71.

57) Marino FE (2011) The critical limiting temperature and selective brain cooling: neuroprotection during exercise? *Int J Hyperther* 27: 582-90.

58) Nielsen B, Hales JRS, Strange NJ, Christensen NJ, Warberg J, Saltin B (1993) Human circulatory and thermoregulatory adaptations with heat acclimation and exercise in a hot, dry environment. *J Physiol* 460: 467-85.

59) Nielsen B, Savard G, Richter EA, Hargreaves M, Saltin B (1990) Muscle blood flow and muscle metabolism during exercise and heat stress. *J Appl Physiol* 69: 1040-6.

60) Ely BR, Ely MR, Cheuvront SN, Kenefick RW, DeGroot DW, Montain SJ (2009) Evidence against a 40°C core temperature threshold for fatigue in humans. *J Appl Physiol* 107: 1519-25.

61) Nybo L (2007) Exercise and heat stress: cerebral challenges and consequences. *Progress Brain Res* 162: 29-43.

62) Thomas MM, Cheung SS, Elder GC, Sleivert GG (2006) Voluntary muscle activation is impaired by core temperature rather than local muscle temperature. *J Appl Physiol* 100: 1361-9.

63) Hales JRS, Hubbard RW, Gaffin SL (1996) Limitation of heat tolerance. In: *Handbook of Physiology*, edited by Fregley MJ, Blatteis CM. New York: Oxford University Press.

64) Dubois M, Sato S, Lee DE, Bull JM, Smith R, White BG, Moore H, Macnamara TE (1980) Electroencephalographic changes during whole body hyperthermia in humans. *Electroencephalogr Clin Neurophysiol* 50: 486-95.

65) Montain SJ, Sawka MN, Cadarette BS, Quigley MD, McKay JM (1994) Physiological tolerance to uncompensable heat stress: effects of exercise intensity, protective clothing, and climate. *J Appl Physiol* 77: 216-22.

66) Latzka WA, Sawka MN, Montain SJ, Skrinar GS, Fielding RA, Matott RP, Pandolf KB (1998) Hyperhydration: tolerance and cardiovascular effects during uncompensable heat stress. *J Appl Physiol* 84: 1858-64.

67) Kenefick RW, Cheuvront SN, Palombo LJ, Ely BR, Sawka MN (2010) Skin temperature modifies the impact of hypohydration on aerobic performance. *J Appl Physiol* 109: 79-86.

68) Byrne C, Lee JK, Chew SA, Lim CL, Tan EY (2006) Continuous thermoregulatory response to mass-participation distance running in the heat. *Med Sci Sports Exerc* 38: 803-10.

69) Lee JK, Nio AQ, Lim CL, Teo EY, Byrnce C (2010) Thermoregulation, pacing and fluid balance during mass participation distance running in a warm and humid environment. *Eur J Appl Physiol* 109: 887-98.

第 5 章

カリウムとカルシウム

5.1 はじめに

　科学技術が発展して，人体をより精密に測定し分析できる機器ができてきている。磁気共鳴画像法（MRI：1.4.6 項）や経頭蓋磁気刺激法（1.4.7 項）等，これまでは医学や臨床現場でみられていた測定が，スポーツや運動科学関係でも行われることが当たり前になってきている。

　こうした技術的進歩によって，運動時の身体機能を細胞や分子レベルで検討することが可能になりつつある。その結果として身体機能をコントロールする生化学的過程についての，新たな知識も発展してきている。運動の疲労に関していえば，技術革新で新たに運動時の機能がわかってきた2つの物質がある。それがカリウム（K）とカルシウム（Ca）である。この章ではこのカリウムとカルシウムの重要な機能的役割をまとめ，それらの機能の変化が，疲労にどう関係する可能性があるのかを述べることにする。他の章と同様に，取り上げる情報はあくまで現時点でのものである。カリウムとカルシウムが運動時の疲労に与える影響についての研究は，現在も進行中である。

5.2 カリウム──詳細と機能

　カリウムは生きている細胞に必要不可欠な化学物質である。身体で最も多い物質の1つといってよく，体重の 0.2% 程度ある（70kg の人ならば 140g となる）。カリウムは無機物であり，天然に存在する無機固体である。オレンジジュースやポテト，バナナ，葉野菜，サーモンなど，食物でカリウムは摂取できる。

　カリウムは電解質であり，イオンの状態では小さい電荷をもち，これによって

溶液内で電位を伝えることができる（これはカリウムがもつ非常に重要な機能である）。カリウムのイオン形は K^+ と書く。「＋」は正電荷を帯びたイオンということであり，カチオンとも呼ばれる。実際 K^+ は細胞内で最も多いカチオンである。身体内では K^+ のほとんどが神経，筋，血球内にあって，血漿中には少ない。

> **キーポイント**
>
> カリウムは身体内で最も多い物質の１つである。オレンジジュース，ポテト，バナナ，葉野菜，サーモンなどを食べると摂取される。

カリウムは身体機能で不可欠な役割を果たしている。まず K^+ はもう１つの電解質であるナトリウム（Na^+）とともに，細胞内外の水分含量を調節するのを助けている。水分子は電荷をもたず，細胞はその内外に直接水を移動させることはできない。しかし水の構成物である水素と酸素は電荷をもっている（水素が正の，酸素が負の電荷をもつ）。この電荷が K^+ と Na^+ の電荷に引き寄せられる。このことは電解質が水分子を引き寄せるということである。もしも細胞膜を水が透過できるのであれば，電解質濃度の高い方へ水が細胞膜を通過して移動することになる。これは電解質の多い方が水分子を「引く」からである。この移動は両方の電解質濃度が等しくなるまで続く。この細胞膜をまたいだ水の移動に必要な力は浸透圧と呼ばれる。このようにして細胞は自身の水含有量を調節している。

K^+ と Na^+ の細胞膜をまたいだ移動は，チャネルと呼ばれる輸送のためのタンパク質によってなされる。安静時には細胞内は細胞外に比べてわずかに負の電位をもっている。この負の電位は静止膜電位と呼ばれ，細胞内外の Na^+ と K^+ の相対濃度によって生み出される。細胞外は Na^+ 濃度が高く，細胞内は K^+ 濃度が高い。筋収縮を始めると，電気信号がニューロン，筋細胞表面，そして細胞内へと移動していく。この電気信号（活動電位と呼ばれる）の移動，もしくは伝播は，運動ニューロンや筋の細胞膜をまたいだ Na^+ と K^+ の動きによっている（**図5.1**）。活動電位からの刺激により細胞膜の電位依存性 Na^+ チャネルが開いて，Na^+ が細胞膜を通れるようになる（**図5.1**）。これにより Na^+ が素早く筋細胞に入ると，細胞内が正の電位になり（脱分極），これによって活動電位が進めるようになる。そしてこの直後に今度は Na^+ チャネルが閉じ，電位依存性 K^+ チャネルが開いて K^+ が外に出る（**図5.1**）。これによって細胞を再分極させる，すなわち細胞内を

再び負の電位にする（したがって Na^+ の動きが興奮性で K^+ の動きが抑制性となる）。全体はわずか数ミリ秒のことで，活動電位ごとに起きている。再分極された時に細胞内は静止膜電位よりもさらに電位がわずかに低くなっている（過分極）。この時に Na^+-K^+ ポンプ（興奮性細胞の膜にある Na^+ と K^+ を膜通過させるのに特化したチャネル）が3つの Na^+ を細胞外に出し，2つの K^+ を細胞内に戻すことで，元の静止膜電位に戻る（**図 5.2**）。活動電位の伝播については**図 5.3**を参照してほしい。

キーポイント

　カリウムは様々な身体機能に重要な役割を果たしている。身体水分量の調節，神経や筋細胞への活動電位の伝播，タンパク質合成の補助，糖代謝，グリコーゲン合成などに関わっている。

　K^+ が生化学的反応において役割を果たすことは，あまり知られていない。K^+ はタンパク質合成や，糖代謝，グリコーゲン合成（肝臓や筋でグルコースからグリコーゲンを合成して貯蔵すること）に重要である。このような K^+ の役割から，K^+ は健康や機能，よい運動パフォーマンスを行うのに必要な過程に重要な役割を果たしていることがわかる。

5.3 カリウムと運動疲労

　5.2節で述べたように，K^+ は運動ニューロンと筋線維に活動電位を伝える際に，重要な役割を果たす。この活動電位の伝播は筋機能に不可欠である。もしも電気刺激が適切ではないと，筋小胞体からのカルシウムイオン（Ca^{2+}）の放出が不十分になる可能性があり，そうなると筋は至適な収縮や力発揮ができなくなってしまう（2.2.3.2.1 項）。筋細胞膜の分極（脱分極と続く再分極の正常な過程）が阻害されたり起こらなかったりすると，細胞機能が大きく損なわれてしまう。そこで正常な Na^+ や K^+ の膜輸送ができなくなれば，筋機能が阻害されることが考えられ，それによって疲労となる可能性がある[1]。例えば，慢性的な脱分極状態（細胞膜電位が正となる状態が続くこと）や，Na^+ の濃度勾配の低下（細胞外の Na^+ 濃度が低下したり，細胞内の Na^+ 濃度が上がることによる）や，細胞膜の K^+ 透

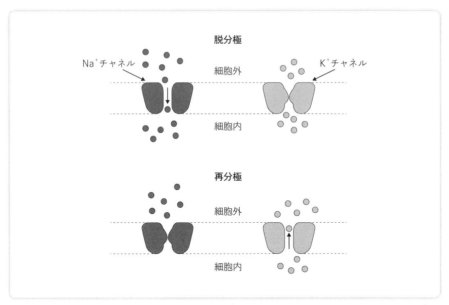

図 5.1 安静時に筋細胞内は細胞外に比べてわずかに負の電位になっていて，これは細胞内は K$^+$ 濃度が高く，細胞外は Na$^+$ 濃度が高いことにもよる。運動ニューロンで伝播とも呼ばれる輸送により電気信号が筋細胞内に入ると，細胞膜の電位依存性 Na$^+$ チャネルが開いて Na$^+$ が細胞膜を通過できるようになる。Na$^+$ がそのチャネルを通って直ちに筋細胞に入ると，細胞を脱分極させるので，活動電位がさらに続いていく。Na$^+$ チャネルが閉じるとほとんど同時に電位依存性 K$^+$ チャネルが開き，K$^+$ が細胞外に出られるようになる。これによって細胞が再分極され，細胞内が再び負の電位になる。

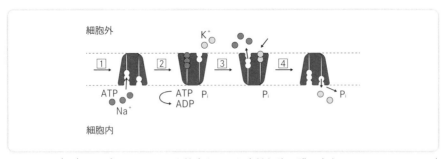

図 5.2 Na$^+$-K$^+$ ポンプ。ニューロンや筋肉などの興奮性細胞の膜に存在している。3 つの Na$^+$ 分子と 1 つの ATP 分子がチャネルに結合する（ステップ ①）。ATP が加水分解されてチャネルの構造が変化し，これによって Na$^+$ を細胞外に輸送する（ステップ ②）。また細胞膜の外側で 2 つの K$^+$ 分子が結合する（ステップ ③）。無機リン酸（P$_i$）がとれると，チャネルは元の形に戻り，この時に K$^+$ が細胞内に輸送され，Na$^+$ の結合部位が露出する（ステップ ④）。静止膜電位が元に戻るまでこのサイクルが繰り返される。

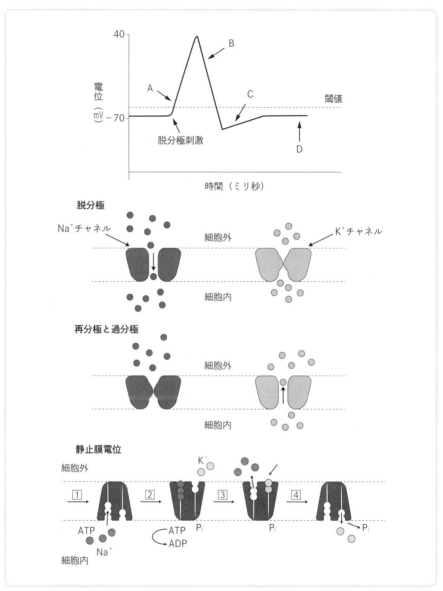

図 5.3 細胞膜の脱分極と再分極によって活動電位が伝播していく様子。静止膜電位は−65〜−70mV である。脱分極させようとする刺激が必要な閾値（−50〜−55mV）に達すると、膜の Na⁺ チャネルが開き、Na⁺ が細胞に入り、脱分極が起こる（A）。脱分極がピークになると Na⁺ チャネルが閉じ、K⁺ チャネルが開き、K⁺ が流出して再分極が起こる（B）。K⁺ チャネルは開き続けて、細胞膜電位が静止膜電位よりも下がる（過分極：C）。続いて K⁺ チャネルが閉じ、Na⁺-K⁺ ポンプが通常の静止膜電位を回復させる。

過性変化の結果としてNa$^+$チャネルの不全により，活動電位の不全が起こりうる。これは活動電位がK$^+$の細胞内からの漏出による電流を超えるだけの，Na$^+$の細胞内への流入による電流がないと起きないからである[1-2]。

　活動電位ごとに少量のK$^+$が筋から失われるので，筋収縮を繰り返すと筋細胞ではK$^+$が失われ，Na$^+$が入り込むことになる[1,3-6]。これは特に高強度の筋収縮を行っている時に関係が深いが，この時は筋には血液循環がよく保たれている条件である[7]。筋収縮の開始とともにK$^+$の筋からの漏れは始まり，その後よりゆっくりとした速度で出ていく[8]。このK$^+$損失は，主として**図 5.1**にあるK$^+$チャネルを通して起こる[9-12]。高強度運動におけるpHの低下はK$^+$チャネルを開けることが報告されている[12]。ただしこれには相反する結果も報告されており，このことについては本節の後半で述べる。高強度の筋収縮中においては，Na$^+$-K$^+$ポンプによりK$^+$を筋内に戻す働きを超えてK$^+$が出てしまうので，余計にK$^+$が失われると考えられる。

> **キーポイント**
>
> 　細胞膜のK$^+$輸送が変化すると，通常の活動電位の伝播が妨げられ，筋機能が阻害される。

> **キーポイント**
>
> 　筋収縮の繰り返しは，細胞膜のK$^+$チャネルを通して筋細胞からK$^+$を失わせる。

5.3.1 細胞外 K$^+$ の蓄積による筋力低下と持久力低下

　筋からK$^+$が出て行ってしまうと，筋細胞膜のK$^+$による電位勾配が変化し，膜の脱分極が起こり，筋の興奮性が低下し，筋力の低下に繋がる可能性がある[1]。動物実験では30〜80％の筋力低下が報告されているし[13-14]，ヒトでも急速な筋力の低下や筋細胞膜の活動電位の低下が報告されている[15-16]。収縮時の筋からのK$^+$の漏出は，Na$^+$-K$^+$ポンプの働きでは常に防ぐことはできないようである[1]。面白いことに，筋への刺激が低下すると（活動電位伝播の必要性も低下する），活

動電位と筋力の回復が急に起こる。このことから筋出力の低下は，膜を隔てた K^+ の濃度変化と膜の脱分極の低下により筋の興奮性が低下した結果による，という可能性が示唆される[1]。またこのことから，細胞外 K^+ の蓄積は，部分的には運動強度と，その主働筋の筋量による可能性も示される[17]。筋細胞内の Na^+ と K^+ のバランスが崩れる，特に横行小管系（線維全体に活動電位を伝播させる横行小管のネットワークで，これにより Ca^{2+} 放出が刺激される。2.2.3.2.1項と**図5.4**参照）での K^+ 蓄積は，横行小管系を通した活動電位の伝播を妨げ，結果として筋への Ca^{2+} 放出を低下させる可能性がある[1]。ただし，横行小管系で細胞外 K^+ の蓄積が最も大きいという報告もある[18]一方で，横行小管系での K^+ 蓄積が Ca^{2+} 放出に果たす役割には異論があり，Ca^{2+} の放出減少は，刺激の頻度や筋長に関連した要因にもよっているといわれている[19-21]。

　細胞外 K^+ の蓄積が疲労の原因となるかどうかについては，細胞外 K^+ の蓄積がより早く起こると疲労までの時間が短くなる，という結果がある[12, 22]。さらに運動様式，疲労までの時間や，トレーニングされているかいないかによらず，同じ細胞外 K^+ 濃度になると疲労が起こるとも報告されているが[23-24]，これは研究によらず一致しているわけではない[12, 25]。興味深いことに，高強度運動のトレーニングは，細胞外 K^+ の蓄積を低下させ（Na^+-K^+ ポンプの活性上昇による可能性が考えられる），疲労を遅らせることが報告されている[24]。このトレーニング効果についての報告も，運動時の疲労に細胞外 K^+ の蓄積が関係していることを示唆している。

キーポイント

　K^+ 損失により，膜脱分極や筋の興奮性，そして筋力発揮が低下することが，動物実験やヒトで示されている。K^+ の損失は Na^+-K^+ ポンプの働きでは防げないようである。

キーポイント

　同じ細胞外 K^+ 濃度で疲労が起こるという報告や，高強度トレーニングで細胞外 K^+ の蓄積が抑えられるという報告があることから，細胞外 K^+ の蓄積は運動疲労に関係すると考えられる。

細胞外 K^+ の蓄積が疲労に関係するのは，筋細胞膜興奮性の変化への影響だけではない可能性がある。細胞外 K^+ の蓄積は，III群とIV群の求心性神経を刺激し，それが強度の高い運動や持久性運動でよく感じられるような，筋の不快感に関係する可能性がある（3.3.1 項）。これらの筋からの求心性神経が刺激されると，中枢性のドライブを抑制し，そのことで運動時の中枢性疲労が高まることになる可能性がある（6.2.1.1 項）。ただし，これらの可能性については今後の研究が必要である。

> **キーポイント**
>
> 　細胞外 K^+ の蓄積は，III群とIV群の求心性神経を刺激し，それによって中枢性疲労が進む可能性がある。ただし，これについては意見が分かれている。

5.4 細胞外 K^+ の蓄積が運動疲労の原因ではないとする証拠

　この節では，細胞外 K^+ の蓄積が運動時の疲労の原因ではないという主張について述べる。ある程度詳細な内容を記述するが，さらに Allen ら[1] による優れた総説を参照することを勧める。

　5.3 節で述べたように筋細胞膜の K^+ の移動は，筋細胞興奮性を低下させ，これによって疲労が起こるとする研究があった。しかしまた多くの研究で，運動中に疲労が起きても[16, 26-30]，また同時に細胞外にはっきり K^+ が蓄積していても[29-30]，筋の興奮性は低下していないことが示されている。別の研究では，細胞外 K^+ の蓄積がある状態で，筋がほぼ最大張力を発揮できるということを報告している[8]。5.3 節では，細胞外 K^+ の蓄積が，ヒトの運動において疲労耐性を低下させるとしているので，これらの報告内容は，混乱を招くことだろう。しかし，身体には筋の興奮性低下を防ぐようなたくさんのメカニズムがあり，そのおかげで細胞外 K^+ の蓄積が筋膜興奮性に与える影響が低下することが考えられる。そうしたメカニズムについて，これから述べることにする。

5.4.1 運動単位の動員

最大下レベルで筋が収縮している時，中枢神経系は運動単位（1つの運動単位とは，1つの運動ニューロンとそのニューロンが神経支配しているすべての筋線維）の使用を多様化させ，筋収縮時に多くの運動単位に「負担を分散」させるようにする[1, 31-32]。様々な運動単位を使用することで，その筋線維が筋収縮で受けるべき活動電位の数が減ることになる。5.3 節で述べたように，活動電位による脱分極によって，筋線維からのK^+損失が起こる。活動電位の数が減ることは，その筋線維からのK^+損失を減らすことになり，そこで細胞外K^+の蓄積が低下することになる。

5.4.2 運動ニューロン発火頻度の変化

運動単位の機能は，その特性と非常によく合っている。運動単位の機能によって発火頻度（すなわち活動電位の輸送量）は，ちょうど最大筋力発揮に十分となるようになっている。そうすることで，その時に筋線維を収縮させるのに必要な活動電位の数が最少になるように保たれている。5.4.1 項で述べたように，こうして活動電位を経済的にすることで，筋線維からのK^+損失を最少限にすることができる。

同様に，筋収縮を維持している場合には，運動ニューロン発火頻度は減少し，これは筋収縮中に筋線維の弛緩速度が低下することによく合致している[1]。そこで，どんな時にも筋出力が最大になるのにちょうど必要なだけの刺激量になる[33]。このように身体資源を経済的に知的に使っていることが，よく「筋の知恵」（muscle wisdom）と呼ばれるのは妥当である[34]。活動電位の伝播もまた筋を働かす際の経済的なやり方の一端を担っている。活動電位は，最初は間隔の短い電位となって始まるが，それによって同じ筋収縮での疲労を減らし[35]，また同じ活動電位数でより効率よく筋力発揮ができることになる[1]。やはりこれによっても必要な活動電位数を最少にすることができる。

5.4.3 活動電位の変化

収縮を繰り返していると，脱分極により，活動電位の伝播が遅くなり，大きさが小さくなり，1つの活動電位の時間が長くなる[1, 36-37]。しかしそれでも活動電位が横行小管系に入り，Ca^{2+} の放出を刺激するには十分と考える。そこでこうした変化は，筋力低下や疲労におそらく関係しない[33]。

5.4.4 Na^+-K^+ ポンプ

Na^+-K^+ ポンプは，特に横行小管系で，細胞外 K^+ の蓄積を減少させるのに重要である[1]。細胞外 K^+ の蓄積や Na^+ の減少により筋興奮性が低下した際には，Na^+-K^+ ポンプを刺激すると，かなりの筋力の回復がみられる[38]。同様に Na^+-K^+ ポンプの能力が低下すると，筋張力の低下が大きくなり，力の回復が顕著に遅くなる[38]。Na^+-K^+ ポンプは，筋収縮後の静止膜電位の回復に際してのみ働くと以前は考えられていたが，今ではこのように Na^+-K^+ ポンプは，運動している筋の興奮性を回復させ維持することに，非常に重要な役割を果たしていると考えられる[8, 38]。

5.4.5 Cl^- チャネル

塩化物イオン（Cl^-）は骨格筋にある別のイオンで，K^+ に強く影響を与えている。横行小管系は K^+ よりも Cl^- に対する透過性（膜がその物質を通す程度のこと）が高く，横行小管系での Cl^- 濃度は非常に高い。実際に膜電位は Cl^- の平衡電位（イオンの濃度勾配による一方への移動と，電位差による反対方向への移動のバランスのことで，その動きが止まった状態が平衡）によるところが強い。横行小管系には Cl^- が多く，細胞内 Cl^- 濃度を変えるには比較的多量の Cl^- の動きが必要になるので，再分極時の Cl^- の細胞内への動きは，それに対応する K^+ の細胞外への動きよりも膜電位に与える影響は小さくなる[1]。横行小管系の膜をまたいだ Cl^- のコンダクタンス（電位が細胞膜をどのくらい容易にまたげるのかということで，イオンの場合は透過する時に起こる抵抗の度合がコンダクタンスである）からすると，十分な K^+ が筋細胞から出て横行小管系に入った場合には，横行小

管系をまたぐ膜電位は，K^+ の平衡電位よりもより低くなる[39]。この場合には，K^+ は内向き整流チャネル（細胞膜にある一群の K^+ チャネル）によって，電気化学勾配を元に戻すように筋線維へ動かされる[1]。このことは細胞の静止膜電位を回復させるのを手助けする。すなわち Cl^- は K^+ の蓄積を抑え，筋線維への回復を助けるのに働いていると考えられる。この考えを支持するものとして，筋の Cl^- コンダクタンスがない状態では筋収縮を維持できず，筋の活動電位が働かないということが報告されている[1, 8, 40]。

5.4.6 代謝性アシドーシス

筋中 pH が下がると筋細胞膜にある pH 感受性 K^+ チャネルの働きが高まり，筋からの K^+ 損失が高まる可能性がある[41-42]。そうすると，pH 低下が起こりやすいと考えられる高強度運動で，細胞外 K^+ の蓄積が筋疲労に与える影響が大きくなることが考えられる。運動している筋の pH 低下と K^+ 損失の増加とを報告している研究もいくつかある[12, 25, 41-42]。しかしこの関係について疑問視している研究もあり，K^+ が大きく減った筋でみられる張力低下が，pH の低下で抑えられると報告している[43-47]。筋のアシドーシスは筋細胞膜をまたぐ Cl^- のコンダクタンスを低下させる。このことは，Cl^- の抑制性電流と Na^+ の興奮性電流のバランスにおいて，前者が低下するので，筋活動電位を伝播させるのに必要な Na^+ の筋への流入が少なくてすむことになるので重要である[47]。これは細胞外に多量に K^+ が流出して膜興奮性が受ける影響に拮抗する。ただし，筋力に対して pH が防御的に働くという研究は，動物やヒトの生体内での実験（*in vivo*）ではなく，摘出した単一筋線維や筋線維群を使った *in vitro* の実験系で検討されている。その結果，そうした多くの研究では，使われた筋線維には働いている Na^+-K^+ ポンプがなく，これにより通常の生体筋よりも大きな膜脱分極が起きている[44]。さらに研究の中には乳酸を使って，実際の細胞内環境よりも pH を下げて，電気刺激で疲労させる条件よりも低い pH 条件で行われている場合もある[44]。これが，生体内での繰り返し筋収縮では，K^+ による筋力低下を pH が防ぐことがみられない原因である可能性も考えられる[44]。

キーポイント

　運動疲労時に，筋の興奮性が低下してはいないと報告している研究が多くある。身体には筋の興奮性低下を防ぐ多くのメカニズムがある。そこでそうしたメカニズムが，細胞外 K^+ の蓄積が筋の興奮性に与える影響を減らすことが考えられる。

キーポイント

　in vitro の研究では，K^+ による筋力低下をアシドーシスが防ぐことが報告されている。そうした研究は，筋組織の *in vivo* での機能を完全には再現できていない可能性が考えられ，それが *in vivo* では，K^+ が減少した筋における筋力低下を pH 低下が抑えることがみられない可能性として考えられる。

5.5 細胞外 K^+ の蓄積は疲労の原因なのか？

　運動疲労に細胞外 K^+ の蓄積が関与するという証拠はある（5.3 節）。ただしそうした研究は多くが *in vitro* でのものである。5.4.6 項で少し触れたように *in vitro* の研究は，その実験条件に限定されるものである可能性があり，筋サンプルが置かれる環境や刺激の仕方が，実際の生体での筋機能を完全には反映していないことが考えられる[48]。さらに 5.4 節で詳しく述べたように，身体内には例えば細胞外 K^+ の蓄積が膜の脱分極や筋機能に与える影響を少なくするように，多くの方法で筋の機能を変化させることができる。これらのことから，細胞外への K^+ の損失が運動疲労の原因であるかを結論づけるには，さらに有力な *in vivo* での研究結果が出てくるまでは，慎重であるべきだろう[1, 48]。

キーポイント

　バランスをとる視点に立てば，現時点では，細胞外 K^+ の蓄積が運動疲労の有力な原因ではないとするのが妥当であろう。しかしこれが本当に妥当なのかについて，細胞外 K^+ の蓄積に対する生体内の筋反応に関して，今後は *in vivo* での研究が必要である。

5.6 カルシウム──詳細と機能

カリウムと同様にカルシウム（Ca）もミネラルである。カルシウムは身体内で最も多いミネラルである。ミルク，ヨーグルト，チーズはカルシウムの多い食品であり，ケールやブロッコリー，イワシやサーモンにも含まれている。ホウレンソウはカルシウムが多いと広く（また正しく）知られてはいるが，生物学的利用能（摂取したものがどれだけ体内を循環し利用されるか）が低いので，あまりカルシウムを摂る食物としては優れてはいない。身体にあるカルシウム貯蔵量の99％は骨（歯も含む）にあり，細胞内溶液に1％程度，0.1％程度が細胞外溶液にある。カルシウムのカチオン形（Ca^{2+}）はK^+と同様に電解質で，正の電荷をもっている。

> **キーポイント**
>
> カルシウムは身体内に最も多いミネラルである。ミルク，ヨーグルト，チーズ，ケール，ブロッコリー，イワシ，サーモンなどの食物から摂取している。

カルシウムは，多くの生理学的・生化学的な反応に重要な役割を果たしている。特に以下の働きが代表的である。

- シグナル伝達経路のセカンドメッセンジャーとして働く。シグナル伝達経路は段階的に進むカスケードで，まず細胞外にあるシグナル分子（ホルモンとか神経伝達物質）が細胞表面のレセプターに結合して始まり，それによって細胞内のメッセンジャーが働き，細胞の機能を変えていく。例えば活動電位の伝播により筋線維に伝わってきた細胞外の信号により，筋形質へのCa^{2+}放出が刺激され，筋収縮が起こる（この点については後述する）。

- ニューロンから神経伝達物質を放出する。ニューロンのシナプスにはCa^{2+}チャネルがあり，脱分極時にこれが開き，Ca^{2+}がシナプス前膜を通り，内部のCa^{2+}濃度が上がる。それにより神経伝達物質の入っている小胞にあるCa^{2+}感受性タンパク質が活性化される。そしてその形が変わり小胞が開き，シナプス間隙（シナプス前細胞と後細胞の間にある狭い場所）へ神経伝達物質を放出する。

- コファクター（生化学的反応を助ける非タンパク質分子），例えば血液凝固の反応に関係する酵素についてのもの。
- 細胞膜興奮性，特に心筋やニューロン。
- 骨形成と骨ミネラル密度の維持。
- 血管内皮組織（血管やリンパ管の内側を覆っている薄い細胞層）の拡張。

　上記はカルシウムの働きの一部でしかないが，特にここで強調しておきたいのは，カルシウム（さらに明確にはCa^{2+}）が筋収縮に役割を果たしていることである。本章はこれを中心に述べる（筋収縮におけるCa^{2+}の役割に関する全体像を知るには，解剖学や生理学の教科書を読むことをお勧めする）。

> **キーポイント**
>
> 　カルシウムはシグナル伝達カスケード，神経伝達物質放出に重要な働きをし，酵素反応のコファクターになり，細胞膜興奮性，骨形成や密度維持，血管内皮組織の拡張，そして筋収縮に重要である。

5.7 カルシウムと運動疲労

　筋内のカルシウム貯蔵部位である筋小胞体からCa^{2+}が適正量放出されることは，筋収縮と適切な張力発揮に必須である。もしも筋小胞体内のCa^{2+}貯蔵量が正常レベルよりも低下してしまうと，活動電位ごとのCa^{2+}放出量が減少し，筋力も低下することになる[49-50]。ただし興味深いことに，筋小胞体のCa^{2+}貯蔵量が減少しても，トロポニンCの結合部位を飽和させるに足るくらいの量のCa^{2+}は出ているならば[49]，筋力は低下しても発揮はできるし，また筋小胞体のCa^{2+}量を通常レベルより増やしても，活動電位ごとのCa^{2+}放出量は増えない[50]。そこで筋小胞体のCa^{2+}動態（筋小胞体と筋形質の間でのCa^{2+}の正常な出入り）の不全は，発揮筋力を低下させ，疲労に関係する（**図5.4**）。明らかな疑問として，では何が筋小胞体のCa^{2+}動態を悪くするのだろうか？

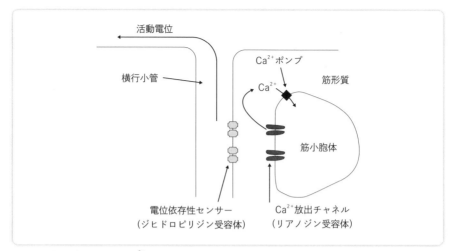

図 5.4 筋小胞体からの Ca^{2+} の放出。活動電位が筋細胞膜を伝播し横行小管に入り，横行小管膜にある電位依存性センサーを刺激する。このセンサーが Ca^{2+} 放出チャネルを刺激しチャネルが開き，Ca^{2+} が筋形質へ出る。Ca^{2+} は続いて Ca^{2+} ポンプによって筋小胞体に戻る。

キーポイント

筋小胞体から適正量の Ca^{2+} が放出されることは，筋力発揮に必須である。もし Ca^{2+} 放出量が十分でないと，発揮筋力は低下する。

キーポイント

Ca^{2+} 動態の変化は，筋力を低下させ疲労を起こす可能性がある。

5.7.1 グリコーゲン枯渇やアシドーシスによる Ca^{2+} 動態の不全

　第2章では，筋グリコーゲンの枯渇と筋力低下の関係がどのようであるかは，まだ完全にはよくわかっていないと述べた。しかし筋グリコーゲンの枯渇と Ca^{2+} 動態とが明らかに関係しているという研究が多くある[51-55]。Ca^{2+} 動態が筋形質中にある Ca^{2+} の量を調節するので，正常な筋力発揮にはこれが必須である。Ca^{2+} 動態は Ca^{2+} 放出チャネル（筋小胞体からの Ca^{2+} 放出をコントロールする）を開

けることと，筋小胞体にCa^{2+}を戻す筋小胞体のCa^{2+}ポンプ（5.2節で述べたNa^+-K^+ポンプに似ている）の働きで調節される。Ca^{2+}の放出が減少すると，トロポニンCに結合できるCa^{2+}量が減少し，興奮-収縮連関の進行が悪化することで疲労を起こし，また筋小胞体へのCa^{2+}の取り込みが減少することは筋の弛緩を遅くするので，間接的に筋力を低下させる。

　ヒトで筋小胞体の反応が運動によって受ける影響を検討した研究は多くはない。しかし長時間運動がCa^{2+}の放出と取り込みを乱すということは報告されている[52-53, 56-57]。面白いことにCa^{2+}の放出は低グリコーゲン状態では阻害されるが，筋グリコーゲン貯蔵を増やすようにしっかり糖質を摂取すれば，その疲労は遅らせることができる[52]。こうした知識があるにもかかわらず，Ca^{2+}動態が悪くなることに低グリコーゲン状態がどのように関わるのかについては，まだ論争中である。グリコーゲン枯渇状態ではATP産生能力が低下し，細胞の部位によってはATPの枯渇が起きてしまい，それによって筋小胞体のCa^{2+}放出と取り込みが悪くなる（2.2.3.2.1項で触れた）というのが，妥当と考えられる説明になるだろう[58-59]。またグリコーゲンの合成と分解に関わる「酵素複合体」が存在して，これが筋小胞体と関係が深いとする研究もある[53, 60-61]。グリコーゲンが枯渇すると，この酵素複合体の機能が低下し，その結果，筋小胞体の重要要素（例えばCa^{2+}ポンプやCa^{2+}放出チャネル）におけるエネルギー利用可能度を低下させる。そこでグリコーゲンのエネルギー源としての役割が果たせなくなり，Ca^{2+}動態が影響を受けることになる。

　興味深いことに，Ca^{2+}動態にグリコーゲンが関係するのは，エネルギー源としての働きとは関係がないとする研究もある。筋が横行小管での脱分極に反応する能力は，他のエネルギー源，例えばATPやPCrがあったとしてもグリコーゲン濃度によっているとする報告がある。これは筋小胞体付近でのグリコーゲンの枯渇が，筋小胞体に構造的な変化を引き起こし，それによって筋小胞体の機能が悪くなるという可能性が考えられる[53, 55]。このようにそのメカニズムについては不明だが，筋小胞体の正常なCa^{2+}動態には，十分な量の筋グリコーゲンがあることが重要と考えられる。このことから，疲労の進行にグリコーゲンが大変重要であることがわかる（第2章）。

キーポイント

　筋小胞体からの Ca^{2+} の放出は，低グリコーゲン状態になると遅れる。これは部位特異的な ATP 枯渇が関係している可能性がある。しかし他のエネルギー源があっても低グリコーゲン状態では Ca^{2+} 動態の不全がみられるので，グリコーゲンのエネルギー源としての役割以外のメカニズムが，Ca^{2+} 動態に影響する可能性も考えられる。

　筋小胞体の Ca^{2+} 放出とトロポニン C への結合にアシドーシスが果たす役割については 3.3.2.1 項で述べた。簡単にまとめれば，アシドーシスは筋小胞体からの Ca^{2+} 放出を妨げないし，筋小胞体から Ca^{2+} が放出された後の収縮過程にも影響を与えないと考えられる。

キーポイント

　通常の生理学的な条件では，アシドーシスは筋小胞体からの Ca^{2+} 放出や，Ca^{2+} 放出後の筋収縮過程には影響を与えない。

5.7.2　無機リン酸

　筋収縮のエネルギー要求が高い場合，ATP 濃度が維持されるのは極めて短時間だけとなるが，その間にもクレアチンリン酸（PCr）がクレアチンと無機リン酸（P_i）に分解されている[1]。その結果として P_i が筋内に蓄積する（2.1 式にみるように，ATP の加水分解でも P_i ができる）。P_i はエネルギー代謝を含む多くの生化学的・生物学的な反応で重要な役割を果たしている。しかしこれから述べるように，P_i 濃度が生理学的レベルを超えることは問題である。

　P_i 濃度が上がると，収縮タンパク質であるアクチンとミオシンが高張力発揮可能な状態になるのが妨げられるので，直接筋力発揮を阻害する[1]。この P_i によって両フィラメントのクロスブリッジを阻害することで筋力発揮が低下するのは，少なくともタイプ II 線維では，疲労し始めから起こっている。ただし，こうした P_i が直接筋力発揮を阻害するという多くの研究は，*in vitro* で通常の体温よりも低い温度条件で行われている。事実 P_i によるクロスブリッジの力発揮阻害は，

筋温が上がると低下することが報告されている[62]。通常の生理学的な温度条件だと，P_i 蓄積によるクロスブリッジの力発揮低下は，最大筋力の10%程度しかないと考えられる[1]。

> **キーポイント**
>
> P_i の蓄積はアクチンとミオシンのクロスブリッジが高張力状態になるのを妨げ，発揮筋力を低下させると考えられる。少なくともタイプⅡ線維では，これが疲労の初期段階で起きている。

> **キーポイント**
>
> P_i によるクロスブリッジにおける力発揮抑制の程度は，筋温が上がると低下し，通常の生理学的温度では，最大筋力の10%程度と考えられる。

P_i がアクチン-ミオシンクロスブリッジに直接影響する程度は小さいかもしれないが，クロスブリッジ機能が変化すれば，細胞内 Ca^{2+} 濃度と筋力との関係にも影響が出る[1]。特に P_i 濃度の上昇は筋線維の同じ Ca^{2+} 濃度に対する収縮反応を低下させる（したがって力発揮も）[63-65]。これは Ca^{2+} 感受性の低下と呼ばれる[63]。興味深いことに，この P_i 蓄積による Ca^{2+} 感受性の低下は，筋温が生理学的温度に近くなるほど大きくなるようである。これは，P_i によるクロスブリッジの力発揮抑制効果は，温度が上がるほど低下すると報告されているのと逆である。そこで P_i 蓄積による Ca^{2+} 感受性の低下は，疲労に対してクロスブリッジ阻害よりも大きな影響がある可能性があり，特に細胞内 P_i 濃度が低下する疲労の後半局面で，影響が大きくなることが考えられる（次に述べる）[1]。

> **キーポイント**
>
> P_i の蓄積は Ca^{2+} 感受性（筋形質内 Ca^{2+} 濃度に対する力発揮の程度）を低下させる。この Ca^{2+} 感受性は筋温が通常の生理学的温度である方が低下するので，クロスブリッジの抑制とは逆の反応である。そこで Ca^{2+} 感受性の低下は，筋形質内 Ca^{2+} 濃度が低下する疲労の後半局面で，疲労への影響が大きくなる可能性がある。

疲労が進行すると，筋形質内の Ca^{2+} 濃度が低下してくることは，Ca^{2+} 感受性の低下と相まって，疲労による運動終了前に通常起こる筋力低下に関係すると考えられる。筋形質内の Ca^{2+} 濃度が低下することから，筋小胞体からの Ca^{2+} 放出が減少していることが考えられる。筋小胞体からの Ca^{2+} 放出が減少するメカニズムは2つ考えられ，1つは筋小胞体の Ca^{2+} 放出チャネルが P_i によって抑制されること，もう1つは筋小胞体内での Ca^{2+} と P_i の共沈である。

> **キーポイント**
>
> 　疲労進行の後半局面になると筋形質内の Ca^{2+} 濃度が低下する。Ca^{2+} 感受性の低下とともに，これは疲労による運動終了前に通常起こる筋力の急速な低下に関係する。

> **キーポイント**
>
> 　筋小胞体の Ca^{2+} 放出が低下する2つの主要な仕組みがあり，1つは P_i による筋小胞体の Ca^{2+} 放出チャネルの抑制と，もう1つは筋小胞体内での Ca^{2+} と P_i の共沈である。

　5.7節と**図5.4**にまとめたように，Ca^{2+} はそれに特化した放出チャネルにより筋小胞体から出る。疲労の初期段階では，P_i は筋形質の Ca^{2+} 濃度が増える方向に働いているようにみえる。しかし疲労の後半局面になってくると，それが逆になり，P_i 濃度の上昇は筋小胞体からの Ca^{2+} 放出機構に働いて筋形質内 Ca^{2+} 濃度を下げる方向に働くように思われる[1, 66)]。この P_i による筋小胞体からの Ca^{2+} 放出抑制は，筋形質内マグネシウム（Mg^{2+}）濃度によっている[67)]。Mg^{2+} は，細胞内で Ca^{2+} と多くの同じ部位で結合するので，これによって Ca^{2+} と競合し，抑制効果を発揮する。

> **キーポイント**
>
> 　疲労の初期段階では，P_i は筋形質内 Ca^{2+} 濃度が上昇するように筋小胞体の Ca^{2+} 放出チャネルに働くように思われる。疲労の後半になるとこれが逆になり，P_i はおそらく筋小胞体の Ca^{2+} の放出を変化させて，筋形質内の Ca^{2+} 濃度を下げるように働いている。

キーポイント

P_i による筋小胞体の Ca^{2+} の放出抑制は，筋形質内 Mg^{2+} 濃度が高い時の方が大きい。

P_i が筋小胞体の Ca^{2+} 放出を抑制する 2 つ目の仕組みは，筋小胞体内での Ca^{2+} と P_i の共沈である。筋形質内 P_i 濃度が上がると，P_i の一部は筋小胞体に入り込み，遊離 Ca^{2+} と Ca^{2+}–P_i 固体（共沈）を形成する。これにより筋小胞体内の遊離 Ca^{2+} 濃度が低下し，活動電位ごとに筋形質に放出できる Ca^{2+} 量が低下する。

キーポイント

P_i が蓄積すると，筋小胞体に入り込み Ca^{2+} と共沈を形成する。これにより筋小胞体内の遊離 Ca^{2+} 量が減り，そこで筋形質に放出できる量が減る。

筋小胞体にリン酸の透化性チャネルがあることが 2001 年に発見され，これにより Ca^{2+} と P_i が筋小胞体内で共沈することが理論的に支持された[68]。ただし Ca^{2+}–P_i の共沈については，はっきりと実験的に示されてはいないともいえ，このことも興味深くまた大事なことである[69]。しかしこの共沈が確かに起こっているという証拠もある。*in vitro* の研究では P_i を注入すると筋形質の Ca^{2+} 濃度が低下し筋小胞体への Ca^{2+} 取り込みが早くなることが報告されていて，これは筋小胞体の Ca^{2+} 濃度の低下を示している[70-71]。さらに例えばカフェインのように筋小胞体の Ca^{2+} 放出を刺激する物質を使用しても，疲労した筋では Ca^{2+} 放出量が減少することが報告されていて，このことは筋小胞体での Ca^{2+} 利用可能量が減少していることを示している[72]。カフェインを使ったり，横行小管の活動電位を介して刺激しても，疲労が起きている筋での筋小胞体の Ca^{2+} 濃度は低下することが報告されている。この場合は Ca^{2+} が筋細胞から漏れたり失われたりはしない条件である[73]。最後にクレアチンキナーゼをもたないマウスでは，筋形質の Ca^{2+} 濃度の低下幅が小さかったり遅れたりすることからも（筋小胞体の Ca^{2+} 濃度と放出が小さいと示唆される），Ca^{2+}–P_i の共沈理論は支持される[74]。これはそのマウスでは PCr をうまく分解できないので，通常の疲労条件での P_i 蓄積の程度が大きく低下するからである。

キーポイント

Ca^{2+} と P_i の共沈は実験的にはっきり証明されてはいない。しかし確かに共沈が起こっているという証拠がある。

このように Ca^{2+} と P_i の共沈は科学的に支持されていて，運動疲労における筋力低下の候補としてみなされるべきである。しかしいつものことだが，物事はそんなに単純ではない！　前述のように筋形質における P_i の蓄積は疲労の初期段階で起こっている（PCr の分解による）が，筋形質内 Ca^{2+} 濃度の低下は疲労が進行してから起こる。もしも筋小胞体からの Ca^{2+} の放出が，P_i が筋小胞体に入ることで減少するというのであるならば，なぜ P_i 上昇と筋小胞体からの Ca^{2+} 放出減少に時間的な差があるのだろうか？　さらに筋形質内 Ca^{2+} 濃度と Mg^{2+} 濃度の低下とは関係があるようにみえ，おそらくこれらは ATP 分解と関係している[1,75]。筋小胞体膜の P_i 輸送に関わるチャネルには，ATP が少ないことでより開くものがあり，このことは筋小胞体への P_i の輸送が ATP で阻害される可能性を示している[76]。筋小胞体への P_i の輸送チャネルが通常の ATP 濃度では阻害され，ATP が枯渇するような疲労の最終段階で開くとすると，P_i の筋小胞体への入り込みが遅れることを説明できる可能性がある。ただしすべての研究がこれを支持しているわけではない[66]。最後に，筋小胞体で Ca^{2+} と P_i が共沈するのに生体内で必要な量は，*in vitro* の実験で使われるシンプルな溶液中よりも多いのかもしれない。なぜなら Mg^{2+} と ATP はどちらも Ca^{2+} と P_i の共沈を阻害するのに，Mg^{2+} と ATP が含まれない系で実験されることがよくあるからである[66]。このように結果として *in vitro* の研究では，生体内よりも Ca^{2+} と P_i の共沈について過大評価してしまう可能性がある。現時点では Ca^{2+} と P_i の共沈が，ヒトの運動疲労に大きく影響することを直接示す証拠はまだ十分ではない。

キーポイント

筋小胞体で Ca^{2+} と P_i が共沈するという考え方に反する研究結果がある。現時点では Ca^{2+} と P_i の共沈が Ca^{2+} の動態を変えて運動しているヒトに疲労を起こす，と結論づける証拠が十分ではない。

5.7.3 ATP 枯渇と Mg^{2+} の蓄積

強度の高い運動時には，ATP 濃度が低下する可能性があり（特に部位によっては），PCr 濃度は顕著に低下する（2.2.1 項と 2.2.2 項）。また ADP と Mg^{2+} 濃度は上昇する（Mg^{2+} は ATP に結合していて，ATP が分解されるとアデノシン二リン酸 ［ADP］ とともに Mg^{2+} ができる。これは ATP の分解とともにできるアデノシン一リン酸 ［AMP］，イノシトール一リン酸 ［IMP］ が ATP よりも Mg^{2+} との親和性が低いことが関係している）。ATP の枯渇（かなり低いレベルまで低下しなければ）や Mg^{2+} の蓄積は，筋収縮機構に直接は働かないが，Mg^{2+} 濃度の上昇は Ca^{2+} の感受性を低下させる[1, 77]。

> **キーポイント**
>
> ATP の枯渇（かなり低いレベルまで低下しなければ）や Mg^{2+} の蓄積は，筋収縮機構に直接はあまり働かない。ただし Mg^{2+} 濃度の上昇は Ca^{2+} の感受性を低下させる。

筋小胞体の Ca^{2+} ポンプは Ca^{2+} 動態に大変重要な働きをしていて，これが Ca^{2+} を筋小胞体に戻すことで筋収縮後の正常な弛緩が起こる（**図 5.4**）。もしも筋小胞体部位での ATP 濃度が低下すると（筋小胞体ポンプの働きは ATP 濃度によっている），筋小胞体への Ca^{2+} 取り込みが減少する。単純に考えて Ca^{2+} が同じ ATP 分解によって筋小胞体に戻される量が減少すれば，この過程のエネルギー効率が低下したということになる[1]。ADP 濃度が上昇すると（もちろん ATP がより枯渇していることになる），筋小胞体の Ca^{2+} ポンプの働きが低下し，筋形質に Ca^{2+} が漏れ出してしまう量が増えることになる[1, 78]。ただしこれはタイプ II 線維にだけ起きているようである[79]。筋小胞体の Ca^{2+} ポンプの働きと Mg^{2+} の関係はどうなのだろうか？　Mg^{2+} 濃度が上昇することは，筋小胞体への Ca^{2+} 取り込みに対する影響は小さいか，ほぼないように思われる[80]。

筋小胞体の Ca^{2+} 放出チャネル（**図 5.4**）は，筋小胞体の Ca^{2+} ポンプと同様に ATP によって刺激される。ATP 濃度が低下すると，筋小胞体からの電位刺激性 Ca^{2+} 放出が減少する[1]。Mg^{2+} は筋小胞体の Ca^{2+} 放出チャネルを強く抑制し[81]，筋小胞体の Ca^{2+} 放出を最大 40％抑制することが報告されている[82]。その部位で

ATP枯渇とMg^{2+}蓄積が同時に起こると，Ca^{2+}の放出減少はさらに大きくなる[1]。結果として，ATP濃度の低下とMg^{2+}濃度の上昇は，高強度の筋収縮時にみられる筋形質内Ca^{2+}濃度の低下に関係していると考えられる[1,83]。この筋形質内Ca^{2+}濃度の低下は，ATP濃度が低下した時の筋の防御機構とも考えられる。筋小胞体のCa^{2+}放出が減少すると，クロスブリッジ形成に関わるCa^{2+}の利用可能量が減少し，また筋小胞体に戻すべきCa^{2+}の量も減少することになる。この2つの過程（クロスブリッジ形成と筋小胞体のCa^{2+}取り込み）にはATPが必要なので，これらが低下すると筋力は低下するが，ATPは保存できることになる[1]。

キーポイント

　筋小胞体のCa^{2+}ポンプ周辺でのATP枯渇は，筋小胞体へのCa^{2+}取り込みを低下させることが考えられる。ADPの蓄積もCa^{2+}ポンプの働きを低下させる。Mg^{2+}濃度の上昇は，筋小胞体のCa^{2+}取り込み量には影響しない。

キーポイント

　ATP枯渇とMg^{2+}の蓄積は，どちらも筋小胞体からのCa^{2+}放出を抑制する。またこの抑制はATP枯渇とMg^{2+}蓄積が同時に起こると大きくなる。

5.8 Ca^{2+}動態の変化が運動疲労の原因なのか？

　運動時の疲労に，筋Ca^{2+}動態の変化が大きく関係しているとする報告が多数ある。疲労初期段階の筋力低下には，P_i蓄積が直接クロスブリッジでの力発揮に影響し，以降の疲労は収縮機構タンパク質のCa^{2+}感受性の低下や，筋小胞体のCa^{2+}放出と取り込みが関係していることが考えられる[1]。しかし収縮中のCa^{2+}濃度を変化させるメカニズムの重要性については，今も論争がある[69]。運動時のCa^{2+}動態変化に関する我々の知識は，多くは摘出筋を使った*in vitro*の研究によっていることを忘れてはならない。そうした研究では，ヒトの複雑でダイナミックな筋内環境を，必ずしも正確には反映できていないことが考えられる。このことを忘れず，研究結果の受け入れ方や解釈を少し弱めることも必要である。

5.9 まとめ

- カリウムは身体内で最も多いミネラルの1つであり，細胞の水分平衡，多くの生化学的反応，活動電位の伝播に関わる細胞膜の電位の形成に関わっている。

- 正常な活動電位の伝播は，筋機能に必須で，これが乱れると機能が損なわれる。

- 筋収縮の繰り返しにより，筋からK^+が失われ，細胞外にK^+の蓄積が起こる。このK^+損失は，主として筋膜にあるK^+チャネルから起きている。

- 細胞外K^+の蓄積は筋の興奮性低下と筋力発揮の低下と関係して，これはおそらく細胞膜の電気化学的勾配が変わり，細胞膜の脱分極の程度が低下することによっている。

- 筋の刺激が少なくなれば，活動電位と筋力が回復することから，細胞膜の脱分極により興奮性が低下することによって筋力低下が起こることが考えられる。またこのことから細胞外K^+の蓄積は，運動強度にもよっていると考えられる。

- 細胞外にK^+が蓄積している状況では疲労が生じ，疲労までの時間が短くなることから，細胞外K^+の蓄積は疲労に関係していることが示される。

- 細胞外K^+の蓄積が筋機能に与える影響については相反する証拠もあり，かなりの細胞外K^+の蓄積がみられる状況でも，疲労時の筋膜興奮性には影響がないとする研究もある。

- 身体には筋細胞膜興奮性の低下を防ぐような多くのメカニズムがあって，協調して働いている。例えば運動単位動員の変化，運動単位の発火頻度，活動電位の発火頻度，Na^+-K^+ポンプの働き，Cl^-の膜電位に対する重要な働き，K^+の細胞膜移動などがある。

- こうしたメカニズムが存在し，細胞外K^+の蓄積が筋機能に与える影響をできるだけ小さくするような反応が，生体内では起きている。そこでK^+と筋機能についての *in vitro* での研究結果を解釈する際には注意する必要がある。

- K^+の蓄積は，筋の不快感や筋痛，また III 群や IV 群求心性神経を介して中枢性疲労に関係する可能性がある。

- カルシウムは身体内で最も豊富なミネラルであり，シグナル伝達，神経伝達物質放出，酵素機能，膜興奮性，骨形成と骨密度，内皮組織による血管拡張，筋収縮などに重要な役割を果たしている。

- 筋小胞体からの適正量のCa^{2+}放出と，十分なCa^{2+}の取り込みは，正常な筋機

能に必須である。

- 筋小胞体の Ca^{2+} 量が減少すると，活動電位ごとの Ca^{2+} 放出が減少し，筋力発揮が低下する。

- 筋グリコーゲンには Ca^{2+} の放出と取り込みを調節する役割があると考えられる。これは ATP 再合成の源としてグリコーゲンが使われる（エネルギー源として）こと，あるいはエネルギー源としてではなく，低グリコーゲン状態になると筋小胞体の構造が変化することによっている可能性もある。

- 通常の生理学的条件では，アシドーシスは筋小胞体の Ca^{2+} 放出を妨げないし，収縮機構自体の Ca^{2+} の働きも妨げない。

- P_i の蓄積はアクチンとミオシンが高張力状態に入るのを直接妨げ，筋力を低下させる。しかし生理学的な温度条件では，この影響は小さいと考えられる。

- P_i は同じ Ca^{2+} 濃度に対する収縮反応（Ca^{2+} 感受性）を低下させ，また筋小胞体の放出チャネルを阻害したり筋小胞体内で Ca^{2+} と共沈することで，筋小胞体からの Ca^{2+} 放出を減少させる。

- Ca^{2+} と P_i の共沈は，間接的な実験では示されている。しかし共沈が起こることは証明できないとする研究もある。結果として，この共沈というものの程度や Ca^{2+} 動態や疲労に与える影響については，まだ論争中といえる。

- ATP の枯渇と Mg^{2+} の蓄積は，それぞれでも，また重なっても，筋小胞体の Ca^{2+} 放出と取り込みを低下させる可能性がある。ただし Mg^{2+} が筋小胞体の Ca^{2+} 取り込みに及ぼす影響は大きくはないように思われる。

考えてみよう

　身体の機能についてこれまで以上にどんどん細部まで研究が進むにつれて，多くの器官のシステム，代謝経路，ホルモン，化合物，分子，各要素が複雑に関係し合っていることの重要性がわかってきた。そしてこの関係性が身体機能やパフォーマンスにどれだけ影響するのかが，さらに明らかになってきている。こうした知見はヒトの運動生理学の理解にも，明らかに貢献している。これらはヒトの機能開発についても新たな可能性を提供していて，このことがスポーツの競争において不公平なアドバンテージを与えるようなことも考えられる。

　これについてどう考えるだろうか？　運動パフォーマンスについて分子レベルで検

討することには，どんな利益があるのだろうか？　またそのリスクや負の要素は？
利益がリスクよりも大きいと思うだろうか？

テストをしてみよう

　　次の問題に自分の力で答えてみよう。本書をさらに読み進める前に，この
問いを答えるのに必要な情報を理解するようにしよう。

① 　カリウムが多く含まれる主な食品は何だろうか。

② 　K^+ が身体の機能に果たす主な役割は何だろうか。

③ 　ニューロンや筋の細胞膜を越えて Na^+ や K^+ が移動することに関係づけ
て，活動電位が伝播する過程を説明してみよう。

④ 　どのような仕組みで，細胞外に K^+ が蓄積することが筋の機能低下に繋
がると考えられるだろうか。

⑤ 　細胞外に K^+ が蓄積することが筋の細胞膜の脱分極に及ぼす影響を最小
限にするメカニズムを 6 つ挙げて，簡潔に解説してみよう。

⑥ 　カルシウムが多く含まれる主な食品は何だろうか。

⑦ 　カルシウムが身体の機能に果たす主な役割は何だろうか。

⑧ 　Ca^{2+} 動態という言葉の意味は何だろうか。

⑨ 　筋グリコーゲンの減少が Ca^{2+} 動態に悪影響を及ぼす 2 つの経路は何だ
ろうか。

⑩ 　P_i の蓄積が Ca^{2+} 動態に悪影響を及ぼす経路を 4 つ挙げてみよう。

⑪ 　ATP の枯渇と Mg^{2+} の蓄積によって，筋小胞体の Ca^{2+} 放出や取り込み
は減少する。その際に，それぞれが単独で及ぼす影響と，また相乗的に及
ぼす影響について主なものは何だろうか。

文献

1) Allen DG, Lamb GD, Westerblad H (2008) Skeletal muscle fatigue: cellular mechanisms. *Physiol Rev* 88: 287-332.

2) Stephenson D (2006) Tubular system excitability: an essential component of excitation-contraction coupling in fast twitch fibres of vertebrate skeletal muscle. *J Muscle Res Cell Motil* 27: 259-74.

3) Clausen T, Nielsen OB, Harrison AP, Flatman JA, Overgaard K (1998) The Na^+, K^+ pump and muscle excitability. *Acta Physiol Scand* 162: 183-90.

4) Clausen T (2008) Role of Na^+, K^+ pumps and transmembrane Na^+, K^+ distribution in muscle function. *Acta Physiol* 192: 339-49.

5) McKenna MJ, Bangsbo J, Renaud JM (2008) Muscle K$^+$, Na$^+$, and Cl$^-$ disturbances Na$^+$,K$^+$ pump inactivation: implications for fatigue. *J Appl Physiol* 104: 288-95.

6) Pedersen KK, Nielsen OB, Overgaard K (2013) Effects of high frequency stimulation and doublets on dynamic contractions in rat soleus muscle exposed to normal and high extracellular [K$^+$]. *Physiol Rep* 1: 1-11.

7) Sejersted OM, Sjøgaard G (2000) Dynamic and consequences of K$^+$ shifts in skeletal muscle and heart during exercise. *Physiol Rev* 80: 1411-81.

8) Clausen T (2011) In isolated skeletal muscle, excitation may increase extracellular K$^+$ 10-fold; how can contractility be maintained? *Exp Physiol* 96: 356-68.

9) Davies NW (1990) Modulation of ATP-sensitive K$^+$ channels in skeletal muscle by intracellular protons. *Nature* 343: 375.

10) Fitts RH, Balog EM (1996) Effect of intracellular and extracellular ion changes on E-C coupling and skeletal muscle fatigue. *Acta Physiol Scand* 156: 169-81.

11) Medbø JI, Sejersted OM (1990) Plasma potassium changes with high intensity exercise. *J Physiol* 421: 105-22.

12) Nordsborg N, Mohr M, Pedersen LD, Nielsen JJ, Langberg H, Bangsbo J (2003) Muscle interstitial K$^+$ kinetics during intensity exhaustive exercise: effect of previous arm exercise. *Am J Physiol Regul Integr Comp Physiol* 285: R143-8.

13) Balog EM, Fitts RH (1996) Effects of fatiguing stimulation on intracellular Na$^+$ and K$^+$ in frog skeletal muscle. *J Appl Physiol* 81: 679-85.

14) Juel C (1986) K$^+$ and sodium shifts during in vitro isometric muscle contraction, the time course of the ion-gradient recovery. *Pflugers Arch* 406: 458-63.

15) Jones DA, Bigland-Ritchie B, Edwards RHT (1979) Excitation frequency and muscle fatigue: mechanical responses during voluntary and stimulated contractions. *Exp Neurol* 64: 414-27.

16) Bigland-Ritchie B, Jones DA, Woods JJ (1979) Excitation frequency and muscle fatigue: electrical responses during human voluntary and stimulated contractions. *Exp Neural* 64: 414-27.

17) Nielsen OB, de Paoli FV (2007) Regulation of Na$^+$-K$^+$ homeostasis and excitability in contracting muscles: implications for fatigue. *Appl Physiol Nutr Metab* 32: 974-84.

18) Clausen T (2003) Na$^+$, K$^+$ pump regulation and skeletal muscle contractility. *Physiol Rev* 83: 1269-324.

19) Cairns SP, Dulhunty AF (1995) High-frequency fatigue in rat skeletal muscle: role of extracellular ion concentrations. *Muscle Nerve* 18: 890-8.

20) Dutka TL, Lamb GD (2007) Transverse tubular system depolarisation reduces tetanic force in rat skeletal muscle fibres by impairing action potential repriming. *Am J Physiol Cell Physiol* 292: C2112-21.

21) Thompson LV, Balog EM, Riley DA, Fitts RH (1992) Muscle fatigue in frog semitendinosus: alterations in contractile function. *Am J Physiol Cell Physiol* 262: C1500-6.

22) Bangsbo J, Madsen K, Kiens B, Richter EA (1996) Effect of muscle acidity on muscle metabolism and fatigue during intensity exercise in man. *J Physiol* 495: 587-96.

23) Bangsbo, Graham T, Johansen L, Strange S, Christensen, C, Saltin B (1992) Elevated muscle acidity and energy production during exhaustive exercise in humans. *Am J Physiol Regul Integr Comp Physiol* 263: R891-9.

24) Nielsen JJ, Mohr M, Klarskov C, Kristensen M, Krustrup P, Juel C, Bangsbo J (2004) Effects of high-intensity intermittent training on potassium kinetics and performance in human skeletal muscle. *J Physiol* 554: 857-70.

25) Mohr M, Nordsbor N, Nielsen JJ, Pedersen LD, Fischer C, Krustrup P, Bangsbo J (2004) Potassium kinetics in human muscle interstitium during repeated intense exercise in relation to fatigue. *Pflugers Arch* 448: 452-6.

26) Bigland-Ritchie B, Cafarelli E, Vøllestad NK (1986) Fatigue of submaximal static contractions. *Acta Physiol Scand Suppl* 556: 137-48.

27) Bigland-Ritchie B, Furbush F, Woods JJ (1986) Fatigue of intermittent submaximal voluntary contractions: central and peripheral factors. *J Appl Physiol* 61: 421-9.

28) Bigland-Ritchie B, Johansson R, Lippold OC, Woods JJ (1983) Contractile speed and EMG changes during fatigue of sustained maximal voluntary contractions. *J Neurophysiol* 50: 313-24.

29) Sandiford SD, Green HJ, Duhamel TA, Schertzer JD, Perco JD, Ouyang J (2005) Muscle Na-K-pump and fatigue responses to progressive exercise in normoxia and hypoxia. *Am J Physiol Regul Integr Comp Physiol* 289: R441-9.

30) West W, Hicks A, Mckelvie R, O'Brien J (1996) The relationship between plasma K^+, muscle membrane excitability and force following quadriceps fatigue. *Pflugers Arch* 432: 43-49.

31) Enoka RM, Stuart DG (1992) Neurobiology of muscle fatigue. *J Appl Physiol* 72:1631-48.

32) Bigland-Ritchie B, Woods JJ (1984) Changes in muscle contractile properties and neural control during human muscular fatigue. *Muscle Nerve* 7: 691-9.

33) Balog EM, Thompson LV, Fitts RH (1994) Role of sarcolemma action potentials and excitability in muscle fatigue. *J Appl Physiol* 76: 2157-62.

34) Gandevia SC (2001) Spinal and supraspinal factors in human muscle fatigue. *Physiol Rev* 81: 1725-89.

35) Bigland-Ritchie B, Zijdewind I, Thomas CK (2000) Muscle fatigue induced by stimulation with and without doublets. *Muscle Nerve* 23: 1348-55.

36) Juel C (1988) Muscle action potential propagation velocity changes during activity. *Muscle Nerve* 11: 714-9.

37) Lännergren J, Westerblad H (1986) Force and membrane potential during and after fatiguing, continuous high-frequency stimulation of single Xenopus muscle fibres. *Acta Physiol Scand* 128: 359-68.

38) Clausen T, Nielsen OB, Harrison AP, Flatman JA, Overgaard K (1998) The Na^+, K^+ pump and muscle excitability. *Acta Physiol Scand* 162: 183-90.

39) Wallinga W, Meijer SL, Alberink MJ, Vliek M, Wienk ED, Ypey DL (1999) Modelling, action potentials and membrane currents of mammalian skeletal muscle fibres in coherence with potassium concentration changes in the T-tubular system. *Eur Biophys J* 28: 317-29.

40) Van Beekvelt MC, Drost G, Rongen G, Stegeman DF, Van Engelen BG, Zwarts MJ (2006) Na^+, K^+-ATPase is not involved in the warming-up phenomenon in generalized myotonia. *Muscle Nerve* 33: 514-23.

41) Davies NW, Standen NB, Stanfield PR (1992) The effect of intracellular pH on ATP-dependent potassium channels of frog skeletal muscle. *J Physiol* 445: 549-68.

42) Davies NW, Standen NB, Stanfield PR (1991) ATP-dependent potassium channels of muscle cells: their properties, regulation and possible function. *J Bioenerg Biomembr* 23: 509-23.

43) Hansen AK, Clausen T, Nielsen OB (2005) Effects of lactic acid and catecholamines on contractility in fast twitch muscles exposed to hyperkalemia. *Am J Physiol Cell Physiol* 289: C104-12.

44) Kristensen M, Albertsen J, Rentsch M, Juel C (2005) Lactate and force production in skeletal muscle. *J Physiol* 562: 521-6.

45) Overgaard K, Højfeldt G, Nielsen O (2010) Effects of acidification and increased extracellular potassitum on dynamic muscle contractions in isolated rat muscles. *J Physiol* 588: 5065-76.

46) Pedersen TH, Nielsen OB, Lamb GD, Stephenson DG (2004) Intracellular acidosis enhances the excitability of working muscle. *Science* 305: 1144-7.

47) Pedersen TH, de Paoli F, Nielsen OB (2005) Increased excitablity of acidified skeletal muscle: role of chloride conductance. *J Gen Physiol* 125: 237-46.

48) Place N (2008) Is interstitial K^+ accumulation a key factor in the fatigue process under physiological conditions? *J Physiol* 586: 1207-8.

49) Dutka TL, Cole L, Lamb, GD (2005) Ca^{2+} phosphate precipitation in the sarcoplasmic reticulum reduces action potential-mediated Ca^{2+} release in mammalian skeletal muscle. *Am J Physiol Cell Physiol* 289: C1502-12.

50) Posterino GS, Lamb GD (2003) Effect of sarcoplasmic reticulum Ca^{2+} content on action potential-induced Ca^{2+} release in rat skeletal muscle fibres. *J Physiol* 551: 219-37.

51) Chin ER, Allen DG (1997) Effects of reduced muscle glycogen concentration on force, Ca^{2+} release and contractile protein function in intact mouse skeletal muscle. *J Physiol* 498: 17-29.

52) Duhamel TA, Perco JG, Green HJ (2006) Manipulation of dietary carbohydrates after prolonged effort modifies muscle sarcoplasmic reticulum responses in exercising males. *Am J Physiol Regul Integr Comp Physiol* 291: R1100-10.

53) Duhamel TA, Green HJ, Stewart RD, Foley KP, Smith IC, Ouyang J (2007) Muscle metabolic, SR Ca^{2+}-cycling responses to prolonged cycling, with and without glucose supplementation. *J Appl Physiol* 103: 1986-98.

54) Helander I, Westerblad H, Katz A (2002) Effects of glucose on contractile function, [Ca^{2+}] and glycogen in isolated mouse skeletal muscle. *Am J Physiol Cell Physiol* 282: C1306-12.

55) Lees SJ, Franks PD, Spangenburg EE, Williams JH (2001) Glycogen and glycogen phosphorylase associated with sarcoplasmic reticulum: effects of fatiguing activity. *J Appl Physiol* 91: 1638-44.

56) Duhamel TA, Green HJ, Perco JD, Sandiford SD, Ouyang J (2004) Human muscle sarcoplasmic reticulum function during submaximal exercise in normoxia and hypoxia. *J Appl Physiol* 97: 180-7.

57) Duhamel TA, Green HJ, Sandiford SD, Perco JG, Ouyang J (2004) Effects of progressive exercise and hypoxia on human muscle sarcoplasmic reticulum function. *J Appl Physiol* 97: 188-96.

58) Favero TG (1999) Sarcoplasmic reticulum Ca^{2+} release and muscle fatigue. *J Appl Physiol* 87: 471-83.

59) Karge P (1998) Factors limiting ATPase activity in skeletal muscle. In: *Biochemistry of Exercise X*, edited by Hargreaves M and Thompson M. Champaign, IL: Human Kinetics: 125-34.

60) Ørtenblad N, Westerblad H, Nielsen J (2013) Muscle glycogen stores and fatigue. *J Physiol* 591: 4405-13.

61) Xu K, Zweier J, Becker L (1995) Functional coupling between glycolysis and sarcoplasmic reticulum Ca^{2+} transport. *Circ Res* 77: 88-97.

62) Coupland ME, Puchert E, Ranatunga KW (2001) Temperature dependence of active tension in mammalian (rabbit psoas) muscle fibres: effect of inorganic phosphate. *J Physiol* 36: 879-91.

63) Varian KD, Raman S, Jansen PML (2006) Measurement of myofilament calcium sensitivity at physiological temperature in intact cardiac trabeculae. *Am J Physiol* 290: H2092-7.

64) Martyn DA, Gordon AM (1992) Force and stiffness in glycerinated rabbit posoas fibers: Effects of calcium and elevated phosphate. *J Gen Physiol* 99: 795-816.

65) Millar NC, Homsher E (1990) The effect of phosphate and calcium on force generation in glycerinated rabbit skeletal muscle fibers: a steady-state and transient kinetic study. *J Biol Chem* 265: 20234-40.

66) Steele DS, Duke AM (2003) Metabolic factors contributing to altered Ca^{2+} regulation in skeletal muscle fatigue. *Acta Physiol Scand* 179: 39-48.

67) Jahnen-Dechent W, Ketteler M (2012) Magnesium basics. *Clin Kidney J* 5: 3-14.

68) Laver DR, Lenz GKE, Dulhunty AF (2001) Phosphate ion channels in the sarcoplasmic reticulum of rabbit skeletal muscle. *J Physiol* 537: 763-78.

69) Allen DG, Trajanovska S (2012) The multiple roles of phosphate in muscule fatigue. *Front Physiol* 3: 1-8.

70) Allen DG, Clugston E, Petersen Y, Röder V, Chapman B, Rudolf R (2011) Interactions between intracellular calcium and phosphate in intact mouse muscle during fatigue. *J Appl Physiol* 111: 358-66.

71) Westerblad H, Allen DG (1996) The effects of intracellular injections of phosphate on intracellular calcium and force in single fibres of mouse skeletal muscle. *Pflügers Arch* 431: 964-70.

72) Westerblad H, Allen DG (1991) Changes of myoplasmic calcium concentration during fatigue in single mouse muscle fibers. *J Gen Physiol* 98: 615-35.

73) Kabbara AA, Allen DG (2001) The use of fluo-5N to measure reticulum calcium in single muscle

fibres of the cane toad. *J Physiol* 534: 87-97.

74) Dahlstedt AJ, Westerblad H (2001) Inhibition of creatine kinase reduces the fatigue-induced decrease of tetanic [Ca^{2+}] i in mouse skeletal muscle. *J Physiol* 533: 639-49.

75) Westerblad H, Allen DG (1992) Myoplasmic free Mg^{2+} concentration during repetitive stimulation of single fibres from mouse skeletal muscle. *J Physiol* 453: 413-34.

76) Posterino GS, Fryer MW (1998) Mechanisms underlying phosphate induced failure of Ca^{2+} release in single skinned skeletal muscle fibres of the rat. *J Physiol* 512: 97-108.

77) Blazev R, Lamb GD (1999) Low [ATP] and elevated [Mg^{2+}] reduce depolarization-induced Ca^{2+} release in mammalian skeletal muscle. *J Physiol* 520: 203-15.

78) MacDonald WA, Stephenson DG (2001) Effects of ADP on sarcoplasmic reticulum function in mechanically skinned skeletal muscle fibres of the rat. *J Physiol* 532: 499-508.

79) MacDonald WA, Stephenson DG (2006) Effect of ADP on slow-twitch muscle fibres of the rat: implications for muscle fatigue. *J Physiol* 573: 187-98.

80) Kabbara AA, Stephenson DG (1994) Effects of Mg^{2+} on Ca^{2+} handling by the sarcoplasmic reticulum in skinned skeletal and cardiac muscle fibres. *Pflügers Arch* 428: 331-9.

81) Laver DR, O'Neill ER, Lamb GD (2004) Luminal Ca^{2+}-regulated Mg^{2+} inhibition of skeletal RyRs reconstituted as isolated channels or coupled clusters. *J Gen Physiol* 124: 741-58.

82) Dutka TL, Lamb GD (2004) Effect of low cytoplasmic [ATP] on excitation-contraction coupling in fast-twitch muscle fibres of the rat. *J Physiol* 560: 451-68.

83) Dahlstedt AJ, Katz A, Wieringa B, Westerblad H (2000) Is creatine kinase responsible for fatigue? Studies of isolated skeletal muscle deficient in creatine kinase. *FASEB J* 14: 982-90.

84) Allen DG, Lamb GD, Westerblad H (2008) Impaired calcium release during fatigue. *J Appl Physiol* 104: 296-305.

第6章

中枢性疲労と
パフォーマンスの中枢性制御

6.1 はじめに

　第1章では，末梢性疲労と中枢性疲労という広く知られている2つの理論を紹介した（1.1節）。簡単にいえば末梢性疲労とは，疲労の原因が中枢神経系より外部で神経筋接合より遠位にある場所での過程によって起こる。中枢性疲労とは，中枢神経系内に疲労の原因があり，神経筋接合より近位（つまり脳，脊髄，運動ニューロン）の過程で，筋収縮力の低下が起こる。ここまでの本書第Ⅱ部では，運動疲労の原因として，より末梢性のものについて議論してきた（末梢性と中枢性の過程の相互作用を考えるのも大事だが）。これまで疲労研究では，中枢性と末梢性のどちらかに焦点を当てがちで，両方を取り扱うことはあまりなく，2つのメカニズムの組み合わせがどのような影響を及ぼすかについても研究が少なかった。このことは，疲労研究，特に中枢性疲労に関する研究が基本的に難しいことにもよっていると考えられる。

　運動疲労を説明するために，この10年間で数多くの仮説（主として末梢性疲労）が展開されてきたが，ここまでの章で取り上げたものも含めて，どの仮説も運動疲労を明確に矛盾なく説明できてはいない。おそらくこうした状況であることを受けて，運動パフォーマンスの中枢性制御の役割を検討する研究が，この20年ほどの間に復活してきている。こうした研究は，運動疲労に対する新たな視点を生み出し，運動疲労に対する新鮮な議論を起こしてきている。この章では，運動による中枢性疲労の原因を議論することから始め，その後で運動パフォーマンスの中枢性制御という関連テーマも取り上げることにする。

6.2 中枢性疲労

6.2.1 中枢性疲労の「原因」

中枢性疲労には，末梢性疲労のように明確なモデルがない。中枢神経系から運動ニューロンへのドライブが減少するのは，脳や脊髄からのインパルスが減少すること（下降），求心性神経を介した筋からのフィードバック（上昇）の減少によるか，あるいはこの両方による[1]。中枢性疲労の進行は，本書の第4章で，高体温と関連して述べた。しかし中枢性疲労がどのように進行するのかのメカニズムについては他にも説があり，以下の項目で議論する。

6.2.1.1 求心性神経からの感覚フィードバック

最大随意収縮または電気刺激による筋収縮を行うと，筋出力，収縮弛緩速度，運動ニューロン発火頻度の低下が同時に起こることから「感覚フィードバック仮説」が導かれた。これは神経発火頻度の減少が，III群とIV群の求心性神経のフィードバックを介した反射により起こるという説である。機械的刺激や，運動時に筋の内部や周辺で蓄積することがある水素イオン（H^+）やカリウムイオン（K^+）などの化学的刺激によって，これらの神経は興奮する（3.3.2項，5.3.1項）。運動中にIII群とIV群の求心性神経が興奮すると，中枢からの運動ドライブが抑制され筋刺激の程度が落ち，中枢性疲労の反応が現れることになる[2]。このようにH^+やK^+により求心性刺激が影響を受けることは，末梢の変化が中枢の反応に影響することを示す一例で，末梢性疲労と中枢性疲労に関連があることをはっきりと示している。III群とIV群の求心性神経の興奮は，活動筋での痛みや不快感を上昇させる可能性が示唆されていて，その結果運動中の努力感が上がり，運動パフォーマンスや運動耐容能が損なわれることが考えられる（3.3.1項，5.3.1項）。

興味深いことに，III群とIV群の求心性神経の興奮は，脳中枢にそのフィードバック信号運動が入力され，運動時の心臓血管系，呼吸系の出力を調整するように働くので，末梢性疲労の軽減にも関係する[3-5]。局所麻酔によってこれらの神経の働きを遮断すると，運動中の血液循環と換気がうまくいかなくなり，動脈低酸素血症（動脈血の酸素濃度が異常に低くなること）を引き起こし，代謝性アシドーシスが亢進する。

キーポイント

　Ⅲ群とⅣ群の求心性神経が機械的あるいは化学的に刺激されると，中枢神経系からの運動指令が抑制され，筋活動は低下し，中枢性疲労の反応が現れる可能性がある。

6.2.1.2　脳の神経伝達物質

　Newsholme ら[6] は，疲労の進行によって中枢の神経伝達が変化するという説を最初に打ち立て，中枢性疲労仮説と名づけた。彼らは，長時間運動中に主要なモノアミン（神経伝達物質でアミンを1個含むもの）の産生と代謝が変化し，それが運動における中枢の機能に影響を及ぼすことを示した。特に注目されたのは脳の神経伝達物質であるセロトニンである。セロトニンのシステムは，気分，睡眠，感情，食欲の調節に重要な働きをする[7]。単純にいえば，セロトニンの分泌が増すと，だるさ，疲労感が増す。セロトニンは血液脳関門を通過できないので，脳内で産生される。セロトニン産生の主要な前駆体として，必須アミノ酸のトリプトファンがある。トリプトファンの血液脳関門の通過がセロトニン産生の律速段階であるから[7]，脳内により多くのトリプトファンが運ばれれば，セロトニンがより多く産生されることになる。安静時には，血中トリプトファンの大部分（80～90％）はアルブミンと呼ばれるタンパク質と結合し，残りは血漿中に遊離した状態（遊離トリプトファン）で循環している。しかし，運動中には血中の遊離脂肪酸濃度が上昇する。遊離脂肪酸とトリプトファンは，アルブミンとの結合において競合するので，長時間運動中は（利用可能グリコーゲン量が減少することから，血中脂肪酸濃度が最も上がる条件となる），遊離トリプトファンが増えることになる。血中の遊離トリプトファンの割合と脳内のトリプトファン濃度には，強い正の相関関係がある[8]。このことから遊離トリプトファンの状態だと，血液脳関門を通過しやすいと推測できる。すでに述べたように，脳内のトリプトファン濃度が上がると脳でのセロトニンの産生が亢進する。以前からトリプトファンは疲労感，倦怠感，運動を続けようとする意欲の消失などを引き起こすと考えられていたが，それは運動によりトリプトファンの脳への取り込みが亢進するという考えによってきたといえる[6]。

トリプトファンは，他のアミノ酸であるロイシン，イソロイシン，バリンと同じ血液脳関門の輸送体によって輸送される。この3つのアミノ酸は分岐鎖アミノ酸（BCAA）と総称されていて，炭素原子をもった側鎖があるのが構造の特徴である。血液中のBCAA濃度が上昇すると脳内への輸送で競合するため，脳内へのトリプトファンの取り込みが減少する。長時間運動中には，血中BCAA濃度は変わらないか低下する[9]。同時に，運動による血中遊離トリプトファン濃度の増加と相まって，脳のトリプトファンの取り込みが増加し，セロトニン産生も亢進する。論理的に推測するとBCAAを摂取し，BCAAに対する遊離トリプトファンの割合を低下させれば，脳のトリプトファンの取り込み，セロトニン産生，そして中枢性疲労の進行を抑制することができると考えられる[7]。初期にフィールドで行われた研究は，確かにBCAAを利用することで，長時間運動中の身体的・精神的パフォーマンスが向上することを示したが[10]，続いて行われた多くの実験室研究はこれを支持していない[11-16]。つまり，BCAA摂取によって長時間運動のパフォーマンスが向上するという科学的証拠は限られており，向上するとしてもせいぜい場合によるという程度である[7]。ただしBCAAを摂取することで，長時間運動中の心理的パフォーマンスや認知が高まることを支持する研究もある。Wisnikら[7]は，トレッドミルで模倣したサッカーのプロトコル中の選択反応時間が，偽薬（プラセボ）より10%以内の向上をしたことを報告している。

　脳活動は複雑で，ある1つの神経伝達物質だけが中枢性疲労の原因となるのではないと考えられる。このことは，セロトニン系の動態のみを変化させた研究では，セロトニンと疲労の関係に否定的な結果が得られていることからも支持される[7]。ドーパミンとノルアドレナリンは，カテコラミン系の神経伝達物質で，セロトニン産生を抑制し，中枢運動神経路を直接活性化させる[1]ことで，長時間運動のパフォーマンスを向上させるといわれている[18-19]。ドーパミンは，覚醒，意欲，認知，運動制御を向上させるといわれてきた[20]。しかし，通常の環境温度で運動した時，ドーパミン前駆体（ドーパミン合成に必要な物質）や，再取り込み抑制物質（シナプスのターゲットからドーパミンの除去やシナプス前細胞への戻りを阻害する物質）を摂取しても，長時間の運動パフォーマンスは向上しなかった[21-23]。このことは通常の環境温度では，ドーパミンの影響が強くないからである可能性がある[24]。

　ドーパミンと同様に，ノルアドレナリンも覚醒，認知，脳の報酬中枢の制御に

関わっている。ドーパミンほど研究が進んではいないが，ノルアドレナリンの再取り込み抑制物質を使っても，持久系運動のパフォーマンス向上に大きな効果がみられなかった[25]。実際には，ノルアドレナリンの再取り込み抑制物質が，持久性運動のパフォーマンスをおよそ5〜10%低下させた。これはノルアドレナリン作動性ニューロンがセロトニン系を刺激する効果があることによる可能性が考えられる[26]。興味深いことに，ドーパミンの再取り込み抑制物質でノルアドレナリンの再取り込みも抑制するものを使用すると，暑熱環境下でのみ持久性運動パフォーマンスの向上がみられた[23]。ドーパミンやノルアドレナリンはどちらも体温調節に関わっているので，これらの濃度を上げると，暑熱環境下での運動のパフォーマンスが上がると考えられ，これは高体温にならないような“セーフリミット”を引き上げることによる可能性がある[27]。

　長時間運動による中枢性疲労に，神経伝達物質がどのように働くかについては，今も研究が進行中である。セロトニンとドーパミンは中枢性疲労に関係すると考えられるが，それぞれ単独では疲労にはっきりとした影響は与えないようにみえる[26]。ノルアドレナリンは温度環境によっては，運動パフォーマンスにマイナスに働く。暑熱環境での運動では，ドーパミンとノルアドレナリンが共同した働きの方が，セロトニンよりもパフォーマンスに大きく影響することが考えられる。神経伝達物質を操作しても，正常温度環境で運動する場合のパフォーマンスには変化がみられないようなので，中枢性疲労の原因は他に求めた方がよいと考えられる。

キーポイント

　疲労に神経伝達物質が関係するならば，セロトニンやドーパミン，ノルアドレナリンの組み合わせが鍵となるようである。それらの影響がもしあるならば，それは運動時間や環境温度にもよっていると考えられる。

6.2.1.3　脳内アンモニアの蓄積

　タンパク質やアミノ酸のような窒素化合物代謝の副産物として，アンモニアは自然に発生する。その過剰な蓄積は細胞・器官の機能を損ない，生命活動を脅かすので，アンモニア代謝は大変重要である。ヒトでは，肝臓の尿素回路でアンモ

ニアは尿素になり，尿で排出される。

アンモニアは，体内でいくつかの経路により産生される。安静時には，多くのアンモニアはアミノ酸であるグルタミンと尿素の分解という形で消化管で産生される[28]。また，アンモニアは脳，腎臓，筋でもできる。筋内では，プリンヌクレオチド回路におけるアデノシン一リン酸の脱アミノ反応（アミン基の除去）でアンモニアが産生される（**図 6.1**）。このことは高強度筋収縮中に，筋内のアンモニア産生が亢進することを示す。実際に，50～60％最大酸素摂取量（$\dot{V}O_2max$）より低い運動強度では，アンモニアはほとんど蓄積しないが，この強度を超えると急速にアンモニアが蓄積するようになる[29]。運動中には筋でのBCAAの酸化は，安静時の約4倍にまでなる。運動が続くと，貯蔵グリコーゲンの枯渇により，BCAAの酸化はさらに亢進する[30]。BCAAの酸化が亢進すれば，アンモニアの産生量も増加することになる。運動中に筋内でアンモニアが多く産生されてもその75～90％は，運動終了時まで筋内に留まり，運動後に徐々に流出し代謝される[31]。筋から急速に流出してしまうと，血中アンモニア濃度が健康に危険を及ぼすレベルまで上がってしまう可能性があるので，このことは有益である。

> **キーポイント**
>
> 運動中に，アデノシン一リン酸や分岐鎖アミノ酸（BCAA）が分解される各過程で，アンモニアは筋内で産生される。

低濃度のアンモニアは，ニューロンの代謝と神経伝達の基質となることで，脳機能によい影響を与えるが，高濃度になると，通常の細胞機能を阻害することで悪影響を与える[32]。その悪影響の例として，脳のミトコンドリアの機能不全や[33]，また脳の運動を制御する領域でアンモニアからグルタミン酸が生じることによる活動の抑制などがある[32]。疲労する高強度運動を行うと，肝疾患患者にみられるレベルにアンモニア濃度が上がることがみられる。しかし末梢にアンモニアが蓄積することは，激しい運動をしている時でも，疲労の進行にはあまり大きな影響を及ぼさないようである[34]。その結果として，運動疲労におけるアンモニアの働きは，研究の対象としてあまり注目されなくなっていた。しかし，中枢機能に対するアンモニア蓄積の影響を調べた研究からは，興味深いことがわかっている。強度が高かったり疲労困憊に至る運動では，末梢にアンモニアが蓄積し，

$$❶ \text{AMP} + \text{H}_2\text{O} + \text{H}^+ \xrightarrow{\text{AMPD}} \text{IMP} + \text{NH}_4^+$$

$$❷ \text{IMP} + \text{GTP} + アスパラギン酸 \xrightarrow{\text{AS}} アデニロコハク酸 + \text{GDP} + \text{P}_i$$

$$❸ アデニロコハク酸 \xrightarrow{\text{AL}} \text{AMP} + フマル酸$$

図 6.1　プリンヌクレオチド代謝を形成する 3 つの関連した反応。この反応系ではクレブス回路の中間代謝物であるフマル酸の合成を介して，クレブス回路の中間代謝産物の濃度を上昇させる方向に働く。AMP の脱アミノ反応によって，アンモニウム（NH_4^+，イオン化したアンモニア）ができることに気をつけたい（反応❶）。激しい運動中には，IMP が蓄積すると反応❷❸が抑制される。そうすると AMP の再アミノ化が阻害され，IMP とアンモニアの蓄積が促進される。AMP：アデノシン一リン酸，AMPD：AMP デアミナーゼ，IMP：イノシン一リン酸，GTP：グアノシン三リン酸，AS：アデニロコハク酸シンターゼ，GDP：グアノシン二リン酸，AL：アデニロコハク酸リアーゼ。

血液脳関門を越えて脳組織まで運ばれるアンモニアの量が増加する可能性がある。先述のように，いったん脳に入るとアンモニアは中枢機能に悪影響を及ぼす可能性がある。実際に長時間運動（2〜3 時間の自転車運動）[33]，あるいはもっと短時間で疲労困憊する運動（9〜16 分の手と脚の運動）[35]で，アンモニアが脳組織に多く取り込まれ蓄積することを示す研究がある。しかし，このようなアンモニア蓄積が細胞や神経伝達の機能不全を引き起こすほどの大きな影響を及ぼすかは，まだ明らかになっていない。

　アンモニアは，主に学習，記憶，運動に関わる脳領域に蓄積して影響を及ぼすようである[36]。運動強度に関係なく，短時間の運動では，アンモニアが蓄積して悪影響を及ぼすとは思われない[35]。疾病患者では，高アンモニア血症の発症から2〜3 時間で認知機能の不全が起こる可能性がある[37]。長時間運動中，解毒速度以上にアンモニアが血液脳関門を越えて取り込まれると，悪い結果を起こすレベルまで蓄積することが考えられる[33]。したがってアンモニアの蓄積は，長時間運動の疲労に何らかの影響を与える可能性があり，それは認知機能の悪化として現れると考えられる。しかし，この理論を直接実験し証明するための研究が，さらに必要である。

キーポイント

　アンモニアの蓄積が運動疲労に影響するならば，それはおそらく長時間運動における認知機能の悪化に限定されるのではないかと考えられる。

6.2.1.4 サイトカイン

　サイトカインは，筋など全身の多くの細胞でつくられる細胞間シグナル伝達タンパク質である。細胞同士の情報伝達に重要な役割を果たし，疾病に対する免疫系の反応に密接に関わっている。例えば，炎症性サイトカイン（組織全体の免疫反応に含まれている）は，一般的な一過性あるいは慢性の疾患に伴う疲労感，倦怠感，脱力感を亢進させると考えられている。

　このように疾患で疲労感を増大させるというサイトカインの働きから，運動中あるいは運動後の疲労感にサイトカイン産生が関わっているという説が生まれた[38]。炎症性サイトカインであるインターロイキン-6（IL-6）が筋で産生される量は，運動中と運動後には安静時の50倍ほどになることがある[38]。IL-6の産生は活動している作業筋内のエネルギー状態の不全によって引き起こされる可能性が考えられるので（**図 6.2**）[39]，IL-6は長時間運動でより多く産生されることが示唆される。またIL-6は運動による筋損傷に対する炎症反応により，運動後に産生されることも考えられる[40]。IL-6の産生と筋損傷に対する炎症反応が相まって，サイトカインのインターロイキン-1（IL-1）と腫瘍壊死因子（TNF）の産生が増加する。IL-1とIL-6は中枢神経系に対して睡眠を促進する作用があり，またこれらの3つのサイトカインには発熱作用がある[41-42]。そこでこれらのサイトカインが運動時の疲労感を生み出す可能性がある。IL-6の急性投与が疲労感の増大と運動パフォーマンスの低下を引き起こすという研究も，その裏づけとなる[42]。

　サイトカイン産生が中枢性疲労に関係することをさらに示唆する研究として，リューマチやガンのような強い炎症が起こる慢性疾患の患者を対象とした研究がある。このような疾患には疲労感，倦怠感，脱力感などが伴い，それが炎症性サイトカイン産生に関係していることが示されてきている[43]。さらにサイトカインの産生は，ドーパミンやセロトニンなどの脳内神経伝達物質の前駆物質であるアミノ酸の利用可能度や，神経伝達物質それ自体の機能を変化させるので，中枢の神経伝達にも影響する。しかし，これが単回の運動においても当てはまるのかは，まだ研究されていない。サイトカイン産生と筋機能の低下や少なくとも運動パフォーマンス低下には相関関係はあるが，サイトカイン産生と疲労に本当に因果関係があるのかは，まだはっきりとはわかっていない[44]。

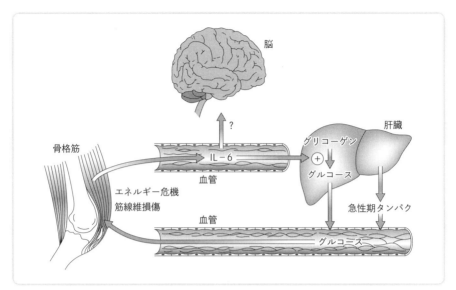

図 6.2 骨格筋のエネルギー危機状態。特にありうるグリコーゲンの枯渇で，筋内でのインターロイキン(IL)-6 の産生が増大する。IL-6 の増加は，肝臓の糖新生，脂肪分解，急性期タンパク質の産生を促進する。IL-6 は単独で，あるいは IL-1 と TNF（2 つとも IL-6 産生が一因となっても生じる）と一緒に中枢性疲労の進行に影響を及ぼす可能性が考えられる。Gleeson[39] より改変。

> **キーポイント**
>
> 　サイトカインは，小さな細胞間シグナル伝達タンパク質である。筋は運動中にサイトカインをつくるが，それが中枢神経系での疲労感形成に関係する可能性がある。

6.2.1.5　まとめ

　中枢性疲労の発生については様々な仮説が立てられている。どの仮説にも肯定的または否定的な研究の両方があり，これまでの章で取り上げた末梢性疲労の仮説と同様である。中枢性疲労の原因を確定することは大変難しいが，これはおそらく運動パフォーマンスの中枢性制御が複雑であること，この制御に影響する要素が多いこと，中枢性疲労に関係して，正確で信頼のおけるパラメータを測定できる実験モデルの確立が困難であることが関係している。

6.3 運動パフォーマンスの中枢性制御

運動やスポーツで起こる末梢性と中枢性の疲労について決定的な説明はできていない。そこで，研究者が疲労の「謎」を解くには，より視野を広げる必要があると考えられてきた。脳を運動パフォーマンスの中枢性制御器としてみなす興味深い視点が，この10年間で登場（正確に言えば復活）していて，それは脳を運動パフォーマンスにおける「マスターレギュレーター」とする考え方である。

6.3.1 運動制御における脳の役割の古典的説明

1920年代にHillらが最初に提案した運動パフォーマンスの呼吸循環／アネロビック／カタストロフィ理論を**図 6.3**に示した。本書で末梢性疲労の概念を紹介した箇所（1.2.1項）にも，この図が出てきたことを覚えているだろうか。ここでも同じ図を載せるのは，大事な理由があるからである。図の左上には「脳や心臓の『循環を抑える』支配者」という説明と一緒に脳が示されている。Hillは，脳あるいは心臓に，心臓のポンプ機能を低下させる「支配者」が存在し，それによって当時運動中の疲労の原因として考えられていた，心筋虚血によるダメージを防ぐことになると示唆した（1.2.1項）[45]。そこでこのHillらの疲労モデルは，完全に末梢性のものだと長らく考えられてきていたが，実際には中枢性の要素も含まれているし，そのことはHillらよりも前にMosso[46]が触れてもいる（第1章パート1）。

> **キーポイント**
>
> 1920年代にHillらによって提唱された末梢性カタストロフィ理論は，純粋に末梢性疲労のモデルであると考えられてきた。しかし，実際には心臓を虚血のダメージから守るための「中枢性制御」についても言及していた。

Noakes[47]が述べているように，Hillの末梢性運動疲労モデルの「支配者」の要素は，次の世代以降の教育では除かれている。それは，運動を最大強度で行っても，健常な心臓は虚血状態にならないことが研究によって明らかにされ，Hillらのモデルにおける「支配者」の役割が疑問視されたことが一因だろう。つまり

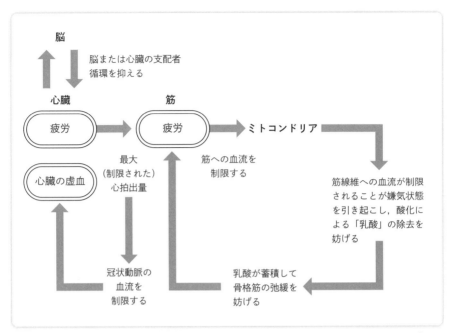

図 6.3 Hill らによって 1920 年代に新しく提案された運動パフォーマンスの呼吸循環／アネロビック／カタストロフィモデルの概要。Noakes[47] より。

Hill のモデルに対して心筋虚血がないことに疑問が投げかけられるのではなく，「支配者」の要素を無視あるいは忘れる形で，運動疲労の末梢性カタストロフィ理論は教育や研究において支配的になったのである（1.2.1 項）。

> **キーポイント**
>
> その後，Hill らの末梢性疲労モデルから「中枢性制御」の部分を省いて教えるようになったのは，おそらく健常者は非常に激しい運動中であっても心臓が虚血状態にならないとわかったからだろう。

6.3.2 運動制御における脳の役割の再導入

Ulmer[48] は，求心性の感覚フィードバックを通して，筋の代謝活動やパフォーマンスが制御されているという，中枢プログラマーや支配者の考え方を再導入し

た。Ulmer[48] によれば，過去の運動やトレーニングの経験，現在行っている運動の知識を利用して，運動の終了時点を考慮に入れ，生理機能に破綻を起こすことなく運動開始から無事に運動が終了するよう，中枢のプログラマーが代謝需要を調整しているという。このように，脳によって「適切な」代謝需要が維持されることを teleoanticipation（終点予想）という。

　続く論文によって，中枢性制御の理論はさらに発展し[49-53]，Tucker ら[54] によって運動制御の「予測性フィードバックモデル」が提唱された。そのモデルを**図6.4** にまとめ，また**表 6.1** でモデルの各部を詳細に説明したので，これらの図表を対応づけながらみてほしい。簡潔にいえば，自分のペースで行う運動の制御は，過去の運動の経験，現在行っている運動の予想される距離や時間，例えば筋グリコーゲンのレベルや皮膚温や深部体温といった生理学的機能に関する，末梢からのフィードバックなどの情報を利用して，運動の最初から行われているということである。脳はこれらの情報を統合して，運動終了までホメオスタシスが大きく破綻しない最適な運動強度を「予測」することができる。こうした予測は，主観的運動強度（RPE）の「テンプレート」となり，その RPE は運動開始から徐々に上昇し，予想される運動終了時に最大になる。運動の間，脳によって物理的・機械的・生化学的変数は常に監視され，こうした求心性フィードバックによって RPE が認識され，「テンプレート」の RPE と常に比較される。もし実際の RPE がテンプレートの RPE から離れすぎている（低すぎても高すぎても）なら，運動強度が調整される。この調節は，脳がこれなら最後まで運動を継続できると判断する許容範囲に RPE が戻るまで，継続される。よってこの予測性フィードバックモデルでは，疲労は身体的な状態というより，むしろ無意識下の制御過程を判読して意識される感覚という位置づけである[52,55]。また生理学的な求心性フィードバックではなく RPE が，運動時間や強度が限界を超えないようにする主要な働きをしていることも示唆していて，RPE が選手が運動を中止したり，最後まで身体に大きなダメージを与えずに運動を継続できるようになるように意欲を制御することによる。つまり，このモデルによると脳が自分（の行動）から自分自身（の身体）を守っている。

　ここで**図 6.4** と**表 6.1** で説明した予測性フィードバックモデルは，自分で運動強度を意識的に変えられる自己ペース運動に限られたモデルである，ということは大事である。決められた強度を維持して疲労困憊するまで行うような運動で

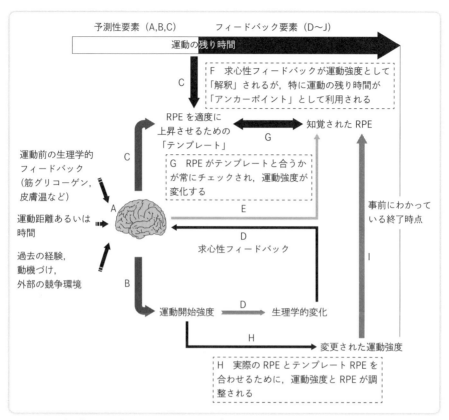

図 6.4　運動制御の予測性フィードバックモデル。様々な求心性情報によって，脳に主観的運動強度のテンプレートが形成され，ある運動に対する適切なパフォーマンスとなるように運動強度が調節され，またホメオスタシスが破綻するのを防ぐ。運動開始から実際の運動強度がテンプレートから大きく離れないように運動を調整する。生理学的変化の求心性情報や運動の残り時間がどのくらいかによって，制御を持続することが可能となる。Tucker[54]より改変。

は（例えば75％最大酸素摂取量［$\dot{V}O_2max$］の強度で，トレッドミルの上を可能な限り長く走り続けるような），先に説明したように運動開始時に脳によってRPE はセットされるが，その上昇は求心性フィードバックと運動の持続時間に影響を受ける。しかし，予測した運動時間や距離をRPE の調整に用いることはできない。なぜなら運動時間や距離がわからないからである。また，選手はRPE の変化をもとに運動強度を調整することもできない。その結果，疲労困憊までの時間は，許容できる限界にRPE が達するまでの上昇速度によって決めら

表 6.1 運動制御の予測性フィードバックモデルにおける各フェーズのまとめ。図 6.4 を参照しながら読むと理解しやすい。

フェーズ	説明
A	生理学的変数の求心性情報，予定された運動時間，過去の経験，そして動機づけの高さなどをもとに，脳はこれから行おうとしている運動の最適な強度（とRPE）を予測する。
B	A で得られた情報をもとに，選手は最適な運動強度を開始時に選択する。
C	RPE の適度な上昇率のテンプレートが形成される。知覚される（実際の）RPE は，「理想の」RPE と運動中に継続的に比較される。
D	運動中に起こった生理学的変数の変化は，常に脳にフィードバックされる。
E	これらの信号は脳で処理され，求心性の生理学的信号の内容に応じて，知覚されるRPE が生成・調整される。
F	残りの運動時間が求心性の生理学的データと比較され，知覚される RPE に影響を及ぼす。
G	知覚される RPE は，予測された理想的な RPE の上昇率と常に比較され，A と B でつくられた脳内の当初の計画をもとに，現在の知覚される RPE が許容範囲内かどうかを決める。
H	必要に応じて運動強度を調整し，知覚される RPE とテンプレートの RPE が，ほぼ一致するようにする。
I	運動の終了時まで維持できると，脳が認知する許容レベルに戻るまで，運動強度は常に調整される。

Tucker ら[54] をもとに作成

れる[54]。RPE の上昇速度が小さければ疲労困憊までの時間が長くなり，逆に上昇が大きければ疲労困憊までの時間が短くなる。

キーポイント

運動パフォーマンスの中枢性支配という考え方は1990年に再導入された。その後の研究により，運動パフォーマンスの予測性制御モデルに発展していった。

キーポイント

予測性制御モデルによると，脳は過去の経験や運動の予想持続時間や距離，運動前の身体の状態などに基づいて，適切な運動強度を「予測」する。運動

中には，求心性のフィードバック情報と残りの運動時間や距離によって，主観的な努力感（RPE）が形成され，テンプレート RPE と比較される。そして，運動強度は，できるだけ両者が一致した状態が保たれるように調整される。

6.4 運動パフォーマンスの予測性制御モデルの裏づけ

6.4.1 経験的事例による裏づけ

経験的事例による裏づけ（特に予測性制御モデルのような複雑なものに対して）は，支持としてはもちろん最も弱い部類のものだろう。しかし触れておく価値はあると思われる。運動の種類，時間，強度に関係なく，身体に深刻なダメージが起こる前に，運動は大抵の場合自発的に終了する（健康に問題を抱えている場合の，運動による身体のダメージはここでは考えない）。意欲が高く「限界まで」追い込もうとしても，やはり身体に損傷が起こらないことは興味深い。Hill らが提案したように，疲労困憊が末梢のカタストロフィによるならば，運動を終了する時にはすべての運動単位が最大限に動員され，心臓への負担が大きすぎて心不全に近くなるのであるから，きつい運動や最大の運動では健康への悪影響が出る可能性が大きいと考えるのが自然である。

キーポイント

運動の種類，時間，強度に関係なく，また最大まで頑張ろうとする強い意欲にも関係なく，運動は必ずといってよいほど自発的に身体に大きなダメージが起きずに終了する。もしも末梢性疲労のカタストロフィモデルで予想される疲労により運動が終了するなら，身体のダメージや健康上の問題が起こる確率はもっと高くなるだろう。

6.4.2 ラストスパート現象

第1章末の「考えてみよう」のケースを振り返ってみよう。そこでは10000メー

トル走で26分17秒という当時の世界記録を打ち立てた偉大なエチオピアのランナー，ケネニサ・ベケレを取り上げた。ベケレは9kmまで1kmあたり平均2分38秒のペースで走り，さらに最後の1kmは6秒ペースアップして2分32秒で走った。これはもちろん，ベケレがペース配分を失敗し，9kmまで楽をしすぎたのに急に気づき，最後にペースを上げなければならなかったのだ，ともいえるかもしれないが，世界記録を打ち立てたこの時に，楽をしすぎたとは考えにくいことである。これはベケレによるラストスパート現象と考えるのが妥当であり，持久的運動では非常によくみられる現象である。この現象は運動の終了時に運動強度が大きく上昇することで，選手がそこまでにどれほど追い込んできていたかは関係ない。そこで生じる重要な疑問は，①何が原因で，もっと正確にいえば何がラストスパート現象を可能にさせるのか，②この現象が，本書でこれまで取り上げてきたような運動疲労の理論に合うのか，ということである。

> **キーポイント**
>
> ラストスパート現象とは，レース終了近くに運動強度が大きく上昇することであり，これはそこまでにアスリートがどれほど追い込んでいたかは関係ない。

予測性制御モデルによると，運動強度は求心性フィードバックを通して常に脳によって監視されていて，この監視によって運動パフォーマンスが最大になるように，RPEの上昇度を最適に調整している。論理的にいえば，このモデルでは運動終了時点を知っていること（運動開始時点での予定時間と運動中の残り時間の両方）が，運動を持続していくための適切な強度を脳が計算するのに欠かすことのできない要素となる（**図6.4**と**表6.1A**）。しかし，正確な終了時点や，終了までに求められる努力度は，不確実であることが多い（特に長時間運動時）。これは特に競技でよく当てはまり，最終的な運動時間（すなわち運動終了点）や競技中に求められる運動強度は，競走相手の戦術やペースからも影響を受けることになる。こうした要因は選手のペースにいつでも影響を与え，運動前に予想していなかったペース変更が必要となることがありうる。脳による予測性制御として提唱されているこの制御の目的は，ホメオスタシスが破綻するような変化が起こることを防ぐことであり[54]，状況の不確実さに備えて運動中を通して運動単位

と代謝に「リザーブ」（reserve）を維持させることが考えられる[54]。単純にいえば，選手は運動の残り時間で何が起こるかわからないので，（無意識に）控えることで，大きな負荷がかかるチャレンジに対応可能にしておくとともに，ホメオスタシスが大きく破綻せずに運動が完了できるようにしている。運動終了が近づくにつれて，こうした不確実さは減っていくので，アスリートは「リザーブ」を必要としなくなり，代謝を大きく亢進させスピードやパワーを発揮することを「許可」するようになる[54]。これがラストスパートである。

キーポイント

運動の終了時点が不確実であることから，無意識に運動単位や代謝の「リザーブ」が維持されることで，身体に大きな負荷がかかるチャレンジが必要な際に対応することが可能になり，ホメオスタシスに大きな破綻を起こすことなく運動を遂行することができる。運動終了が近づくにつれて不確実さは減っていき，「リザーブ」が必要でなくなり，選手はより大きなスピードやパワーを発揮することを「許可」する。

　ラストスパート現象は，単なる経験的事例ではない。Schabort ら[56]は被験者に 100km の自転車タイムトライアルを行わせ，その中に一定間隔で 1km と 4km の全力スプリントを 4 回ずつ組み込んだ。1km と 4km の全力スプリントにおける発揮パワーは試行を重ねるにつれて低下していった。しかし，100km タイムトライアルの最後の 5km の方が最初の 5km よりも発揮パワーは上がっていた。言い換えると，最初の 0〜5km より最後の 95〜100km の方が強くペダルを漕いでいた。同様に，Kay ら[53]は高温多湿の環境の中，自己ペースでの 60 分の自転車タイムトライアルを設定した。その中には 6 回の 1km スプリントが組み込まれている。Kay らはスプリント時の平均発揮パワー（1 回目のスプリント時の出力の大きさに対する％）と大腿四頭筋の筋電図（1.3.2 項で解説）を測定し，スプリントの回数を 2〜5 回と重ねるごとにそれらの数値が落ちていったと報告した。しかし，最後に行った 6 回目のスプリントでは，1 回目の測定値と比べて，パワーは 94％，筋電図は 90％まで回復していた。これらの知見から，運動の初期から意識して全力を出そうとしても，神経筋活動は低下していくことがわかる[58]。筋電図データは，まだ筋にはリザーブがあるにもかかわらず，中枢神経に

よる動員筋量が減っていることを示していて，おそらくこれは運動中に大きな代謝の破綻が起こらないようにするためであろう[53]。この代謝的・神経筋的なリザーブがあることはSt Clair Gibsonら[58]が強調していて，彼らによると100kmタイムトライアルにおける筋出力が運動のごく初期から，利用できる筋のうち20%ほどしか動員されていないのに低下するという結果が得られている。

> **キーポイント**
>
> 　長時間運動の初期段階から，発揮パワーと筋電図は低下していくが，その後に最初と同じくらいの水準に上昇するということが研究によって示された。これは，代謝的・神経筋的リザーブが運動中に維持され，選手は最後が近づくにつれて，ようやくそれに手をつけることができるという推測を支持している。

　またラストスパート現象は，長時間運動だけでみられるわけでもなさそうである。MarcoraとStaiano[59]は，まず被験者の5秒間自転車スプリントのピークパワーを測定した。別の日に，最大エアロビックピークパワーの80%にあたる一定負荷を維持できなくなるまで（つまり疲労するまで）自転車を漕ぐ測定も行った後に，被験者はすぐに5秒間自転車スプリントを行った。この時疲労困憊運動の後でピークパワーは下がっているが，それでもほんの数秒前には維持できなくなっていた80%エアロビックピークパワーの値よりも，平均で3倍以上大きい値が出ていた。このことから，生理学的に考えれば，被験者はもう少し長い時間80%エアロビックピークパワーで漕ぐことができたに違いないと思われる。ではなぜやめてしまったのだろうか？　MarcoraとStaiano[59]は短い時間だとわかっている（5秒間）ピークパワーテストならば，疲労困憊まで漕ぎ続ける最大下の自転車運動（運動時間がわからない）に比べて，被験者により大きな力発揮をさせる動機づけになったのではないか，と考えている。また彼らは疲労（少なくともこの研究で用いたタイプの運動では）は，筋が力を発揮できなくなる（つまり「筋疲労」）ことで起こるのではないとも述べている。この知見もまた，予測性フィードバックモデルにある程度合致していて，もしも運動時間がわからない場合は，脳は身体の生理学的状況を残り時間と正確に一致させることができないので，MarcoraとStaiano[59]が観察したように，生理機能や神経筋に大きなリザー

ブが残っているのに運動は中止される可能性があると考えられる。運動時間が30秒以内とわかっている場合にのみ，本当のピークパワーが発揮されるという報告[60]も，それを支持している。

キーポイント

　ラストスパート現象は，長時間運動だけでみられるわけではない。自発的に「疲労」した自転車運動の直後でも，非常に大きなパワーを発揮できることが示されている。

　ラストスパート現象では，作業筋の筋電図が増加するという特徴がある[57]。このことは，ラストスパート現象が中枢性起源である（つまり中枢神経系によってドライブされる）ことを示している。なぜなら筋電図は運動神経から筋に到達する電気的信号を計測しているからである。ラストスパートができるという事実から，疲労の末梢性カタストロフィモデルには，少なくとも2つの問題点があることが明らかである。まず疲労が直線的に進むとする末梢性カタストロフィ理論によると，すべての運動単位が動員され，筋線維がすべて活動して，筋出力が限界に達した時が，疲労しているということになる。しかしながら，運動中に全力を出すように求められた時ですら，すべての運動単位が同時に動員されていることはない（実際にはそれにほど遠い状態である）[58]。次に末梢性疲労モデルでは，カタストロフィを起こすことが疲労となるということは，筋内のエネルギー基質の枯渇や代謝産物の蓄積などの要因により，筋出力が完全に不可能になることだとしている。もしそうならば，選手は一番「疲労」している時に，エネルギー枯渇や代謝産物の蓄積があるので，運動の終了時点に向けて，筋出力を上げることはできないことになる[3]。単純にいえば，末梢性疲労モデルでは，運動のラストスパートはありえないのである[3]。実際に今ある疲労の定義（**表1.1**）は，必要な運動強度を保てなくなることで疲労を定義しているものが多い。しかし，疲労が最大になっているに違いない時点でラストスパートがみられるということから，これらの定義にしたがって疲労が起こっているとは考えにくい。**図6.5**には，末梢性カタストロフィ理論と予測性制御モデルにしたがった運動制御を対比して示した。

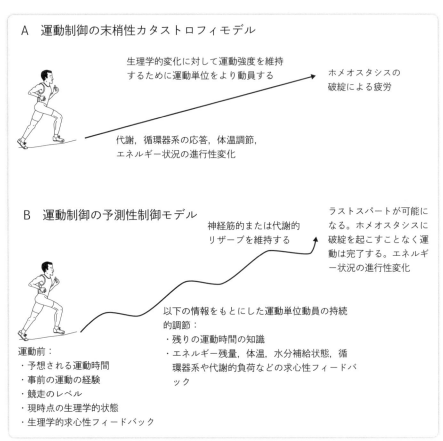

A　運動制御の末梢性カタストロフィモデル

生理学的変化に対して運動強度を維持するために運動単位をより動員する

ホメオスタシスの破綻による疲労

代謝，循環器系の応答，体温調節，エネルギー状況の進行性変化

B　運動制御の予測性制御モデル

神経筋的または代謝的リザーブを維持する

ラストスパートが可能になる。ホメオスタシスに破綻を起こすことなく運動は完了する。エネルギー状況の進行性変化

以下の情報をもとにした運動単位動員の持続的調節：
・残りの運動時間の知識
・エネルギー残量，体温，水分補給状態，循環器系や代謝的負荷などの求心性フィードバック

運動前：
・予想される運動時間
・事前の運動の経験
・競走のレベル
・現時点の生理学的状態
・生理学的求心性フィードバック

図 6.5　2つの運動制御理論のまとめ。A：末梢性カタストロフィモデル，B：予測性制御モデル。末梢性カタストロフィモデルでは，循環器系，代謝系，体温調節系など種々のパラメータが直線的に進行して，選手が運動強度を維持する能力を徐々に厳しくさせていく。こうした変化に対応して，運動強度を維持するために，運動単位がさらに動員され，そしてすべての運動単位が動員されると，ホメオスタシスの破綻によって疲労が起こる。
　　これに対して，予測性制御モデルは，運動時間についての知識や経験，求心性の生理学的フィードバックなどに基づいて，運動開始前に初期運動強度が設定される。運動中は継続的な求心性フィードバックと残りの運動時間によって運動単位の動員と運動強度の調整が続けられ，それにより選手は，神経筋的または代謝的リザーブができ，これを運動の最終段階で利用できることになる。このリザーブを利用することでラストスパートが可能になり，またホメオスタシスが破綻することなく運動を完了することができる。

ラストスパート現象から，疲労の末梢性カタストロフィモデルの疑問点として少なくとも以下の2つが出てくる。(1)疲労時にすべての運動単位が動員されているわけではない。(2)疲労時に基質が枯渇したり，代謝産物が蓄積しているならば，運動強度をさらに上げることができない状態になるだろう。単純にいえば，末梢性疲労モデルでは，ラストスパートは不可能である。

6.4.3 ペース戦略

ペース戦略という考え方は，運動だけに限らない。課題を実行するために何らかの努力を必要とするすべての状況に当てはまる[61]。運動やスポーツに関していえば，「運動全体にわたる，ゴールに向けた努力の配分と調整」とペース配分は定義されるだろう[61]。本書でこれまでに述べたように，健康な人が運動した時には生理学的状態が破綻することはみられないし[58]，またどんな状況でも1つの生理学的変数だけでパフォーマンスと疲労の進行の度合いを正確に予測することはできない[42,62]。そこで，スポーツや運動におけるペース戦略の概念を，純粋に生理学的な見地だけで，検討はできない[61]。ペース戦略がどうできてまた実際にどのように実行されるかについては，中枢の役割も考慮されるべきである。

図6.6にスポーツや運動でよく用いられる5つのペース戦略を示した。自己ペースのような運動を行う時にペース戦略があることは，運動パフォーマンスの予測性制御モデルを考える上で重要である。慣れていない運動や，どんな負担がかかるかわからない運動はうまく行うことができない[63]。また例えば高温多湿の環境（パフォーマンスを損なう可能性がある）になったりすると，自発的に運動強度を下げることがよくみられるが，これは実際にそうした生理学的な要求が生じるより前に行われる（つまり明らかに熱が体内に蓄積されるより前に）[64-65]。実際に末梢に疲労の「原因」ができる前の状態である運動開始後の数分間で，運動強度の変化が起きている[66]。こうした知見から，自己ペースの運動時における強度の調節（つまりペース）は，生理学的システムへのストレスや破綻の結果というよりも，予測によって行われていることが示唆される[61,67]。

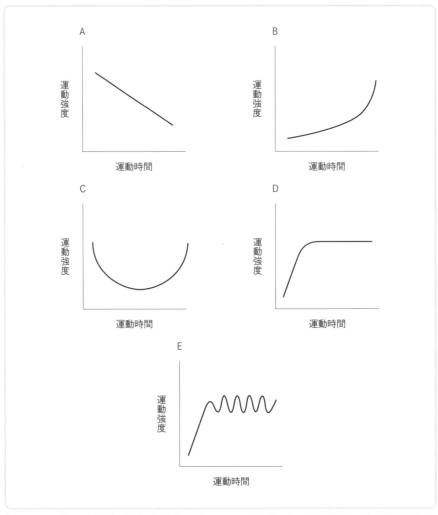

図 6.6 スポーツや運動でよく用いられる 5 つのペース戦略。A：積極型戦略，B：消極型戦略，C：放物線型戦略，D：一定ペース型戦略，E：変化型戦略。

> **キーポイント**
>
> 　厳しい環境や状況での運動では，実際にそうするべき状態になるより前に，意識的に運動強度を下げていることが示されていて，このことはペース調節が予測的に行われていることを示している。

6.3.2 項，**図 6.4** や**表 6.1** で議論したように，その運動がどんなものか事前に選手が知っていること，経験もあることは，脳が最初の運動強度を適切に設定するために重要である。運動のペース戦略に関する研究によると，ペース設定能力はトレーニングと経験によって向上することが明らかになっている[68-69]。EdwardsとPolman[61] は，ペース戦略が身体的ダメージがなく運動を無事終えるためのものならば，これまでの経験が，運動負荷についての正確な知識とともに重要だといっている（運動負荷について知っていることの重要性は 6.4.4 項で述べる）。

キーポイント

　事前の経験があると，ペース調整能力が効果的に高まる。このことは運動パフォーマンスの予測性制御モデルの 1 つの面での検証になる。

前の段落で，スポーツや運動においてペース戦略があり，このことが予測性フィードバックモデルを支持する可能性があることを示した。また一方で，ペース戦略は末梢性カタストロフィモデルを否定する。例えば暑熱環境での運動では，選手は始めからペース調整を行い[70-71]，通常の温度環境での同じ運動よりも，強度を低くして運動を始めることが考えられる。体温調節システムは完全に機能しているにもかかわらずである[70]。もしこの運動時の現象を末梢性カタストロフィモデルの運動制御によって説明するならば，生理学的システム（この場合は体温調節）の破綻が起きることで，疲労は徐々に進行し，体温調節が破綻して疲労困憊することになる。しかし選手が自分でパフォーマンスを調整できる時には，このようにはならない（もちろん過酷な環境下での運動では高体温で疲労困憊になる場合もあるが，末梢性疲労モデルでは暑熱下で運動をする人はすべて高体温になってしまうことになり，明らかにこれは事実ではない）。その一方で，自分のペースで運動ができる場合に，ペース戦略は，環境，運動の負荷や目標，求心性の生理学的フィードバックによっている。このことは，予測性制御モデルに一致している[61]。

キーポイント

　疲労が直線的に進行するとする末梢性カタストロフィモデルによれば，生理学的システムが低下していき，そして限界に達し疲労困憊になるまでに，

徐々に容赦なくペースが落ちていくはずである。しかし，自分のペースで運動できる時には，そのような状態になることは滅多にない。

　もし選手のペース戦略が，末梢性カタストロフィモデルが示すように代謝産物の蓄積や貯蔵エネルギーの枯渇によって決められるなら，選手は維持できないペースで運動を開始し，末梢性要因の悪影響によって徐々にペースが低下していくことになる[47]。言い換えれば，末梢性カタストロフィモデルによると，スポーツや運動にみられるペース戦略とは，**図 6.6A** に示された積極型戦略のみで考えられ，**図 6.6** にある他の戦略の存在は許されないことになってしまう。しかし，それ以外の戦略も実際によく行われていることを示す証拠はたくさんある。

キーポイント

　疲労が直線的に進行するとする末梢性カタストロフィモデルでは，運動やスポーツの文献ではっきり示されてきている様々なペース戦略の説明がつかない。

6.4.4　偽情報を与える研究

　運動時間をあらかじめ知っていることが，運動パフォーマンスを制御するために重要なことを明らかにするには，偽情報を利用した研究がおそらく最も役に立つだろう。こうした研究でよくあるパターンは，まず被験者が事前に一定時間の運動をすることを指示され，ところがその運動終了時にさらに運動を続けるように要求される。Baden らの研究[72] は，こうした研究モデルの好例である。被験者は最大速度の 75% でトレッドミル上を走るように指示された。1 回目は 20 分続けるようにいわれ，実際に 20 分走った。2 回目は 10 分続けるようにいわれ，しかし 10 分たった時点でもう 10 分運動するようにいわれた。3 回目は，時間の指示はなく，ただ走るようにいわれた（実際には 20 分の運動を行った）。ここで大事なことは，3 つの条件がすべて同じ速度で，同じ 20 分という時間の運動を続けたということである。しかし，最初 10 分だけ運動するように伝えられ，その後さらに運動を続けた条件では 10～11 分の間に大きく RPE が上昇していた。

また同時に，被験者の感情得点（運動をどれほど楽しく行っているかを示す尺度）が大きく低下した。このように努力感と楽しさが，走る速度や運動の生理学的反応に違いはないのに変化した。想定していたよりも長く運動するよう指示された場合にRPEが上昇することは，他の研究でもよく似た手法を用いて報告されている[73]。Estonらの研究では[73]，運動終了前の最後の数分で感情得点が上昇している。おそらく運動がもうすぐ終わると，被験者が思っていたからだろう。この結果は，6.4.2項で取り上げたラストスパート現象とも近く，運動終了に対する好ましい感情の高まりが，ラストスパートを「可能にする」可能性がある。また驚くことではないが，Estonらの研究では，最初に運動時間を知らされていない条件の場合には，感情得点は増加せず，実際には実験中に感情得点は下がり続けた。そこで運動時間を知っていることは，適切に運動を制御するのに非常に重要であり，これは予測性フィードバックモデル（**図6.4**）が示唆している通りである。また偽情報を与えられていたことが明らかにされた時にRPEが上昇するのも，このモデル（**図6.4**および**表6.1**）が示すフィードフォワード／フィードバックメカニズム（RPEが非常に重要な役割を果たす）の混乱を反映しているのだろう。

キーポイント

運動を予想より長い時間続けるようにいわれた時にはRPEが上昇し，感情得点が低下することがある。運動強度や生理学的反応には違いがみられないのに，このような変化がみられる。

とても面白い点として，Estonら[73]の報告によると，被験者に最初に予定していた時間よりも延長して運動することを頼まれると，ランニングではRPEの上昇がみられたのに自転車運動ではそれはみられなかったという。このことは運動の認知制御には，運動様式が影響することを示唆している。自転車運動ではRPEの上昇がみられなかったのは，ランニングの条件よりも相対的に運動強度が低かったからだと，Estonら[73]は考えている（座ってする自転車運動を10分延長するのは，ランニングでさらに運動を10分延長するのに比べて大変ではない）。またあるいはRPEの聞き取りの仕方にも関連しているかもしれない。Estonらは，被験者には，全身についてのRPEを評価してもらった。しかし通

常自転車運動では，脚筋からの知覚信号は全身での運動努力感よりも大きい[74]。そこで自転車の運動時間を偽ることで生じる脚のRPEの変化を検出するのに，全身のRPEで検出しようとするのは感度が足りないのかもしれない[73]。

　このように運動時間についての偽情報が伝えられた場合にはRPEが上昇する一方で，距離を知らされていない条件では，知らされている条件に比べて，運動強度は同じなのに，RPEと生理学的反応（$\dot{V}O_2$とHR）が低くなることも報告されている[72-73]。これは，運動時間がわからないので無意識に運動効率を高め，エネルギーを節約しようとしていると考えられる。このことは，やはり運動の終了時点を知っていることが，運動に対する知覚的および生理学的反応に大きな影響を及ぼすことが明らかになった[75]。運動時間がわかっている時は，RPEの反応が安定していることからもこのことは証明される。これは被験者にその時点で運動した距離や残り時間について全く知らされていない場合でさえ，そうであった[76]。

> **キーポイント**
>
> 　運動時間を知っている場合と比べて知らない状況で運動すると，同じ強度なのにRPEも生理学的反応（酸素摂取量や心拍数）も低くなることがある。これは運動時間がわからない状況に対応し，無意識下で運動効率を上げて，エネルギーを節約することを示していると思われる。

　繰り返しスプリント運動で偽情報の影響を調べた研究もある。Billautら[77]は，10回×6秒の自転車スプリントを24秒の休憩を挟んで行わせた。別の日には，まず5回×6秒の自転車スプリントを行うように指示し，5回終わった直後に，さらに5回のスプリントを行うように指示した。3度目には，回数は教えないまま，6秒間スプリントを繰り返し行うように指示した（結果として10回行った）。興味深いことに，3つの試行間でRPEは変わらないのに，5回行うという偽情報を伝えた最初の5回試行で最も仕事量が大きくなった。また，回数を教えない試行では，仕事量が他の2条件より有意に低くなった。このことから被験者は各回のスプリントで全力を出すように求められているにもかかわらず，「貯めていた」のである。これらから，短時間の繰り返しスプリント形式の運動でもペース配分が行われていること，またそのペース配分はスプリントの予測本数に関係してい

ることがわかる。

キーポイント

　短時間の繰り返しスプリント運動でも，運動時間を予測したペース配分が行われる。このような運動様式でのペース配分には，スプリントの予測本数が関係していると考えられる。

　偽情報を与える研究から，運動時間がわからない時に，生理学的なリザーブを「保っている」ということが，さらに支持される結果が得られた[73]。また，これらから運動パフォーマンスの制御において中枢神経系が重要な役割を果たしていることも示唆される[73]。これはおそらくホメオスタシスを維持し，緊急用にエネルギーや身体能力の「リザーブ」を確実に残しておくためだろう[73, 78]。

6.4.4.1　主観的運動強度（RPE）の上昇度とパフォーマンスの関係

　一定強度で疲労困憊するまで運動を続けた場合，その強度や環境に関係なく，RPE が時間とともに直線的に上昇し[55]，疲労困憊までの時間は，RPE の上昇速度に反比例する[55, 79]。このことは疲労するまでの時間は基本的に運動の開始からすぐに「予測」できるということである[55]。Crewe ら[55] は脳が無意識下で運動時間を予測し（おそらく**図 6.4** と**表 6.1** で示されたフィードバックを通して），運動初期の RPE とその増加率を設定していることを示唆している。運動強度や環境温度が高い条件の自転車運動ほど，運動開始時から RPE の増加率は高く設定されることから，これは明らかである。このことは脳は運動強度の増加や環境温度の上昇を感知することができ，素早くこれらの変数を適切な運動制御の予測に組み込むことができることが考えられる。

キーポイント

　一定強度で疲労困憊するまで運動を続けた場合，その強度や環境条件に関係なく，RPE は時間とともに直線的に上昇し，疲労困憊までの時間は RPE の上昇度に反比例する。したがって RPE の上昇度によって運動の持続時間を予測することができる。

Tucker ら[80]は，被験者に事前に決めておいた RPE を一定に保つように自転車運動を行わせた。被験者はこの決められた RPE を維持するために，運動強度を自由に変えることができる。こうした方法により，RPE や運動パフォーマンスに生理学的変化が及ぼす影響を調べることができる。実験は 3 つの環境温度（15 度，25 度，35 度）で自転車運動を行った。その結果，暑熱環境（35 度）では，他の 2 条件に比べて，開始後ほんの数分から自転車を漕ぐパワーは早くも下がり始めていた。言い方を変えれば，事前に決められた RPE を守るために運動強度を下げなければいけなかったということである。重要なのは，この運動強度の低下（つまりペース戦略の変化）は，実際には他の 2 つの試行と比べて，深部体温や心拍数がまだ上昇してはいない段階で起こっているということである。運動強度を下げたことで，身体の蓄熱を遅らせることができ，開始 20 分後で体内蓄熱状況は 3 条件の間で同じだったし，残りの運動時間でも同様だった（疲労困憊までの運動時間は環境温度により 35〜50 分だったが）。Tucker ら[80]は，暑熱環境下での運動強度は，開始後数分間の蓄熱の速さに関係した求心性フィードバックによって制御され，その後の残り時間でもこの情報により，運動強度と蓄熱の程度が制御されると結論づけた。このように暑熱環境下では運動開始数分間で運動強度の変化がみられるが，その時に身体の蓄熱の程度には環境温度条件で違いがみられず，深部体温が致命的に高くなることは運動中みられなかった。ということは，運動強度の変更が RPE を通して予測的に起きていて，その結果としてホメオスタシスの破綻（この場合は深部体温の過剰な上昇）を防ぐということであると考えられる。

　運動中の RPE の変化と運動時間に関係があることを示した研究から，RPE が運動パフォーマンスの重要な調節因子であることが示唆され，予測性制御モデルに新たな光が当てられることになった。また，実際に生理学的な変化が起こるより前に，環境温度や運動強度の変化に応じて運動開始直後から RPE を修正することが可能であること，またこの RPE の変化が運動強度を変えるということから，RPE が運動の「予測性」制御において何らかの役割を果たしているという考え方が支持される。またこのことから，RPE は運動中の生理学的状態を直接的に示しているのではなく，運動パフォーマンスの予測的な感覚制御因子である可能性が考えられる。言い換えると，RPE は生理学的変化の結果として変化するのではなく，運動中に起こるであろう生理学的変化を予測して変化する可能性

がある。この考え方からは，疲労とは何かを改めて考えることが必要となる。疲労というのは身体的な過程というより情動の産物であり，この情動とはこれからやろうとしている運動の性質に対する予測によっていると考えられると，Badenら[72]は述べている。

キーポイント

　生理学的変化の結果として RPE が変化するのではなく，生理学的変化を予測して RPE は変化するようである。つまり運動の予測性制御に RPE が重要な役割を果たすということである。このことから疲労は実際の身体的過程というより，情動ということを示唆しているとも考えられる。

6.4.5 他の研究分野からの裏づけ

　本書で紹介してきたような，運動疲労の研究に幅広く目を向けると，予測性フィードバックモデルを間接的に支持する知見を，さらに見出すことができる。ここまで議論してきたように，運動パフォーマンスの末梢性カタストロフィモデルによれば，ホメオスタシスが保てなくなったことで疲労する。この疲労は運動中に徐々に影響が出てくる特性があり，すぐに運動をやめなければいけないほど生理学的に重大な影響がある状況になって疲労困憊する[61]。しかし，この章のはじめで議論したように，最大強度の運動をしていても，すべての骨格筋が動員されていることはない[58,81]。また，筋の ATP 濃度が運動中に完全にゼロになってしまうこともない（2.2.1項）。したがって作業筋の「エネルギー危機」とは，末梢性カタストロフィモデルが示すようなホメオスタシスの破綻ではありえない。このことと同様に，長時間や高強度の運動では，筋のエネルギー源であるクレアチンリン酸（PCr）やグリコーゲンはかなり減少しうるものの，すべての筋線維で完全になくなってしまうことはない（2.2.2項，2.2.3項）。脂質の利用も可能であるし，ATP の再合成は常に可能である。また，乳酸，水素イオン（H^+），細胞外の K^+ のような代謝産物が蓄積していなくても，筋の Ca^{2+} 動態[61,82]が乱れていなくても，また異常に深部体温が高くなったり，ひどい脱水状態でなくても，運動が終了することもある（第3〜5章）。こうした事実は，ホメオスタシスが何

らかの形で破綻することが，疲労を引き起こすという末梢性カタストロフィモデルの予測に反している。こうして末梢性カタストロフィモデルが実際に観察される事実と合わないことから，代わりの疲労モデルが間接的に支持されることになるが，実際にはあくまで間接的支持であって，予測性フィードバックモデルを積極的に支持するものではない。

> **キーポイント**
>
> 　ここまでの章で出てきたような運動疲労の研究に幅広く目を向けると，予測性フィードバックモデルを間接的に支持する知見を見出すことができる。すべての骨格筋が動員されてはいないこと，ATP や PCr や筋グリコーゲンが完全には枯渇しないこと，代謝産物の蓄積や危険な状態まで深部体温の上昇や脱水がみられなくても運動終了を迎えることなどが挙げられる。

6.5 予測性フィードバックモデルへの批判

　ここまでの知見からすれば，自己ペースでの運動疲労は努力感や神経筋活動の変化といった中枢性の変化を反映しているのであって，末梢の筋収縮機構の不全によるものではないことを示しているように考えられる。しかし，中枢支配者／予測性フィードバックモデルにも批判があるので，公平のためにも紹介しておく。

　中枢支配者／予測性フィードバックモデルは，不必要なほど複雑であるという研究者もいる。例えば Marcora[83] は，このモデルに対して「内部整合性がとれておらず，不必要に複雑で，生物学的には考えにくい」としている。その理由として以下のことを挙げている。予測性フィードバックモデルによれば，脳のある中枢性制御因子が，筋を身体にダメージが起こるまで動員してしまうのを防ぐために，運動中に筋線維の動員を無意識で制御しているとする。しかし，脳のある特定の領域が運動パフォーマンスの制御に専従しているというのは，非常に考えにくいことで，これは我々がよく知る脳のふるまいに反している。脳は信じられないほど複雑に統合された器官で，個々の領域が脳全体の機能に貢献している[61]。このことは，これまで脳のある特定領域に制御中枢が存在すると同定されたことがないことの説明になると考えられる。

またこのモデルによれば，危険なレベルまで運動を続けるのを防ぐために努力感が重要である。しかしながらMarcora[83]は，無意識下で脳の制御因子が筋の動員を支配しているのなら，論理的に考えると意識する努力感は余剰となり不要になると指摘した。運動を続けようという動機づけがどれだけ高くても，無意識下で危険なレベルにならないように制御してしまうからである。この議論はつまり本質的には，予測性フィードバックモデルは努力感がなくても成立するということになる（整合性と複雑性の問題を抱えている）。

Marcora[83]は予測性フィードバックモデルで説明された研究結果を代わりに説明する，単純化されたモデルを提案している。そのモデルによると，運動を続けるために必要な努力感が，その人が行ってもよいとする努力感の最大値に達した時や，あるいは本当にできる最大の努力をして，運動を続けるのが無理だと感じた時に運動は終了する[83]。運動のために何らかの努力をすること（例えば声を出して自分を励ますなど）は，運動の耐容能を上げるものの，自分が最大だと感じているレベルを超えることはない[83]。したがって，この考え方では努力感はやはり重要であるが，脳の制御中枢は存在しなくてもよい。

また，運動強度や環境温度の変化に応じて（6.4.4.1項），RPEが時間とともに違う速度で上昇していくのは，脳の制御因子ではなく他の要因が努力感を「安全ブレーキ」として利用するということで説明できるとしている。予測性フィードバックモデルによると，運動時の様々な生理学的・代謝的システムからの求心性フィードバックを脳が解釈して，意識的RPEが生み出される（**図6.4**，**表6.1**）。しかし，RPEが実際は遠心性の感覚信号から生じるという研究者もいる[83-84]。この考え方は，一般的にRPEを制御していると考えられる求心性フィードバックを変化させたりなくしたりした条件で，RPEを定量化した研究によっている。例えば筋力低下を引き起こす薬物を用いた研究では，血中乳酸などの代謝的ストレス関連因子に変化がないのに，RPEが大きく上昇した[85]。同様に，脊椎麻酔を使用し筋からの求心性感覚フィードバックを大きく減らして，運動中のRPEを観察した研究もある[86-87]。もし筋からの求心性フィードバックが，運動中の努力感の形成に重要な役割を果たすならば，脊椎麻酔を使った場合に運動中のRPEは低くなるはずである。しかしこの条件で，運動中のRPEは変わらないか，あるいは少し上昇した[84]。

同様の結果は，運動中にRPEが心臓や肺からの求心性フィードバックから受

ける影響についても報告されている。アドレナリンによる心拍亢進作用をブロックし心拍数が低下している条件で行われた研究では，運動に対するRPEの反応は変化しなかった[88]。また，心臓移植をしたために，心臓と中枢神経系の間に健常者と同様の求心性感覚フィードバックがない場合でも，運動中の努力感に違いはみられなかった[89]。同様に運動中の呼吸の困難感や苦しさは，呼吸筋からの求心性フィードバックによるものではなく，中枢神経系から呼吸筋への運動指令に起因している[84, 90]。

　中枢神経系への求心性感覚フィードバックがRPEの形成に対応していないとすると，いったい何がRPEに関係するのだろう？　Marcora[83]は，作業筋（骨格筋と呼吸筋）へ送られる中枢神経系からの運動指令がその瞬間瞬間で増加し，それによって長時間運動中における運動ニューロンと筋反応の低下を補償することが，運動時間によるRPEの増加になっていると主張している。この基本的な考え方は，RPEは中枢神経系から出力される信号によって形成されていて，中枢神経系に入力される信号によらないということである。ただし，この説明の中で，Marcora[83]はこれを「長時間の最大下一定負荷の運動」と明示している。他の運動，例えばチームスポーツや他の競技スポーツなどでよくみられるような，運動強度が様々に変化するが，自分でペース調整するような様式の運動ではどうだろうか。この点は，Marcoraの論文[83]に対するNoakesとTucker[91]による反論の中で取り上げられている。NoakesとTucker[91]は運動強度と環境温度の違いに応じて，RPEはほぼ運動開始から変化し続けると前から示されているとし[55]，Marcoraがいうような中枢神経系の発火が徐々に増加するためにRPEが上がるという説明では，この現象をうまく説明することができないとした。また，NoakesとTucker[91]は，中枢神経系が作業筋への運動指令を増加させる必要があり，それでRPEが上昇するならば，中枢神経系は作業筋から何らかの信号を受けて，運動指令の増加が必要であることを「教えて」もらわなければならない。大事なことは，求心性フィードバックから何らかの情報が来ないと，中枢神経系からの運動指令増加が起きないということである。したがってMarcora[83]の提案するモデルは，求心性感覚フィードバックがなければ機能しないことになり，その点では予測性フィードバックモデルと同様になると主張している[91]。

キーポイント

　運動中の RPE は，末梢からの求心性フィードバックではなく，中枢神経系からの遠心性信号によって形成されると主張する研究者もいる。求心性信号をブロックした時にも RPE の応答が変わらないという研究は，それを支持している。しかし，中枢神経系からの遠心性信号の増加を起こすためには，やはり求心性フィードバックは必要であるという反論もある。

　この議論から，運動パフォーマンスの予測性フィードバックモデルに関する論争の難しさが浮き彫りになる。そもそも RPE が運動中にどのように形成されるのか，という基本的なことですらわかっていないのに，このモデルを受け入れるのか拒否するのかを決められるだろうか。この不確実性については，最近のある総説で取り上げられている[92]。その著者は，努力感はおそらく中枢で生成され，末梢からのフィードバックはあまり重要でないとしている（Marcora[83]の主張を支持している）。しかし，同じ総説の中で，おそらくはパフォーマンスの調節は努力感（中枢で形成される），また例えば温度，痛み，筋感覚（求心性の情報）などの感覚によって，起きているとも述べている[92]。RPE が予測性フィードバックモデルの中心概念であることから，運動中の努力感が形成されるメカニズムがさらによく明らかにされるまで，おそらく議論が続けられることだろう。

キーポイント

　運動中の RPE がどう起こるのかについては，まだ議論の途上である。RPE は予測性フィードバックモデルの中核であるから，運動時の RPE に関してさらに理解が進むまでは，このモデルの妥当性に関する議論も続くだろう。

　Shephard[93] は，予測性フィードバックモデルを構成する多くの要素について，コメントしている。彼によると，進化的観点から考えれば，運動パフォーマンスを調節するような中枢支配者は必要ではなく，またそれがヒトで発達したという可能性も低いという。予測性制御因子が運動中に身体へ致命的なダメージが起こらないようにする能力についても疑問視している。Shephard[93] はこうした主張を補強する事実として，アメリカンフットボール選手の熱中症による死亡が起き

ていることや，激しい運動によって心臓突然死を起こすリスクが50倍にも高まることなどを挙げている。しかし逆にこれらの説得力を弱めるようなことも述べている。例えば，心臓突然死が50倍のリスクという統計値には，もともと心臓や血管系に疾患がある多くの患者が含まれているという。Shephard[93]は，さらに，中枢支配者／予測性フィードバックモデルを支持するデータに，測定機器に関する技術的な問題がある可能性を示唆している。しかし，具体例が挙げられているわけではない。

Shephard[93]のいっている1番のポイントは，予測性フィードバックモデルには，その実在を支持する実験的なエビデンスがないので，懐疑的に取り扱われるべきということである。しかしこのモデルは過度に複雑で，これを実験的に検証しようとする研究者にとって大変な難題となる[94]。さらに，このモデルに反論するエビデンスの大部分は，生理学的システムの要素を抜き出して取り扱った研究がもとになっている。ある要素だけを抜き出した研究では，このモデルが提唱する複雑な生理学的・心理学的・神経科学的な相互作用を無視しているので[94]，予測性フィードバックモデルに反証するエビデンスとして，こうした研究を取り扱う時には気をつけるべきである。そこでそうした研究は，このモデルの十分に厳密な検証とはいい難い。このモデル自体が複雑なので，これを研究し，その存在を証明するのは難しいのである。

モデルの複雑さは，中枢支配者／予測性フィードバックモデルが批判される一因となっている。現時点でこのモデルを支持する研究でも，多くはよく練られた研究ではあるが，得られた結果が，運動負荷とアスリートの能力にバランスがとれているのかを継時的に「監視」するような予測性制御システムの存在によるとはっきり結論づけることはできない。数多くの生理学的・代謝的・神経科学的・心理的・環境的要素（これらの要素それぞれの自己制御も加えて）を統合するということは，これらのすべての影響を考慮し調整することが，中枢性制御ネットワーク内で行われていることになるが，これまで研究デザインの中でそれは実現できてはいない。実際に現状ではこのことは不可能であろう。さらにこのモデルがあるのかを議論するのに，この支配中枢・調節中枢の「場所」を同定できないことや，脳のどの中枢や過程が関係しているのかが不明だったり，RPE上昇に関わる中枢を示すことができないことが，議論を妨げている。今提唱されているような形で，予測性フィードバックモデルが実在しているのかどうかをより明ら

かにするには，特に生理学的・代謝的システムと，脳と運動機能，そして努力感の意識との関係や影響に注目した，さらなる深い研究が必要である。

> **キーポイント**
>
> 予測性制御モデルには実験的証明が欠けているという反論がある。しかし，モデルが複雑なため実験的に検証することが難しい。また，このモデルに否定的な論文の中には，このモデルの複雑さが反映されておらず，モデルを検証するためには妥当ではない場合もみられる。

> **キーポイント**
>
> 予測性フィードバックモデルについての議論は，このモデルの複雑さを十分実験的に検証できるような，複雑で厳密な方法による研究が行われるまでは続くだろう。

6.6 まとめ

- 運動中の機械的・化学的刺激によってⅢ群とⅣ群の求心性神経が刺激されると，中枢からの運動ドライブが抑制され，筋の痛みや不快感が増加し努力感が上昇する可能性が考えられる。

- 中枢の神経伝達物質，特にセロトニン，ドーパミン，ノルアドレナリンの変化と中枢性疲労とはおそらく相乗的な形で関係している。こうした中枢の神経伝達物質の影響の重要性は，おそらく運動時間や環境温度などによっても変わる。中枢神経伝達物質の変化が，どのように中枢性疲労に影響するのかについては，正確なところはまだ研究中である。

- 運動中に産生されるアンモニアは血液脳関門を越えることが可能で，脳の組織に蓄積し，これが認知機能を阻害することが考えられ，それが運動にも影響を及ぼす。アンモニアが疲労に関係するのは，おそらく長時間運動においてである。

- 炎症性サイトカインは，多くの病気で，疲労感，倦怠感，だるさなどを亢進させることが考えられるので，運動中でもサイトカインが増加することで，同様

の感覚が生じる可能性がある。サイトカイン産生は，中枢の神経伝達物質の産生と機能にも影響を及ぼすかもしれない。しかしサイトカイン産生と疲労の因果関係について，さらなる研究が必要である。

- 運動パフォーマンスの中枢性制御という考え方は新しいものではない。何らかの中枢性制御があるという考え方は100年以上もの間考えられてきた。

- 運動の中枢性制御は，1990年代中頃に再び注目され，それは中枢の制御因子や支配により，運動の終了時点の情報を利用して，生理的機能の重大な破綻を起こさずに運動が終了する（終点予想）ように代謝要求を制御する，というモデルである。

- この考え方がさらに発展して，運動パフォーマンスの予測性制御モデルという形になった。

- 予測性フィードバックモデルによると，行おうとしている運動の事前の経験，これから運動する距離や継続時間の知識，求心性の生理学的フィードバックなどによって，その開始時から運動は制御されている。これらの情報を統合することで，ホメオスタシスの完全な破綻が起こらないように，脳は最適な運動強度を「予測」することができる。

- 予測性フィードバックモデルの中心概念はRPEである。モデルによると「テンプレート」RPEが，予測された運動終了時点にRPEが最大になるようにつくられる。求心性の生理学的フィードバックが脳で常に監視され，その時点でのRPEが形成される。もしテンプレートRPEと実際の認知されているRPEがずれすぎている場合には，これを修正するために適切な運動強度の変更が生じる。

- 予測性フィードバックモデルによると，疲労は生理学的状態というより意識的感覚である。RPEが運動時間・強度が過大になるのを防ぐ重要な役割を果たしていて，それはRPEが，運動を中止するか，あるいは身体に大きな損傷を起こさないで望ましいパフォーマンスとなるように運動強度を調節する，意識づけ因子となるからである。

- 予測性フィードバックモデルの論拠には，経験的なもの（運動はほとんどの場合，身体に深刻な損傷が起こる前に自発的に終了する）と科学的証拠に裏づけられたもの（ラストスパート現象，様々なペース戦略が用いられること，運動強度や運動時間について偽情報を与えた場合の生理学的・心理学的反応，様々

な運動時間，運動強度，環境条件における RPE と運動の関係，生理学的・代謝的な直接の要因がないにもかかわらず疲労はしばしば起こること）がある。

- 予測性フィードバックモデルへの批判として，脳内の中枢性制御因子が運動の中枢性制御が起こるために必要かどうか疑問なこと，RPE がこのモデルではあまりに重要な要素となっていること，運動中にどうやって RPE が形成されるのか（求心性フィードバックまたは遠心性信号のどちらから生成されるのか）などがある。

- 予測性フィードバックモデルが常に批判される点として，このモデルについて実験的検証が十分にはできていないことがある。ただしこのモデルは複雑で，RPE のように関連するそれぞれの要素が別々に論じられてもいて，統合的に検証することは非常に難しく，おそらく不可能といってもよいほどである。

考えてみよう

　運動パフォーマンスに脳がとても重要な役割を果たすという事実が，どんどん明らかになって来ている。その脳の役割は，運動をしたい（または，したくない！）という根源的な欲求，運動するのが難しくなっても続けたいという意思，そして本章で取り上げたような，さらに複雑な運動時の調節に関係する役割である。また本章では，運動中の脳の役割を正確に計測し決定することの難しさを取り上げた。こうした難しさのために，多くの研究では，被験者に運動中の考えや感情を聞き取り，それらが変化するように研究をデザインして，末梢性要素の役割を除くことのできる指標を収集するという方法で脳の役割を推定している。脳機能それ自体を知ることのできる客観的測定値がないことは，明らかに研究の妨げとなっている。

　第 2〜6 章で取り上げた情報について，よく考えてみよう。そうして知識をまとめて考えてみると，運動時の調節については，運動パフォーマンスが脳によって制御されるモデルが一番論理的な説明だと感じるだろうか？　あるいは，決定的な「証拠」を示す最後の研究をまだ待つ必要があると思うだろうか？　ある仮説やモデルを受け入れるかどうかについて，消去法や経験的な裏づけだけで十分決められるだろうか？　こうした問題を考える時，スポーツや運動以外の，脳がどのように感情や動機づけを制御しているかに関係する文献に目を通してみるとよい。上に述べた疑問に対してさらに光がみえてくるかもしれない。

　できる範囲で以下の問題に解答してみよう。解答することによってわかる知識を理解してから，本書の続きを読み進めてみよう。

① 運動中に中枢性疲労が進行するメカニズムとして提案されている説で重要なものをまとめてみよう。

② 運動制御の中枢性支配モデルについて，自分の言葉で簡潔に説明してみよう。

③ 運動制御の予測性フィードバックモデルについて，自分の言葉で簡潔に説明してみよう。

④ 予測性フィードバックモデルにおける RPE の重要性がどのように主張されているかを説明してみよう。

⑤ 予測性フィードバックモデルを支持する主要な 4 つの分野は何であろうか。

⑥ ⑤で回答した各分野が，どのように予測性フィードバックモデルを支持しているかを簡潔に説明してみよう。

⑦ 予測性フィードバックモデルに反論している主な意見は何だろうか。

⑧ 予測性フィードバックモデルと Marcora が提唱している代替モデル[83]の主な違いは何だろうか。

⑨ 求心性フィードバックよりも遠心性信号によって，RPE が形成されるとすることを示した主要な研究知見は何だろうか。

⑩ 予測性フィードバックモデルを適切に実験的に研究するのをとても難しくしている主な要因は何だろうか。

文献

1) Davis JM, Bailey SP (1997) Possible mechanisms of central nervous system fatigue during exercise. *Med Sci Sports Exerc* 29(1): 45-57.

2) Amann M (2012) Significance of group III and IV muscle afferents for the endurance exercising human. *Proc Austral Physiol Soc* 43: 1-7.

3) Amann M, Blain GM, Proctor LT, et al. (2011) Implications of group III and IV muscle afferents for high intensity endurance exercise performance in humans. *J Physiol* 589(21): 5299-309.

4) Martin PG, Weerakkody N, Gandevia SC, et al. (2008) Group III and IV muscle afferents differentially affect the motor cortex and motor neurons in humans. *J Physiol* 586: 1277-89.

5) Enoka RM, Stuart DG (1992) Neurobiology of muscle fatigue. *J Appl Physiol* 72: 1631-48.

6) Newsholme EA, Acworth I, Blomstrand E (1987) Amino acids, brain neurotransmitters and a

function link between muscle and brain that is important in sustained exercise. In: Benzi G (ed.) *Advances in Myochemistry*. London: John Libbey Eurotext: 127–33.

7) Meeusen R, Watson P, Hasegawa H, et al. (2006) Central fatigue: the serotonin hypothesis and beyond. *Sports Med* 36(10): 881–909.

8) Chaouloff F, Kennett GA, Serrurrier B, et al. (1986) Amino acid analysis demonstrates that increased plasma free tryptophan causes the increase of brain tryptophan during exercise in the rat. *J Neurochem* 46(5): 1647–50.

9) MacLean DA, Graham TE, Saltin B (1994) Branched-chain amino acids augment ammonia metabolism while attenuating protein breakdown during exercise. *Am J Physiol* 267(6 Pt 1): E1010–22.

10) Blomstrand E, Hassmen P, Ekblom B, et al. (1991) Administration of branched chain amino acids during sustained exercise-effects on performance and on plasma concentration of some amino acids. *Eur J Appl Physiol* 63(2): 83–8.

11) Blomstrand E, Andersson S, Hassmen P, et al. (1995) Effect of branched-chain amino acid and carbohydrate supplementation on the exercise-induced change in plasma and muscle concentration of amino acids in human subjects. *Acta Physiol Scand* 153(2): 87–96.

12) Blomstrand E, Hassmen P, Ek S, et al. (1997) Influence of ingesting a solution of branched-chain amino acids on perceived exertion during exercise. *Acta Physiol Scand* 159(1): 41–9.

13) Davis JM, Welsh RS, De Volve KL, et al. (1999) Effects of branched-chain amino acids and carbohydrate on fatigue during intermittent, high-intensity running. *Int J Sports Med* 20(5): 309–14.

14) Greer BK, White J, Arguello EM, et al. (2011) Branched-chain amino acid supplementation lowers perceived exertion but does not affect performance in untrained males. *J Strength Cond Res* 25(2): 539–44.

15) Madsen K, Maclean DA, Kiens B, et al. (1996) Effects of glucose, glucose plus branched-chain amino acids, or placebo on bike performance over 100 km. *J Appl Physiol* 81(6): 2644–50.

16) Struder HK, Hollmann W, Platen P, et al. (1998) Influence of paroxetine, branched-chain amino acids and tyrosine on neuroendocrine system responses and fatigue in humans. *Horm Metab Res* 30(4): 188–94.

17) Wisnik P, Chmura J, Ziemba AW, et al. (2011) The effect of branched cham amino acids on psychomotor performance during treadmill exercise of changing intensity simulating a soccer game. *Appl Physiol, Nutr Metab* 36(6): 856–62.

18) Heyes MP, Garnett ES, Coates G (1986) Central dopaminergic activity influences rats ability to exercise. *Life Sci* 36(7): 671–7.

19) Gerald MC (1978) Effects of (+)-amphetamine on the treadmill endurance performance of rats. *Neuropharmacol* 17(9): 703–4.

20) Nestler EJ, Hyman SE, Malenk a RC (2001) *Molecular Neuro-pharmacology: A Foundation for Clinical Neuroscience*. New York: McGraw-Hill.

21) Meeusen R, Roeykens J, Magnus L, et al. (1997) Endurance performance in humans: the effect of a dopamine precursor or a specific serotonin (5-HT2A/2C) antagonist. *Int J Sports Med* 18(8): 571–7.

22) Piacentini MF, Meeusen R, Buyse L, et al. (2004) Hormonal responses during prolonged exercise are influenced by a selective DA/NA reuptake inhibitor. *Br J Sports Med* 38(2): 129–33.

23) Watson P, Hasegawa H, Roelands B, et al. (2005) Acute dopamine/noradrenaline reuptake inhibition enhances human exercise performance in warm, but not temperate conditions. *J Physiol* 565 (Pt 3): 873–83.

24) Roelands B, Watson P, Cordery P, et al. (2012) A dopamine/noradrenaline reuptake inhibitor improves performance in the heat, but only at the maximum therapeutic dose. *Scand J Med Sci Sports* 22(5): e93–8.

25) Piacentini MF, Meeusen R, Buyse L, et al. (2002) No effect of a noradrenergic reuptake inhibitor on performance in trained cyclists. *Med Sci Sports Exerc* 34(7): 1189–93.

26) Roelands B, Meeusen R (2010) Alterations in central fatigue by pharmacological manipulations of

neurotransmitters in normal and high ambient temperature. *Sports Med* 40(3): 229–46.

27) Coimbra CC, Soares DD, Leite LHR (2012) The involvement of brain monoamines in the onset of hyperthermic central fatigue. In: Zaslav KR (ed.) *An International Perspective on Topics in Sports Medicine and Sports Injury*.ISBN: 978-953-51-0005-8. Available from: www.intechopen.com/books/an-international-perspective-on-topics-in-sports-medicine-and-sports-injury/.

28) Romero-Gomez M, Jover M, Galan JJ, et al. (2009) Gut ammonia production and its modulation. *Metabol Brain Dis* 24: 147–57.

29) Buono MJ, Clancy TR, Cook JR (1984) Blood lactate and ammonium ion accumulation during graded exercise in humans. *J Appl Physiol* 57: 135–9.

30) Wagenmakers AJ, Coakley JH, Edwards RH (1990) Metabolism of branched-chain amino acids and ammonia during exercise: clues from McArdle's disease. *Int J Sports Med* 11(Suppl. 2): S101–13.

31) Graham TE, Rush JWE, MacLean DA (1995) Skeletal muscle amino acid metabolism and ammonia production during exercise. In: Hargreaves M (ed.) *Exercise Metabolism*. Champaign, IL: Human Kinetics: 131–75.

32) Wilkinson DJ, Smeeton NJ, Watt PW (2010) Ammonia metabolism, the brain and fatigue; revisiting the link. *Prog Neurobiol* 91: 200–19.

33) Nybo L, Dalsgaard MK, Steensberg A, et al. (2005) Cerebral ammonia uptake and accumulation during prolonged exercise in humans. *J Physiol* 563: 285–90.

34) Shaney RA, Coast JR (2002) Effect of ammonia on in vitro diaphragmatic contractility, fatigue and recovery. *Resp* 69: 534–41.

35) Dalsgaard MK, Ott P, Dela F, et al. (2004) The CSF and arterial to jugular venous hormonal differences during exercise in humans. *Exp Physiol* 89: 271–7.

36) Monfort P, Cauli O, Montoliu C, et al. (2009) Mechanisms of cognitive alterations in hyperammonemia and hepatic encephalopathy: therapeutical implications. *Neurochem Int* 55: 106–12.

37) Shawcross DL, Balata S, Olde Damink SWM, et al. (2004) Low myoinositol and high glutamine levels in brain are associated with neuropsychological deterioration after induced hyperammonemia. *Am J Physiol* 287: 503–9.

38) Pedersen BK, Hoffman-Goetz L (2000) Exercise and the immune system: regulation, integration and adaptation. *Physiol Rev* 80: 1055–81.

39) Gleeson M (2000) Interleukins and exercise. *J Physiol* 529: 1.

40) Clarkson PM, Hubal MJ (2002) Exercise induced muscle damage in humans. *Am J Phys Med Rehab* 81(Suppl. 11): S52–69.

41) Kapsimalis F, Richardson G, Opp MR, et al. (2005) Cytokines and normal sleep. *Curr Opin Pulm Med* 11: 481–4.

42) Robson-Ansley PJ, de Milander L, Collins M, et al: (2004) Acute interleukin-6 administration impairs athletic performance in healthy, trained male runners. *Can J Appl Physiol* 29: 411–8.

43) Dantzer R, Heijnen CJ, Kavelaars A, Laye S, Capuron L (2014) The neuroimmune basis of fatigue. *Trends Neurosci* 37: 39–46.

44) Finsterer J (2012) Biomarkers of peripheral muscle fatigue during exercise. *BMC Musculoskelet Disord* 13: 218–242.

45) Hill AV, Long CHN, Lupron H (1924) Muscular exercise, lactic acid and the supply and utilisation of oxygen: parts VII-VIII. *Proc Royal Soc* 97: 155–76.

46) Mosso A (1915) *Fatigue*. London: Allen and Unwin Ltd.

47) Noakes TD (2012) Fatigue is a brain-derived emotion that regulates the exercise behaviour to ensure the protection of whole-body homeostasis. *Front Physiol* 3: 1–13.

48) Ulmer HV (1996) Concept of an extracellular regulation of muscular metabolic rate during heavy exercise in humans by psychophysiological feedback. *Experientia* 15: 416–20.

49) Lambert EV, St Clair Gibson A, Noakes TD (2005) Complex systems model of fatigue: integrative homeostatic control of peripheral physiological systems during exercise in humans. *Br J Sports Med* 39: 52–62.

50) Noakes TD (2000) Physiological models to understand exercise fatigue and the adaptations that predict or enhance athletic performance. *Scand J Med Sci Sports* 10: 123–45.

51) Noakes TD, Peltonen JE, Rusko HK (2001) Evidence that a central governor regulates exercise performance during acute hypoxia and hyperoxia. *J Exp Biol* 204: 3225–34.

52) Noakes TD, St Clair Gibson A, Lambert EV (2005) From catastrophe to complexity: a novel model of integrative central neural regulation of effort and fatigue during exercise in humans: summary and conclusions. *Br Sports Med* 39: 120–4.

53) St Clair Gibson A, Noakes TD (2004) Evidence for complex system integration and dynamic neural regulation of skeletal muscle recruitment during exercise in humans. *Br J Sports Med* 38: 797–806.

54) Tucker R (2009) The anticipatory regulation of performance: the physiological basis for pacing strategies and the development of a perception-based model for exercise performance. *Br J Sports Med* 43: 392–400.

55) Crewe H, Tucker R, Noakes TD (2008) The rate of increase in rating of perceived exertion predicts the duration of exercise to fatigue at a fixed power output in different environmental conditions. *Eur J Appl Physiol* 103: 569–77.

56) Schabort EJ, Hawley JA, Hopkins WG, Mujika I, Noakes TD (1998) A new reliable laboratory test of endurance performance for road cyclists. *Med Sci Sports Exerc* 30: 1744–50.

57) Kay D, Marino FE, Cannon J, St Clair Gibson A, Lambert MI, Noakes TD (2001) Evidence for neuromuscular fatigue during high-intensity cycling in warm, humid conditions. *Eur J Appl Physiol* 84: 115–21.

58) St Clair Gibson A, Schabort EJ, Noakes TD (2001) Reduced neuromuscular activity and force generation during prolonged cycling. *Am J Physiol* 281: R187–96.

59) Marcora SM, Staiano W (2010) The limit to exercise tolerance in humans: mind over muscle? *Eur J Appl Physiol* 109: 763–70.

60) Wittekind AL, Micklewright D, Beneke R (2011) Teleoanticipation in all-out short duration cycling. *Br J Sports Med* 45: 114–9.

61) Edwards AM, Polman RCJ (2013) Pacing and awareness: brain regulation of physical activity. *Sports Med* 43(11): 1057–64.

62) Noakes TD (2011) Time to move beyond a brainless exercise physiology: the evidence for complex regulation of human exercise performance. *Appl Physiol Nutr Metab* 36: 23–35.

63) Paterson S, Marino FE (2004) Effect of deception of distance on prolonged cycling performance. *Percept Mot Skill* 98: 1017–26.

64) Dugas J, Oosthuizan U, Tucker R, Noakes TD (2009) Rates of fluid ingestion alter pacing but not thermoregulatory responses during prolonged exercise in hot and humid conditions with appropriate convective cooling. *Eur J Appl Physiol* 105: 69–80.

65) Marcora SM, Staiano W, Manning V (2009) Mental fatigue impairs physical performance in humans. *J Appl Physiol* 106: 857–64.

66) Rauch H, St Clair Gibson A, Lambert EV (2005) A signalling role for muscle glycogen in the regulation of pace during prolonged exercise. *Br J Sports Med* 39: 34–8.

67) Marino FE (2004) Anticipatory regulation and avoidance of catastrophe during exercise-induced hyperthermia. *Comp Biochem Physiol B Biochem Mol Biol* 139: 561–9.

68) Mauger AR, Jones AM, Williams CA (2009) Influence of feedback and prior experience on pacing during a 4-km cycle time trial. *Med Sci Sports Exerc* 41: 451–8.

69) Micklewright D, Papadopoulou E, Swart J, Noakes T (2010) Previous expenence influences pacing during 20 km time trial cycling. *Br J Sports Med* 44: 952–60.

70) Saunders AG, Dugas JP, Tucker R, Lambert MI, Noakes TD (2005) The effects of different air velocities on heat storage and body temperature in humans cycling in a hot, humid environment. *Acta Physiol Scand* 183: 241–55.

71) Tucker R, Bester A, Lambert EV, Noakes TD, Vaughan CL, St Clair Gibson A (2006) Non-random fluctuations in power output during self-paced exercise. *Br J Sports Med* 40: 912–7.

72) Baden DA, McLean TL, Tucker R, Noakes TD, St Clair Gibson A (2005) Effect of anticipation during unknown or unexpected exercise duration on rating of perceived exertion, affect, and physiological function. *Br J Sports Med* 39: 742-6.

73) Eston R, Stansfield R, Westoby P, Parfitt G (2012) Effect of deception and expected exercise duration on psychological and physiological variables during treadmill running and cycling. *Psychophysiol* 49: 462-9.

74) Bolgar MA, Baker CE, Goss FL, Nagle E, Robertson RJ (2010) Effect of exercise intensity on differentiated and undifferentiated ratings of perceived exertion during cycling and treadmill exercise in recreationally active and trained women. *J Sports Sci Med* 9: 557-63.

75) Morton RH (2009) Deception by manipulating the clock calibration influences cycle ergometer endurance time in males. *J Sci Med Sport* 12: 332-7.

76) Faulkner J, Arnold T, Eston R (2011) Effect of accurate and inaccurate distance feedback on performance markers and pacing strategies during running. *Scand J Med Sci Sports* 21: e176-83.

77) Billaut F, Bishop DJ, Schaerz S, Noakes TD (2011) Influence of knowledge of sprint number on pacing during repeated-sprint exercise. *Med Sci Sports Exerc* 43: 665-72.

78) Swart J, Lindsay TR, Lambert Ml, Brown JC, Noakes TD (2012) Perceptual cues in the regulation of exercise performance - physical sensations of exercise and awareness of effort interact as separate cues. *Br J Sports Med* 46: 42-8.

79) Presland JD, Dowson MN, Cairns SP (2005) Changes of motor drive, cortical arousal and perceived exertion following prolonged cycling to exhaustion. *Eur J Appl Physiol* 95: 42-51.

80) Tucker R, Marle T, Lambert EV, Noakes TD (2006) The rate of heat storage mediates an anticipatory reduction in exercise intensity during cycling at a fixed rating of perceived exertion. *J Physiol* 574: 905-15.

81) Noakes T (2008) Testing for maximum oxygen consumption has produced a brainless model of human exercise performance. *Br J Sports Med* 42: 551-5.

82) Noakes TD (2000) Physiological models to understand excercise fatigue and the adaptations that predict or enhance athletic performance. *Scand J Med Sci Sports* 10: 123-45.

83) Marcora SM (2008) Do we really need a central governor to explain brain regulation of exercise performance? *Eur J Appl Physiol* 104: 929-31.

84) Marcora S (2009) Perception of effort during exercise is independent of afferent feedback from skeletal muscles, heart, and lungs. *J Appl Physiol* 106: 2060-2.

85) Gallagher KM, Fadel PJ, Stromstad M, Ide K, Smith SA, Querry RG, Raven PB, Secher NH (2001) Effects of partial neuromuscular blockade on carotid baroreflex function during exercise in humans. *J Physiol* 533: 861-70.

86) Kjaer M, Hanel B, Worm L, Perko G, Lewis SF, Sahlin K, Galbo H, Secher NH (1999) Cardiovascular and neuroendocrine responses to exercise in hypoxia during impaired neural feedback from muscle. *Am J Physiol* 277: R76-85.

87) Smith SA, Querry RG, Fadel PJ, Gallagher KM, Stromstad M, Ide K, Raven PB, Secher NH (2003) Partial blockade of skeletal muscle somatosensory afferents attenuates baroreflex resetting during exercise in humans. *J Physiol* 551: 1013-21.

88) Myers J, Atwood JE, Sullivan M, Forbes S, Friis R, Pewen W, Froelicher V (1987) Perceived exertion and gas exchange after calcium and β-blockade in atrial fibrillation. *J Appl Physiol* 63: 97-104.

89) Braith RW, Wood CE, Limacher MC, Pollock ML, Lowenthal DT, Phillips MI, Staples ED (1992) Adnormal neuroendocrine responses during exercise in heart transplant recipients. *Circulation* 86: 1453-63.

90) Grazzini M, Stendardi L, Gigliotti F, Scano G (2005) Pathophysiology of exercise dyspnea in healthy subjects and in patients with chronic obstructive pulmonary disease (COPD). *Respir Med* 99: 1403-12.

91) Noakes TD, Tucker R (2008) Do we really need a central governor to explain brain regulation of

exercise performance? A response to the letter of Dr Marcora. *Eur J Appl Physiol* 104: 933-5.

92) Smirmaul B (2012) Sense of effort and other unpleasant sensations dunng exercise: clarifying concepts and mechanisms. *Br J Sports Med* 46: 308-11.

93) Shephard RJ (2009) Is it time to retire the 'central governor'? *Sports Med* 39: 709-21.

94) Micklewright D, Parry D (2010) The central governor model cannot be adequately tested by observing its components in isolation. *Sports Med* 40: 91-4.

第 **III** 部

疲労は誰でも
同じなのだろうか

第 7 章

疲労の原因に影響する要因

7.1 はじめに

　第Ⅱ部では，運動時の疲労を起こす原因と考えられる主な候補を挙げた。しかし混乱を避けるため，それらの候補に影響する要因については取り上げなかった。疲労に影響する要因としては，運動がどんな性質のものか，その運動では生理学的にどんなことが要求されるのか，ということがある。しかし疲労は，さらに性別，トレーニングされているか，年齢，健康度その他による影響も受ける。ここで本書では，年齢や健康度による疲労への影響については述べない（これらについても述べるならば，本書くらいの分量がさらに必要になってしまう）。しかしその運動で要求される応答，性別，トレーニングされているのか，などによる疲労への影響については述べることにする。

　運動に対する生理学的応答が，疲労の原因に与える影響については，この章では第Ⅱ部とは違う組み立てをすることにする（第Ⅱ部を引用することが多いので，本章を読む前に第Ⅱ部を読むことをお勧めする）。本章では，生理学的に必要な身体の応答が異なる運動について注目し，第Ⅱ部で述べた疲労のメカニズムと繋げることにする。こうすることで運動の種類によって疲労のメカニズムが異なることを理解し，解釈に混乱ができる原因や，異なる運動によって疲労のメカニズムが異なるという知識が足りないことを強調する。運動の種類により異なる疲労のメカニズムについて議論した後に，性差やトレーニングされているかが疲労にどう影響するのか，現在わかっていることを概説する。

　この章を読む上でいくつか重要な点がある。まずあくまで簡便のため，疲労のメカニズムは「独立」した形で述べるが，実際には生理学的・生化学的な機能は非常に複雑であり，また統合されていることを思い出してほしい。そこである1

つのメカニズムについて詳しく述べたとしても，それでどんな疲労も理解できるわけではない。2つ目は，前章までにも述べているように，疲労のメカニズムは運動を行っている環境の要因を受けるということである。例えば暑くて湿気のある環境での運動は，そうでない環境よりも脱水や高体温の影響を受ける。単純にするため，本章では高温多湿の影響がない通常の状態での運動（特に述べない限りは）として述べる。3つ目は，その運動の疲労にはっきり影響すると考えられるメカニズムについてのみ述べることにする。ある運動様式での疲労の説明において，あるメカニズムについて触れていないならば，そのメカニズムがその運動様式での疲労には，現時点での研究では主要な関わりはないと考えられるということである。ただし，このことはそのメカニズムについて考えなくてよいということではない（疲労の知識は常に変わることを思い出してほしい）。この点は，第6章で述べた中枢性／予測性フィードバックによるパフォーマンス制御モデルをその例として挙げたい。確かにこのモデルによる運動制御の考え方は大変興味深いが，非常に複雑なモデルであり，他の測定できる要因からは説明できないような結果からの推察である。そこで現時点では，この中枢性／予測性フィードバックモデルをはっきり証拠のある，様々な運動パフォーマンスを制御するモデルとすることは不可能である。しっかりした文献がある場合には，そのモデルも取り上げて考察してきたつもりである。運動の種類によっては，中枢性／予測性フィードバックモデルを見過ごすべきではない要因として入れたいところだが，それにはさらなる研究が必要である。

7.2 運動の種類による疲労のメカニズム

7.2.1 中強度長時間運動

中強度長時間運動とは，中程度の強度で30〜180分続く運動のことをいう。この運動に求められること，また関連する疲労のメカニズムについて**図7.1**にまとめた。ここで重要なことは，本章ではそれぞれの運動パフォーマンスを説明する上で，生理学的な指標の変化を細部まで述べようとはしないことである（これは才能発掘やトレーニングを考える場合には重要だろうが）。ここでの目的は，パフォーマンスに重要となる身体システムとその対応について述べ，それが疲労

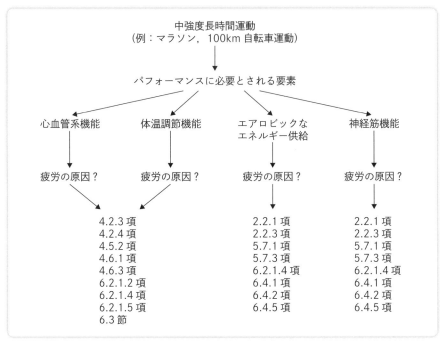

図 7.1 中強度長時間運動における疲労の原因となりうる要因。パフォーマンスに直接大きく影響するような要因のみ取り上げている。本書でそれについて述べている項目を示した。

によってどう変わるのかということである。

　長時間運動では，肺から心臓そして末梢の作業筋に酸素を含んだ血液を回す循環機能が重要である。酸素運搬によって糖，脂肪，乳酸からエアロビックなATP産生が可能になり，これが長時間運動時に断然主要なATP再合成源となる（クレアチンリン酸の分解によるエネルギーは，長時間運動の最初の数分や運動強度を増加させる場合には重要になるが，その後は糖と脂肪が主たるエネルギー源となる）。作業筋へ運ばれた血液によって二酸化炭素（エアロビック代謝によって多くできる）と水素イオン（H^+）が作業筋から除去される。正常な循環機能は作業筋と皮膚との血流配分を調節し，蒸発熱によって熱放散を促進させ体温調節にも関わっている。神経筋機能も正常な筋収縮を運動中に維持するのに重要である。

7.2.1.1　中強度長時間運動における疲労の「原因」と思われることは何か

　中強度長時間運動は，貯蔵量の限られたエネルギー源（＝糖）を使ったエアロビック代謝に大きく依存していて，運動強度も体温の過剰な上昇や神経筋機能の低下が起きないレベルで行われる[1]。動作の効率（通常は O_2 コストとして，運動速度に対する酸素摂取量で表す）も，ある運動強度の運動を維持する際には考慮するべき要因となる[1]。そこで論理的にいえば，中強度長時間運動の疲労は，エネルギー代謝，酸 – 塩基調節，体温調節，神経筋機能の乱れによっているということになる。

7.2.1.1.1　循環機能と体温調節

　中強度長時間運動中に発汗による水分損失は血漿量を減少させる。これによって心臓に流れ込む血液量が減少して，1回拍出量と心拍出量が減少し，そこで心拍数を上げないと作業筋への酸素運搬が維持できなくなってしまう（4.2.3項と図4.2）。このことは心臓の効率が低下することで，運動パフォーマンスを妨げる[2]。

　もしも水分損失状態が継続すれば，血漿量が減少しているので血流を内臓，作業筋，皮膚にどう配分するかが問題になる。内臓諸器官は機能の維持にはある程度の血流が必要なので，皮膚血流を減少させることになる。すると，蒸発熱で熱を放散するのが追いつかなくなり，深部体温が上昇することになる。ただし深部体温の「過度な」レベルの上昇が，運動の直接的な疲労の原因となるのかは疑問である（4.6.3項）。それよりは皮膚温が上昇すること（発汗量の減少に伴う蒸発熱による熱放散の低下によって起こる）の方が，深部体温の上昇よりも高温による疲労には大きく影響するかもしれない。高皮膚温に対しては，皮膚血流を増やす対処が必要となり，それで心拍出量配分の効率が低下し，最大酸素摂取量（$\dot{V}O_2max$）が低下することになるので，その運動の見かけの相対運動強度が増大して，選手がより早く疲労することになる（4.6.3項）。

> **キーポイント**
>
> 　皮膚温の上昇は，深部体温の上昇よりも中強度長時間運動の疲労には影響が大きい可能性がある。

深部体温がある「臨界」レベルに上がると負の影響が出る，という考え方は否定する証拠があるものの，脱水はおそらく運動パフォーマンスにマイナスであり，その影響は末梢よりも中枢で大きいように思われる。脱水で生じる末梢の要因（血流減少による作業筋への酸素運搬の減少とそれによるグリコーゲン利用の増加）が，疲労の原因とするはっきりした証拠はないといえるが，中枢の変化（脳温の上昇，脳への血流減少による酸素運搬の減少に伴う機能低下）は，パフォーマンスに確かにマイナスに影響すると考えられる（4.6.2項）。

4.3節では，のどの渇き感に任せて水分摂取することが，中強度長時間運動での脱水による悪い影響を防ぐよい方法と述べた。自転車選手はランナーよりも運動中に水分摂取が多い傾向にある[3]。これは自転車の方がランニングよりも飲料摂取時に胃腸の不快感が起きにくいことが原因と思われる[4]。ランナーの方が飲料摂取量は少ないので，脱水に関連したリスクもより大きくなる可能性がある。また同様の運動時間であれば，中枢性疲労もランナーの方が起きやすくなるだろうと考えられる[5]。このことから，長距離ランナーの方が自転車選手より，高体温による中枢性疲労が起こる危険性が高いことになる。

7.2.1.1.2　エアロビック代謝の供給

高いレベルのマラソン選手は，ランニング中に必要なエネルギーの2/3を糖から得ていて，その主体はグリコーゲンであり，また少ないが血中グルコース（血糖）も使っている[1]。トップレベルのマラソン選手は80%$\dot{V}O_2max$強度でマラソンを走ることができるが，その強度では糖の貯蔵量が十分ないと走りを維持することが不可能である[1]。筋グリコーゲンが減ってくると，脂肪，血中グルコース，乳酸を使って走れるように強度を落とすことが必要になる[1]。筋グリコーゲンの枯渇は2時間程度走った際に起こるといえるが，実際にはこれは運動強度，気象条件，運動前のグリコーゲン濃度，選手のトレーニング状況によって変わることである。よくトレーニングされた選手だと脂肪利用能力が高いので，よりグリコーゲンを保存でき，より長い時間より高い強度で走れることになる。面白いことに，トレーニングされているかによってグリコーゲンの減少による疲労の程度が変わるかははっきりとしていない[1]。グリコーゲンの枯渇によって運動を維持できる強度が低下することははっきりしているが，そのメカニズムについては，まだ議論がある（2.2.3項）。

キーポイント

　よくトレーニングされた選手は，同じ相対運動強度でより脂肪を使い糖は使わない。これによってグリコーゲンが減少することで起こる疲労を遅らすことができる。ただしグリコーゲン枯渇の影響は，それが起きた部位によって異なるのではないかということが，徐々に明らかになってきている。

　低血糖は中強度長時間運動でも，肝グリコーゲン枯渇の結果として起こりうる。低血糖の程度は運動時間と強度（肝臓のグルコース放出は運動強度に比例し，また運動時間が長く筋グリコーゲンが枯渇してくるとより多くなる），運動前の選手の状況（スタート時にどれだけ肝グリコーゲンがあるか），運動中に糖質摂取をしたかどうか（肝グリコーゲンを保存したり，血中グルコース濃度を保つことになる。2.2.3.2.2項）による。低血糖が進むと，作業筋へのエネルギー源の運搬が減少することで，疲労の原因となる。脳にもグリコーゲンがあるが多くはないので，運動中にグルコースを取り込む必要がある。したがって低血糖は中強度長時間運動の中枢性疲労にも関係する。ただしすでに述べたように，低血糖による筋の糖代謝，持久性能力，疲労の進行に対する影響については，まだ議論がある（2.2.3.2.2項）。

キーポイント

　低血糖は長時間運動時の中枢性疲労の進行に関係すると考えられる。ただし低血糖による疲労への影響は，運動前や運動中の多くの要因によっても変わる。

7.2.1.1.3　神経筋機能

　筋小胞体からのカルシウム（Ca^{2+}）放出と取り込みが悪化することは，中強度長時間自転車運動で報告されていて[6]，これが疲労に関係するとされる[7]。5.7.1項で述べたように，筋小胞体の機能には筋グリコーゲンが重要であるが，これはグリコーゲンがエネルギー源として重要なことに関連しているメカニズムなのか，についてはわからない（そのメカニズムについてまだ論議されている）[7]。筋グリコーゲンの枯渇は中強度長時間運動で起こる（7.2.1.1.2項）。そこで筋グリコー

ゲンの枯渇による筋小胞体機能の低下は，中強度長時間運動で起こりうる。具体的なメカニズムが何であれ，中強度長時間運動は筋小胞体の機能を低下させると思われる。

多くのヒトを対象にした実験で，数分程度までの強度の高い片脚運動で細胞外カリウム（K^+）が蓄積するかを検討している（5.3.1項）。その結果では細胞外K^+は素早く（1～3分程度で）蓄積する。しかしこうした研究だけでは，全身の中強度長時間運動でも細胞外K^+の蓄積が起こるのかどうかは，明らかにはならない。McKennaら[8]は50分の自転車運動で，細胞外と細胞間質液中のK^+濃度が高まることを報告した。さらにN－アセチルシステイン（抗酸化物質）を投与された被験者では，細胞外K^+の蓄積が少なく，自転車運動時間が延びたことから，K^+の制御が持久力を高めることが示された。Piresら[9]は，第2LTを超えるような強度での疲労困憊までの運動で，細胞外K^+が顕著に増加することを報告した。疲労困憊までの時間はこの場合22分で，第2LT強度では45分，LT強度では94分という。面白いことに，これらの運動時間の40%程度の時間で，強度に関係なく細胞外K^+濃度が一定になるという。そこでPiresら[9]は細胞外K^+の蓄積は疲労困憊までの時間とは関係しないと結論づけた。Overgaardら[10]は，100km走後に血漿K^+濃度が上昇したのを認めた。ただしこの研究では，走る前後だけでK^+測定が行われている。そこで血漿K^+の上昇とパフォーマンスとの因果関係については不明である。

> **キーポイント**
>
> 　筋小胞体の機能悪化とCa^{2+}動態の低下によって，中強度長時間運動の続行は妨げられる可能性が高いが，そのメカニズムはまだ確定していない。中強度長時間運動では細胞外K^+の蓄積が起こるが，このこととパフォーマンスとの関係はまだ推論の段階である。

7.2.1.1.4　中枢性疲労とパフォーマンスの中枢性／予測性制御

6.2節で取り上げた中枢性疲労の多くの説は，長時間運動のパフォーマンス制限因子になる可能性が考えられる。脳の神経伝達物質産生と代謝の変化（6.2.1.1項），脳内アンモニア蓄積（6.2.1.3項），炎症性サイトカインの産生（6.2.1.4項）

は，中強度長時間運動の中枢性疲労に関連する。さらにこれらは末梢や中枢に起こる運動中の変化にもよっている可能性がある。例えば，脳の神経伝達物質による中強度長時間運動に対する影響は，暑熱下の方がより重要になる可能性があり（6.2.1.2項），炎症性サイトカインの産生は筋内のエネルギー源が枯渇した状況で増加することが考えられる（6.2.1.4項）。今広まっているこの中枢性疲労説は，中強度長時間運動の疲労を考える時には忘れてはならないが，この考え方に影響する多くの要因がある中で，何が重要であるのかについて，ケースバイケースで考慮されるべきである。

運動パフォーマンスの中枢性／予測性制御の可能性については6.3節で紹介した。こうした制御が行われているとする研究結果は，中強度長時間運動にも関係すると考えられる（疲労困憊時にもホメオスタシスが大きく破綻してはいないこと，運動の最終段階で強度が上がること，運動強度や環境条件から予想される運動の困難さによってペース戦略があること）。さらに生理学的／末梢の変化因子と運動疲労に，必ずしもはっきりした繋がりがみられないことがある（6.4.5項）。このことは中枢性／予測性制御が中強度長時間運動でも行われているという間接的な証拠にはなるが，本当にこうした制御機構が働いているのかについては，今も盛んに議論されている段階であることは忘れてはならない（6.5節）。

> **キーポイント**
>
> 多くの研究は中枢性／予測性制御が，中強度長時間運動のパフォーマンスにも働いていることを支持しているが，本当にこうした制御機構があるのかは，今も議論が続いている。

7.2.2 フィールド球技

この項ではサッカー，ラグビー，フィールドホッケーのようなフィールド球技について述べる。多くの球技では低強度の運動（立っている，歩く，ジョギング）をしている時間が最も長い。しかし短いが急な運動転換が数百回はあり，さらにこのような早い転換が継続するので，エアロビックとアネロビックどちらの代謝にも大きな負荷がかかる。素早く強く筋肉を働かせることが必要になる点は，

チームスポーツと中強度長時間運動の大きな差で，これが疲労の進行にも影響する。

フィールド球技で平均心拍数は，通常75〜95%HRmaxとなり[12-13]，平均酸素摂取量はサッカーでは70〜80%$\dot{V}O_2$maxと考えられる[14]。血中乳酸濃度は2.8〜10mmol/Lとなり，最高血中乳酸濃度はさらに高くなる[12,14]。低強度の運動が多いにもかかわらず，糖が最も使われるエネルギー源である。筋グリコーゲンの枯渇度は選手のポジションや試合の激しさ，環境条件，筋線維の使い方，試合前のグリコーゲン量によって様々である[15-16]。

平均的にはチームスポーツでも中強度長時間運動と同様の生理学的な負荷がかかる。エアロビック代謝が主体だが，アネロビック代謝もよいパフォーマンスには必須である。そしてチームゲームでは瞬間瞬間で最大強度の運動も必要になる点が，一定強度を維持する運動とははっきり異なる。

7.2.2.1 フィールド球技の疲労の原因は何か

チームスポーツについては，2「種類」の疲労があるとされる。チームスポーツの選手は試合中の高強度運動後に一時的な疲労を感じ，これは一時性疲労と呼ばれる。また進行性の疲労も生じ，これによって高強度運動やスプリントができなくなり，試合終了に向けてカバーできる距離が減ってくる[17-19]。この項ではこの両方の疲労の原因について述べる

キーポイント

チームスポーツに2種類の疲労があると考えられる。1つは一時性疲労で試合中の高強度運動後に起こり，もう1つは進行性疲労でこれによって高強度運動ができなくなり，試合終了までにカバーできる距離が減っていく。

7.2.2.1.1 一時性疲労

7.2.2.1.1.1 筋中／血中乳酸濃度とpH チームスポーツで必要なパフォーマンスと一時性疲労のメカニズムについて**図7.2**にまとめた。試合中は血中乳酸濃度が上昇することが報告され，アネロビック代謝が起きていることがわかる[16]。そこで試合中の疲労は，筋中の乳酸蓄積とアシドーシスによっていると思われるかもしれない。確かに筋中乳酸濃度の上昇やアシドーシスは起こるし，また弱いが有

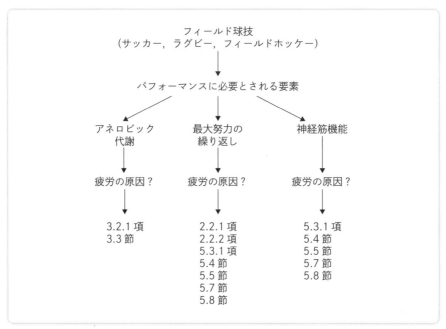

図 7.2 フィールド球技中の一時性疲労の原因となりうる要因。その要因が直接疲労に関係すると考えられるパフォーマンスのみ取り上げた。そのパフォーマンスに必要な要素に対する疲労の原因について，本書で取り上げた項目を示した。

意な相関が筋中乳酸濃度とスプリントのパフォーマンス低下の間に高強度の運動後には観察される[20]。しかし試合中の筋中乳酸濃度は高強度運動で疲労困憊になった際よりはかなり低い[16]。さらに乳酸蓄積と疲労との間には原因と結果の因果関係がなく，また乳酸産生には好ましい点があることは第3章で述べた。

　もしも筋中の乳酸蓄積がチームスポーツ中の一時性疲労に関係ないとしたら，H^+ の蓄積による pH の低下はどうなのだろうか？　H^+ の蓄積は一時的な疲労の原因とされてはきたが，サッカー中の pH 低下は大きなものではなく[14]，この程度の低下がパフォーマンス低下をもたらすとは考えられない[14, 21]。さらに高強度間欠運動での疲労困憊1分半前と，疲労困憊時での筋中 pH レベルに差がないという証拠がある[22]。そこで筋中 pH の低下はチームスポーツの一時性疲労の原因とは思われない[14]。一時性疲労時に H^+ 蓄積が関係しないと考えられるということは，H^+ が筋疲労に果たす影響も小さいということであり，このことは3.3.2項で述べた。

キーポイント

　筋中乳酸濃度の上昇や筋中 pH の低下は，チームスポーツの一時性疲労の原因ではないと考えられる。

7.2.2.1.1.2　筋中クレアチンリン酸濃度の低下　2.2.2.2 項では，スプリント運動を繰り返した際，クレアチンリン酸（PCr）再合成能力と発揮パワー回復に関係があることを述べた。このことから繰り返し運動をする能力は，PCr の利用可能度にもよっていることがわかる。しかし別の相関研究では，PCr が回復することによるパワーの回復は 45〜71％程度であることも報告されていることから，間欠的な運動パフォーマンスには他の要因も関係していることが示唆される。

　チームスポーツの高強度運動後には筋中 PCr 濃度が下がり，それに関連してスプリント能力も低下する。しかしチームスポーツでの高強度運動後の PCr 減少は，大きなものではないと考えられるし[23]，チームスポーツを模した間欠運動を行った別の研究では，筋中 PCr は減少しなかったとしている[22]。こうした研究が多くあることからすれば，筋中 PCr の枯渇はチームスポーツの一時性疲労の原因ではないと考えるのが妥当と思われる[14, 16, 23]。

キーポイント

　筋中 PCr の減少とスプリントパフォーマンスの低下には相関があるものの，チームスポーツ中の高強度運動後における PCr の減少は大きくはないし，またチームスポーツを模した間欠運動で筋 PCr の減少は起こらなかったという報告もある。そこでチームスポーツの一時的疲労に PCr 枯渇が関係しているかについては疑問である。

7.2.2.1.1.3　筋膜興奮性　長時間運動時には筋小胞体機能の不全が起こり（5.7 節），これは P_i の蓄積や筋グリコーゲンの枯渇（7.2.2.1.3.1 項）が関係している可能性がある。そこでチームスポーツでも，筋小胞体機能不全が疲労の原因と考えるのは自然であろう。しかしこれを証明する研究は今のところない。

　細胞外 K^+ の蓄積は pH 低下とも関係するし，高強度運動では Na^+-K^+ ポンプの能力を超える可能性が高いことからすれば，高強度運動時の方が細胞外 K^+ の

蓄積が大きいことが予想される（5.3節と5.5節）。そこで一時性疲労の原因の1つとして，細胞外 K^+ の蓄積が考えられる。しかし5.4節では，細胞外 K^+ の蓄積が疲労の原因ではないとする証拠があることを述べた。さらに5.5節では，もっと生体レベルでの研究が行われないと，細胞外 K^+ の蓄積が疲労の原因となるとは断定できないことを述べた。これらのことから，チームスポーツの一時性疲労に関する細胞外 K^+ 蓄積の影響について何がいえるのだろうか？

これに対する回答は多くはない。チームスポーツ中には確かに細胞外 K^+ の蓄積が起こり，筋細胞を脱分極させ，力発揮を低下させるが，チームスポーツ中の K^+ の代謝回転についてはほとんど研究されていない[16]。例えばサッカーの試合中に血中 K^+ 濃度は上昇することが報告されているが[20]，この研究で筋中の間質液での K^+ が増えているのかは測定されていない[24]。最近の研究で，チームスポーツを模した高強度間欠運動時のパフォーマンスが，カフェイン摂取で高まるという研究があり，またこの時には間質液中の K^+ が減少していたという。この研究の著者らは，カフェインでパフォーマンスが上がったのは間質液中の K^+ を下げたことが原因と示唆している。しかしこの場合も，K^+ の減少だけでなく他の要因，例えばカテコールアミン濃度の上昇や中枢性疲労の低下も，パフォーマンス向上に関係している可能性も述べている。この可能性は，カフェインを摂取しない条件では，間質液 K^+ 濃度がそれほど上昇していないことからも支持される[24]。そこで細胞外 K^+ の蓄積がチームスポーツの一時性疲労の原因かどうか，はっきり断定することはできない。

キーポイント

　血中 K^+ 濃度はサッカーの試合中に上昇し，これは K^+ の筋からの放出と間質液での蓄積を意味する可能性がある。ただしこのことはチームスポーツのような運動では測定されていない。細胞外 K^+ の蓄積がチームスポーツの一時性疲労に関係するという間接的な証拠はあるものの，まだそう断定することはできない。

7.2.2.1.2　まとめ

チームスポーツの一時性疲労の原因については現時点では不明である。その原

因となる候補はいくつかあるが，どれもはっきりとは断定できない。物理的・代謝的・生化学的要因では一時性疲労を十分に説明できないのであれば，おそらく疲労の原因は他にあると考えるのも面白い。例えば一時性疲労というのは，意図的ペース配分のことで，それで試合中にパフォーマンスが大きく低下するのを防ぎ，過度の回復時間（実際の試合中には許されない）をとることを避けることを可能にするということかもしれない。第6章では，その時にどんな運動が必要かを判断する予測性制御について述べた（6.3節と6.4節）。一時性疲労は多くの場合，高強度運動後に起こることからすると，その時点での必要な運動を判断して運動強度を調節するという考え方は，チームスポーツの一時性疲労の様相と合致はする。しかしチームスポーツの一時性疲労に対する，こうした認知機能による調節に関する研究は不足している。

7.2.2.1.3 進行性疲労

チームスポーツ中に起きては消える一時性疲労だけでなく，試合の進行とともに進んでくる疲労がある。一時性疲労とは異なって，この進行性疲労は試合終了までになくすことはできない。

7.2.2.1.3.1 筋グリコーゲン枯渇 チームスポーツ中の筋グリコーゲン枯渇の程度は，ポジション，試合の内容，環境要因，筋線維の使い方，試合前のグリコーゲン濃度によって影響を受けるので，様々である[15-16, 25]。しかし一般的にいって試合後半には筋グリコーゲンの枯渇が，パフォーマンスを低下させるくらいのレベルで起こるといえる[21]。このことは多くの研究が，糖質摂取を行うことでチームスポーツのパフォーマンス向上や疲労の遅延を報告していることから明らかである（2.2.3.2.3項）。ただし糖質摂取研究において，批判されている問題点（**表2.1**にまとめた）も考慮する必要がある。

チームスポーツの試合後半には血中遊離脂肪酸濃度が上昇することから[20, 25]，脂肪も後半になるとよく利用されるようになり，おそらくこれは筋グリコーゲン濃度の低下によると考えられる[14]。もしもサッカー選手がある程度筋グリコーゲンが減った状態で試合を始めると，ハーフタイムにはかなり筋グリコーゲンが減り，試合終了時にはほとんどなくなってしまうことになる。

このように筋グリコーゲン濃度はチームスポーツ中に大きく減るが，このこと

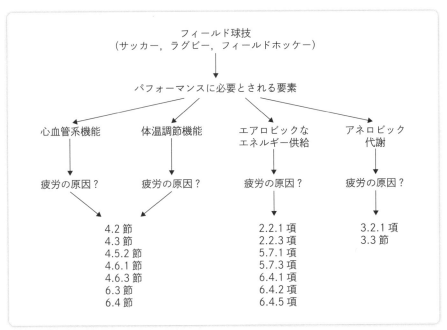

図 7.3 フィールド球技における終盤に向けた進行性疲労の考えられる原因。疲労に直接影響すると考えられるもののみを取り上げた。そのパフォーマンスに必要な要素に対する疲労の原因について，本書で取り上げた項目を示した。

は必ずしも進行性疲労の直接の結果となるわけではない。チームスポーツ中の筋グリコーゲン濃度が最大糖分解速度を保てない程度（200mmol/kgDW）に低下するという研究もあれば[14]，もっと低下幅は少ないとするという報告もある。例えば Krustrup ら[20] は，サッカーの試合終了時に筋グリコーゲンが150〜350mmol/kg DW（乾燥重量）であることを報告した。ただしこの研究では，大腿四頭筋のタイプ I 線維とタイプ II 線維の半分が，ほぼあるいは完全にグリコーゲンが枯渇したことも見出している。この報告からすれば，試合終盤に向けての疲労は，個々の筋線維レベルでの筋グリコーゲン枯渇によると考えられる。2.2.3項と 5.7.1 項で，確かに筋グリコーゲンの枯渇と疲労とは関係があることを述べたが，実際にはこのメカニズムについてはっきりとわかっているわけではない。5.7.1 項では筋内の部位によってグリコーゲンが枯渇すると，グリコーゲンが本来のエネルギー源としての役割とは関係なく，Ca^{2+} を放出し取り込む場所での ATP 濃度が低下し，Ca^{2+} の働きが悪くなることを述べた。そこで個々の筋線維

内のグリコーゲンの枯渇が，チームスポーツの疲労に関わる可能性がある。ただしこの点について研究した報告はない。結果として今いえることは，筋グリコーゲンはチームスポーツの進行性疲労に関わるが，この影響の程度や詳しいメカニズムについてはまだ不明である。

　スポーツや運動において，パフォーマンスが阻害されるほどに低血糖が進むことはまれである（2.2.3.2.2 項）。サッカーでも血中グルコース濃度がそこまで下がることはない[20]。そこでチームスポーツにおいて低血糖が疲労の原因と考えなくてよい。

> **キーポイント**
>
> 　筋グリコーゲンの枯渇は，チームスポーツ中の進行性疲労に関係すると思われる。ただその影響度は現時点でも研究中であるが，おそらく筋線維内の部位によるグリコーゲンの枯渇が関係すると思われる。通常の条件ではチームスポーツで低血糖が疲労の原因にはならない。

7.2.2.1.3.2　脱水と体温調節　　通常の条件ではフィールド球技の試合では水分損失は 3L 程度で，高温多湿環境では 4〜5L になると報告されている[26-28]。90 分のサッカーの試合中に体重の 1.4〜1.6% に相当する水分損失があることになるが[26, 28]，通常の条件では体重の 1〜2% 程度の水分損失というのが一般的である[29]。

　4.3 節で述べたように，体重の 2% 以上に水分を損失すると生理学的・心理学的な機能が損なわれるといった考え方があった。これからすれば，チームスポーツで脱水によるパフォーマンスの低下が起こると思われる。しかし 4.3 節では，体重の 2% が境目という初期の研究を否定するような最近の研究を紹介した。もちろんかなり水分損失があれば，それはチームスポーツのパフォーマンスを悪くすることは考えられるが，一般的なチームスポーツ，特にサッカーでの水分損失は体重の 1〜2% に過ぎないのである。

> **キーポイント**
>
> 　チームスポーツによる水分損失は，体重の 1〜2% 程度が一般的である。この程度ではパフォーマンスには影響しないと考えられる。

実際にチームスポーツで脱水がパフォーマンスを悪くすることを支持するような証拠は少ない。McGregor ら[30] は、水分摂取をしないで体重の 2.4％の水分損失が起こるような模擬試合を行った後、スプリントドリブルテストを行った場合に結果が 5％低下すると報告した。この時、集中力には影響がなかったという。Edwards ら[31] は、水分摂取しないでサッカーを 45 分した後に集中力には変化がなかったと報告し、この時フィットネステストの結果が低下し、主観的運動強度（RPE）やのどの渇き感が高まり、深部体温が水分摂取条件より上がったが、疲労を起こすというレベルまでには達しなかったと報告した。

　4.3 節では、のどの渇き感にしたがって飲料摂取をすることが、運動時の最も効果的な方法であると述べた。それからすればチームスポーツの選手には、パフォーマンスに関連した問題が出る可能性がある。それは、その競技のルールにしたがっているということである。多くの球技、サッカーやラグビー、ホッケーでは、水分摂取のための時間がつくられていない。そこで選手はハーフタイムか、故障者の対応時のようないつ来るか予測できない時間に水分摂取することになる。したがって選手たちは必ずしものどの渇き感にしたがって水分摂取できない。この点について Edwards と Noakes[29] は、脱水が疲労の直接の原因というよりは、中枢性／予測性フィードバックモデルに関係する要因の 1 つと提唱している（6.3 節と 6.4 節）。彼らによると、選手は各自の「ペースプラン」で試合を行って、試合終了までしっかりプレーできる状態にいられるようにしている（**図 6.4** と **6.5**、**表 6.1**）。選手が、自分のホメオスタシスが失われてきていることを自覚すると、この場合は水分損失だが、動きの困難感や動き自体の変化、特に飲料摂取したいという意識や運動強度を下げること（自発的疲労）が起きて、生理学的なシステムが破綻せずに試合終了までもつようにしようとするという。この説では、のどの渇き感が実際の水分損失量よりも重要である可能性があることになる[29,31]。様々な環境条件において、水分損失量が中程度までの条件では、前半と後半の深部体温には差がなく[32]、影響が出るレベルまでの深部体温の上昇はない（4.6.3 項）[33]。フィットネスレベルのかなり異なる選手間でも試合の最後まで競技できることには変わりなく、脱水の程度は様々でも自発的な飲料摂取が最もパフォーマンスによい[34]。これらのことは、この自己ペース配分説を支持するものである。ただし脱水状態や体温調節に関係なく、のどの渇き感がチームスポーツのパフォーマンスに与える影響については、詳細には検討されていないことを強調し

ておきたい。

　チームスポーツの選手（少なくともよくトレーニングされた選手）では，パフォーマンスに影響するレベルまで深部体温が上がることは滅多にないと考えられる[29]。しかし4.6.3項で述べたように皮膚温の上昇は，深部体温の上昇とは別にパフォーマンスに影響する。そこで皮膚温に対する反応がチームスポーツのパフォーマンスにも関係する可能性がある。皮膚温の上昇を抑えるとパフォーマンスが向上するという研究もいくつかあるが[35-36]，今のところチームスポーツにおいて深部体温とは関係なく皮膚温の反応をみた研究はあまりない。そこで皮膚温の上昇がチームスポーツの疲労原因であるかはわからないし，皮膚温を下げるような方略がパフォーマンスをよくするかどうかも不明である。

キーポイント

　のどの渇き感にしたがって水分摂取をすることは，運動パフォーマンスを維持するための最適な方法である可能性がある。そうであるならば，チームスポーツでは定期的な水分摂取時間が設定されていないので，選手には問題が生じる可能性がある。しかしのどの渇き感とチームスポーツのパフォーマンスとの関係について，しっかりとは研究されていない。

7.2.2.1.3.3　中枢性疲労　4.6.2項では高体温と脳機能，随意収縮筋力低下とに関係があることを述べた。こうした高体温による筋出力の低下には，深部体温や脳温の上昇が必要なことから，温度に関連してチームスポーツの疲労に関係するのは高温環境だけと考えられる（7.2.2.1.3.2項）。ただしサッカーの試合やその模擬運動時に大腿四頭筋の筋電図（EMG：1.4.2項）の低下や，サッカー直後の最大随意収縮力（MVC：1.3.1項）の低下が通常の気温条件でも報告されている[37-39]。これらからすると通常の温度条件でも，チームスポーツで中枢性疲労が関係する可能性を示している。ただし筋電図が低下する原因については推論の段階で，筋電図の低下は必ずしも中枢性の信号低下を意味しないし，運動中や運動後に筋電図が変化することはあるが，それが必ずしも筋出力の変化に結びつかない[40]。こうした点はあるにせよ，チームスポーツにより筋電図が変化することは，中枢性疲労が関連していると考えることが妥当である。その中枢性疲労の具体的な原因，特に高体温がない場合については，さらなる研究が必要である。

キーポイント

チームスポーツの進行性疲労には，中枢性疲労の要素もあると考えられる。ただしこのことを明らかにするには，特に高体温がない条件における中枢性疲労の要素について，もっと研究が必要である。

7.2.2.1.3.4 筋中／血中乳酸濃度と pH 7.2.2.1.1.1 項で述べたように，チームスポーツの試合中の筋肉や血液中の乳酸蓄積や pH 低下は，一時性疲労の原因ではないと考えられる。そこで乳酸蓄積や pH 低下が進行性疲労の原因にもならないと考えられる。特に試合終盤に向けて，高強度の運動（乳酸濃度を上げて pH を下げる原因となりそうな）は減っていくので，余計にこれらの要因は関係ない。

7.2.3 中距離運動

中距離運動は，時間が 90 秒から 5 分（800m 走から 1500m 走に相当する）の

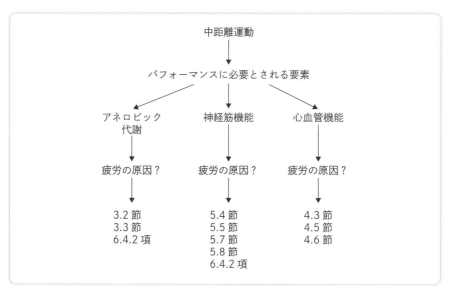

図 7.4 中距離運動における疲労の考えられる原因。疲労に直接影響すると考えられるもののみを取り上げた。そのパフォーマンスに必要な要素に対する疲労の原因について，本書で取り上げた項目を示した。

運動である。この運動のパフォーマンスに必要な要素と疲労のメカニズムについて図**7.4**にまとめた。

3〜7分で疲労困憊に至る運動後に，筋中乳酸濃度は最大となることが知られている。そこで800m走や1500m走では，エアロビックとアネロビック代謝の両方が必要となる。800m走ではエアロビック代謝のATP再合成に対する貢献度が60〜70%，アネロビック代謝が30〜40%程度とされている[41-42]。1500m走ではエアロビック代謝とアネロビック代謝の貢献度がそれぞれ84%，16%と報告されている[42]。800m走と1500m走のどちらも，走り始めて15〜30秒程度でアネロビックからエアロビックへと主たるエネルギー機構の「転換」が起こると考えられている[42]。距離が長くなるほどアネロビックの重要度が減ってくる[43]。

$\dot{V}O_2max$ とランニングエコノミー，第2LTの酸素摂取量，第2VTの走速度には関係があり，これらの指標で中距離走のパフォーマンスをよく表せると報告されている[44-45]。これらの測定を行うことで，その選手が中距離向きか長距離向きかを判定する材料になる可能性がある[45]。

見逃されがちな，中距離走のパフォーマンスに影響を与える要素として，レジスタンストレーニングがある。自体重や負荷を用いたレジスタンストレーニングをすると，ランニングの技術や筋の弾性要素の蓄積と利用に関連した要素が変化して，ランニングエコノミーがよくなることが報告されている[46-47]。

7.2.3.1　中距離運動における疲労の原因は何か
7.2.3.1.1　循環機能

7.2.3項で述べたように，中距離運動ではエアロビック代謝がパフォーマンスに大変重要である。そこで作業筋に酸素を送り込む能力が重要になるので，循環能力を低下させるような要因は，中距離運動の疲労の原因となる。

本書で循環機能を運動中に低下させる主要な原因として取り上げたのは，脱水と高体温である。どちらも生じるには時間がかかるので（選手の運動前の状態にもよるが），通常は長時間運動で起こることである。90秒から5分の運動でこれらによって循環機能が低下するとは考えられない。ただし例えば選手が十分に準備していないような場合（運動前に水分摂取が足りない）とか，極端な条件（高温多湿）では，脱水や高体温が中距離走に影響する場合もありうる。しかし多くの場合は，中距離運動ではこうした原因による循環機能の低下は疲労に関係しな

いと考えられる。

キーポイント

通常条件では，中距離運動の疲労に循環機能の低下は関係しないと考えられる。

7.2.3.1.2　筋中／血中乳酸と pH

7.2.3 項で述べたように中距離走ではアネロビック代謝も重要で，運動中に筋中乳酸の産生と pH の低下が起こる。乳酸と疲労との関係については，この章でもすでに述べている（7.2.2.1.1.1 項）ので，ここでは繰り返さない。また 3.2 節と 3.3 節を参照していただきたい。

中距離運動に影響するのは乳酸というより H^+ であると考えられる。高強度運動時に pH は 6.5 程度まで低下するので，H^+ 産生によるアシドーシスが起きていることがわかる。3.3 節で述べたように，通常の生理学的温度と pH の条件では，アシドーシスが筋小胞体の Ca^{2+} 放出や筋膜興奮性，糖分解に与える影響は以前に考えられていたほどは大きくはない。そこで中距離運動についても，筋内の H^+ 産生が疲労にはあまり関係しないことになる。ただし筋中 pH の低下は，Ⅲ群とⅣ群の求心性神経線維を活性化する可能性があり，それによって筋の痛みや不快感，中枢からのドライブ低下（筋からの求心性成分の低下や動脈血ヘモグロビン酸素飽和度の低下を介して）が起こって，中枢性疲労が起こる可能性はある（3.3.1 項と 3.3.2.5 項）。

高強度運動（800m 走や 1500m 走を含む）のパフォーマンスが，重炭酸ナトリウムを摂取するとよくなるという報告は多くある[48-51]。重炭酸ナトリウムは血液をよりアルカリ性に傾ける。このアルカリ化により筋と血液との pH 差が大きくなれば，血液は筋からより多くの H^+ を受け入れることになるので，筋中で H^+ 蓄積による影響が出るまで H^+ 産生量が増えることになる。逆に塩化アンモニウム（血液の酸性度が強まる）を摂取した条件では，パフォーマンスが低下するという逆のことが起きる[50]。ただし別の興味深い研究では，重炭酸ナトリウムを摂ったことでパフォーマンスの向上はみられたが，運動終了時の筋中 pH は重炭酸ナトリウムを摂らない条件と差がなかったと報告している[52]。重炭酸ナトリウ

ムを摂取してパフォーマンスがよくなっても，筋中 pH に差がなかったということは，例えば中枢性疲労が低下するなど，他のメカニズムが働いている可能性が考えられる[53-59]。

> **キーポイント**
>
> 中距離運動において H^+ が産生され筋中 pH が低下することで，Ca^{2+} 動態や筋膜興奮性，糖分解量が変化し，疲労に関連する可能性が考えられる。しかし以前に考えられたほど pH はこれらの要因に影響しないと考えられる。また H^+ 産生は，Ⅲ群やⅣ群の求心性神経の刺激や動脈血酸素飽和度の低下や脳の低酸素状態を起こし，中枢性疲労を起こす可能性も考えられる。

7.2.3.1.3　細胞外 K^+ の蓄積

7.2.1.1.3 項では，1～3 分の運動で細胞外 K^+ の蓄積が起こることを述べた。しかし全身運動における K^+ 動態に関するデータは不足している。1 分間の疲労困憊運動の後に，細胞外 K^+ の蓄積が起こることが報告されていることから[60]，中距離運動でも細胞外 K^+ の蓄積が疲労に関係すると考えられる。

中距離運動の疲労に細胞外 K^+ の蓄積が関係するとしても，その程度については考慮する必要がある。5.4 節と 5.5 節で述べたように，身体には筋の興奮性低下（細胞外 K^+ の蓄積はこの主たる原因となる）を防ぐような，多くのメカニズムがある。このことと，またはっきりしたデータがないことも相まって，中距離運動の疲労に細胞外 K^+ の蓄積が与える影響について，現時点でコンセンサスを得るのは困難ということになる。また血中 K^+ 濃度の上昇で，Ⅲ群とⅣ群の求心性神経への影響によって，中枢神経系（CNS）を介して中枢性疲労に影響する（5.3.1 項）可能性がある。この K^+ が中枢性疲労に関係するという考え方は，興味深いもののさらなる研究が必要である。現状では 5.5 節で述べたように，もう少しデータが出るまでは，細胞外 K^+ の蓄積が中距離運動の疲労を起こすとするには慎重でいた方がよさそうである。

> **キーポイント**
>
> 中距離運動では細胞外 K^+ の蓄積が起こるので，これが筋の膜興奮性や機

能を阻害する可能性がある。ただし細胞外 K^+ の蓄積による筋膜興奮性低下を防ぐメカニズムもたくさんある。K^+ の蓄積は中枢神経系に影響して中枢性疲労を起こす，ということを受け入れるにはもっと研究が必要である。

7.2.3.1.4　Ca^{2+} 動態

　中距離走はエアロビックとアネロビック代謝が必要となるだけでなく，高速度の状態でのランニングエコノミーを維持することも必要である。中距離走選手は長距離走選手に比べて速度増加に対する接地時間の増加が少なく，これによって高速度での代謝コストが小さくて済むという傾向にある[61]。ランニングのパフォーマンスとエコノミーは，筋力を発揮させる神経筋機能に関係するという考え方からすれば[62]，神経筋機能による力発揮能力の変化は中距離運動のパフォーマンスを変化させると考えられる。

　5.7 節では，運動疲労に Ca^{2+} 動態の変化が与える影響について述べた。Ca^{2+} 動態はグリコーゲンが枯渇すると低下する（5.7.1 項）。中距離運動はグリコーゲンが枯渇する運動時間ではないので，これは考えなくてよい。またアシドーシスが筋小胞体の Ca^{2+} 放出と収縮に影響する可能性は小さいと考えられる（3.3.2 項）。そこで中距離運動では H^+ が多く産生されるが，これが Ca^{2+} 動態に影響してパフォーマンスを低下させる可能性も低い。

　高強度運動時の P_i の蓄積（PCr と ATP の分解による）は，同じ Ca^{2+} 濃度での筋収縮機構の感受性を低下させる（5.7.2 項）。こうして Ca^{2+} 感受性が低下する条件では，生理学的温度であればその周囲の筋温が上昇すると示唆されることから，P_i 蓄積が筋疲労に重要であることが示唆される。さらに P_i 蓄積は筋小胞体内で Ca^{2+} と共沈することで筋小胞体の Ca^{2+} 放出可能量を減少させて，筋小胞体の放出機構の働きを低下させる可能性がある（5.7.2 項）。そこで P_i の蓄積は Ca^{2+} 動態を低下させ，筋の力発揮能力を低下させることにより，中距離運動における疲労を起こすと考えられる。ただし 5.7.2 項では，P_i と Ca^{2+} 動態について *in vitro* で行われている研究の限界も述べている。

　筋小胞体ポンプ周辺の ATP 濃度が低下すると，Ca^{2+} の筋小胞体への取り込みが減少する。さらに ATP の減少とマグネシウム（Mg^{2+}）の増加は，どちらも筋小胞体の Ca^{2+} 放出を減少させる。筋内のある部位でのこれらの蓄積や減少が

Ca^{2+} 動態を低下させ，中距離運動中の筋収縮が低下する可能性が考えられる。

Ca^{2+} 動態の変化は，中距離運動で疲労を起こす有力な原因である。ただし 5.8 節で述べたように，筋収縮における Ca^{2+} 動態に関する研究は *in vitro* の研究が主体であり，*in vivo* とは異なる可能性があることも忘れてはならない。*in vitro* の研究では，収縮している筋内の複雑な状況を正確には反映できていない場合もありうる。

> **キーポイント**
>
> P_i や Mg^{2+} の蓄積，部位による ATP 枯渇などによると考えられる Ca^{2+} 動態の変化は，中距離運動の疲労に関係する。

7.2.4 ロングスプリント

ロングスプリントのパフォーマンスに必要な要素と疲労について**図 7.5** にま

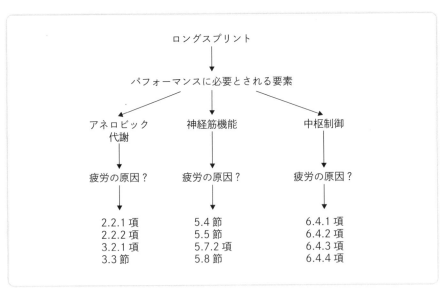

図 7.5 ロングスプリントにおける疲労の考えられる原因。疲労に直接影響すると考えられるもののみを取り上げた。そのパフォーマンスに必要な要素に対する疲労の原因について，本書で取り上げた項目を示した。

とめた。ロングスプリントとは，400m 走のような 30〜60 秒程度の全力運動のことである。この運動では疲労が大きく，終了時には走速度が 20〜40％も低下する[63]。こうした長いスプリントは，アネロビック代謝，$\dot{V}O_2max$ の高さ，神経筋機能による高パワー発揮を必要とする[43]。$\dot{V}O_2max$ の高さが，こうした運動に関係するというのは驚きかもしれないが，400m 走ではエアロビック代謝の割合が 35〜45％，アネロビック代謝の割合が 55〜65％程度と考えられている[41-42]。Spencer と Gastin[42] は，運動開始より 15〜30 秒でアネロビックからエアロビックに主たる代謝が変わることを示している。400m 走時に最初の 100m では PCr 分解が ATP 再合成の源であり，100〜300m では解糖系で，最後の 100m では PCr の貢献がほぼない状態となる[43, 64-65]。解糖系が ATP 再合成に寄与するところが大きいので，400m 走のパフォーマンスと，アネロビック代謝の寄与率[41] や最高血中乳酸濃度[65] とに相関がみられる。最大走速度には 50〜100m で達して，その後は徐々に 300m まで速度が低下し，さらに最後の 100m で著しい速度低下が起こる[66]。この速度パターンは選手のレベルに関係なく，世界レベルの選手でも最後の 100m は速度低下が大きくなる[66]。レベルによる違いは最大速度の違いであり，それによって少なくとも前半はレベルの高い選手が速いということである[66]。

　アネロビック能力が高いことは，発揮パワーや走速度を上げられるので，ロングスプリントのパフォーマンスに関係する[41]。このことは筋力や最大発揮パワーやその維持が，400m 走のパフォーマンスの向上に関係するという報告からも示唆される[43, 67]。

7.2.4.1 　ロングスプリントの疲労の原因
7.2.4.1.1 　筋中／血中乳酸と pH

　乳酸産生と pH 変化がロングスプリントの疲労に与える影響は，中距離走の場合と同様である（7.2.3.1.2 項）。スプリント距離が短いほどアネロビック代謝の重要度が増していくことからすれば，400m 走の方が中距離走よりもアネロビック代謝が重要となる。しかし 3.3 節で述べたように，H^+ 産生の増加による pH の低下は，通常の環境条件では以前に考えられたほどは筋収縮に影響しない。

　7.2.3.1.2 項ではさらに，筋中／血中 H^+ の増加がⅢ群とⅣ群の求心性神経を刺激し，ヘモグロビンの酸素飽和度を下げ，中枢性疲労を起こす可能性について述べた。400m 走直後には最大随意収縮力の低下が報告されている一方，電気刺激

による筋発揮張力も低下するという（1.3.1 項）[63]。このことは 400m 走後の筋力低下が末梢性の要因によっていて，中枢性の影響は少ないことを示唆している[63]（訳注：電気刺激条件では中枢性の要因を排除できる）。そこで末梢で疲労を起こす要因について次に述べる。

> **キーポイント**
>
> ロングスプリント後の発揮筋力低下は，中枢性よりも末梢性の要因によっていると考えられる。

7.2.4.1.2　筋膜興奮性

細胞外 K^+ の蓄積が高強度運動で起こるので（7.2.3.1.3 項），ロングスプリントでも細胞間質液や横行小管における K^+ の上昇が疲労の原因となりうる。ただし，ロングスプリント後でも，筋膜興奮性は維持されているようだという研究がある[63]。また運動後に筋発揮トルクが回復するまでの時間（30 分以上）は，K^+ 蓄積が筋細胞膜興奮性を低下させて疲労を起こすとすれば予想される回復時間よりも，かなり長い[63, 68]。このように細胞外 K^+ の蓄積がロングスプリントの疲労に関係しないようにもみえるのは，この運動に特異的なのかもしれないし，あるいは 5.4 節と 5.5 節で述べたように，細胞外 K^+ の蓄積が細胞膜興奮性にあまり影響を与えないという一般的なことなのかもしれない。

7.2.4.1.3　Ca^{2+} 動態

ロングスプリント中に筋膜興奮性は抑制されないかもしれないが，筋内の Ca^{2+} 動態の変化は疲労に大きく影響する可能性がある。ロングスプリント後には，最大筋発揮トルク，筋力の立ち上がりの最大速度，弛緩速度がすべて低下する[63, 68]。そこでロングスプリントの疲労は末梢で起こり，おそらく興奮収縮連関に関係すると考えられる[68]。もっと具体的には，筋収縮機構の変化というよりも，P_i や筋小胞体内での P_i との Ca^{2+} の共沈による筋小胞体の Ca^{2+} 放出の減少が，最も考えられる要因である[63, 68-69]。また筋小胞体からの Ca^{2+} 放出の抑制は，ATP の減少や Mg^{2+} の増加によっても起きている可能性もある。

キーポイント

ロングスプリント時に細胞外 K^+ の蓄積は，おそらくあまり疲労に関係しない。しかし Ca^{2+} 動態はこの運動において抑制されていると考えられる。

7.2.4.1.4 ATP と PCr の枯渇

2.2.1 項で述べたように，短時間高強度運動も含めて様々な時間と強度の運動中に，筋全体の ATP が枯渇するということはない[70-71]。そこで ATP の枯渇は（少なくとも筋全体のレベルでは），ロングスプリント時の疲労の直接的な原因とは考えられない。

ATP 枯渇は疲労の直接原因ではないとしても，ATP 再合成源の枯渇は疲労の原因となりうる。2.2.2.1 項で述べたように，筋中 PCr 濃度は 30 秒スプリント中に 80% 程度低下するし，PCr 濃度の回復とその後の発揮パワーには相関がある。このことからスプリントのパフォーマンスは，PCr 枯渇の影響を受けることがわかる。ただし 400m 走選手は，最初から自分の最大速度で走るわけではない。そうするとレース後半の速度低下がさらに大きくなってしまう。そこで全力発揮の実験から示されるエネルギー機構の様子は，実際のロングスプリント時とは異なる可能性がある。ロングスプリントではある程度ペース配分するので，ATP 再合成量やその再合成システムも変化する（7.2.4.1.5 項）。そのため全力発揮条件での実験結果よりも，400m 走では PCr 量が長持ちする可能性もある[72]。世界レベルの 400m 走では，速度の低下は運動開始 11～13 秒たってから起こるという報告があり[66]，これはショートスプリントでの速度低下開始よりも遅い（7.2.5 項）。いずれにしても PCr が減少すると，ATP 再合成が減少するので，走速度が低下する。結果として PCr の減少は，ロングスプリントの疲労に関係すると考えられるが，それも筋中の要因（7.2.4.1.1 項と 7.2.4.1.3 項）とおそらく中枢神経系の要因（7.2.4.1.5 項）とが合わさってのことと考えられる[66]。

キーポイント

PCr の枯渇は，ロングスプリントの疲労に関係するが，それはおそらく末梢や中枢神経系の変化とも関連しながらであると考えられる。

7.2.4.1.5 パフォーマンスの予測性制御

ペース配分戦略というのは大部分のスポーツでみられるものである。それはパフォーマンスを最大に発揮するため意識して行っているか，あるいは身体機構が破綻しないよう，自覚しないで行っているのかもしれない（6.4.3 項）。400m 走におけるペース配分やその理由についての研究は不足している（7.2.4 項）。ただし約 45 秒の疲労困憊自転車運動で，ペース配分がみられたという報告がある[73]。それは最初の最大パワーと平均パワー（0〜10 秒）を抑制し，15〜30 秒の全力運動と比較して最初の 15 秒間の疲労の程度を抑えていたという結果である。面白いことに，疲労困憊したロングスプリント時の主観的運動強度（RPE）と血中乳酸濃度とに関係があるようにみえることから，乳酸がきつさやペース配分に影響する求心性因子として働く可能性が考えられる[73]。もしそうならば，ロングスプリントにも予測性制御が働いていることになる（6.4.1〜6.4.4 項）。筋の収縮能力は 400m 走の開始 10 秒たたないうちから低下し始めると報告されているので[65]，このことからも中枢性の予測性制御が働いている可能性を示している。

> **キーポイント**
>
> 45 秒の全力自転車運動でペース配分が観察されたことから，ロングスプリント時にはペース配分があると考えられる。これが意識的なものか自覚しない予測性制御なのかは不明である。

7.2.5 ショートスプリント

ショートスプリントのパフォーマンスに必要な要素と疲労のメカニズムについて，**図 7.6** にまとめた。ショートスプリントとは 100〜200m 走に相当するスプリント（10〜30 秒の全力運動）である。ショートスプリントのパフォーマンスには，最大もしくは最大に近い速度を上げ維持することが絶対に必要である[43]。しかしレース中に 100m で 8％程度，200m で 20％程度の速度低下が起こる[63]。100m 走では最大速度に 40〜60m で達し，それから低下する[74]。200m でも同様のレースパターンとなるが，もちろん最大速度は少し小さく，また速度の低下度は小さいが長く続くことになる[75]。ウサイン・ボルトが 2009 年に 100m 走で 9

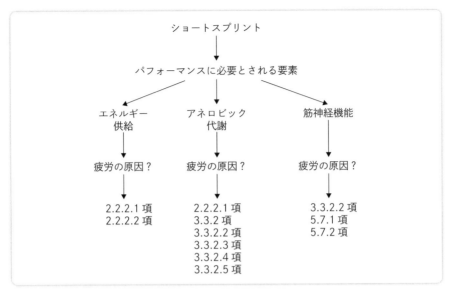

図 7.6 ショートスプリントにおける疲労の原因。直接に疲労に関係すると考えられる要因のみ取り上げている。本書で関連する疲労の原因として取り上げた項目を示した。

秒 58 の世界記録を出した際も，50〜80m まで最大速度を保って，それから低下している。このことからすれば，ショートスプリントで勝つ可能性が高い選手は，速度低下が一番少ない選手ということになる（訳注：実際には最大速度の高さが一番記録と関係するとされる）。

100m 走では，エアロビック代謝の貢献度が 10〜20％で，アネロビック代謝が 80〜90％である[76]。200m 走では，それぞれ 30％と 70％程度である[42]。アネロビック代謝が主要なのは驚くことではないが，エアロビック代謝も 10〜30％貢献するのであるから，これをショートスプリントで無視するべきではない[42]。ただし 100m や 200m のパフォーマンスに，エアロビック代謝能力は関係しないようにみえる[43]。一方アネロビック代謝はどちらの種目にも強く関係するようにみえる[43, 76-77]。神経筋機能と筋パワーもショートスプリントのパフォーマンスに関連する主要な要因である[43]。

7.2.5.1　ショートスプリントの疲労の原因は何か

運動時間が短いので，持久的運動に比較してショートスプリントの疲労の原因は，より要因が少なくより単純と思うかもしれない。しかしショートスプリント

の疲労の原因も，やはり複雑なことは確かである[72]。

7.2.5.1.1 ATP と PCr

7.2.4.1.4 項では短時間高強度運動も含めて，筋全体のレベルで運動中に ATP の枯渇は起こらないと述べた。これからすれば，ショートスプリントでも ATP 枯渇は疲労の直接の原因ではなさそうにみえる。

クレアチンリン酸（PCr）によって，6秒スプリント中における ATP 供給の 50%がなされ，また 20 秒スプリントでは 25%がなされており，残りがアネロビックとエアロビック代謝でまかなわれる（2.2.2.1 項と**図 2.2**）。PCr はこうしてどんどん減少していくので，ATP 再合成が低下し，それによって走速度が低下することが考えられる。クレアチンを摂取して PCr 濃度を上げると 100m の走速度が上がるという報告[78] は，この可能性を支持している。PCr が増えれば，さらに長いスプリントでも ATP 合成能力を高めてパフォーマンスが高まることもありうる[78]。しかしクレアチン摂取でパフォーマンスが本当に高まるのかは，一致した研究結果は得られていない（2.2.2.2 項）。ともかく PCr の再合成とそれに続くスプリントのパフォーマンスとに関係がある（2.2.2.2 項）ことからすれば，PCr の枯渇がショートスプリントのパフォーマンスに影響する因子であることは確かである。

> **キーポイント**
>
> PCr はショートスプリント中の ATP 再合成に貢献し，パフォーマンスと PCr の利用可能度には強い関係がある。そこで PCr の枯渇はショートスプリントのパフォーマンスに大きく影響する。

7.2.5.1.2 筋中／血中乳酸と pH

以前は解糖系が働くのは PCr が枯渇してからであると考えられていた。しかし 10 秒以下の高強度運動でも血中乳酸濃度が高く上がるという多くの報告がある[79]。さらにアネロビック代謝は 10 秒スプリントに必要な ATP のうち 40〜45%をまかなっていて，20 秒スプリントでは 50%をまかなっている（2.2.2.1 項，**図 2.2**）。スプリントの 40m 地点で筋中／血中乳酸濃度は上昇し始めている。た

だし 100m 走終了時の筋中／血中乳酸濃度の上昇や血中 pH の低下の程度は，アシドーシスが疲労の原因であるというレベルにはない[80-81]。

このように 100m 走ではアシドーシスは疲労に関わらないが，200m 走ではさらに 10 秒程度は最大スプリントを続けなければならない。20 秒の自転車スプリントでは筋中 pH が低下する[80]。この pH 低下は少なくとも次の 2 つの点で，パフォーマンスを悪化させる可能性が考えられる。① in vitro で報告されているように糖分解が pH 低下で阻害される。ただし pH 低下による糖分解阻害は，文献的にはっきりと支持されてはいない（3.3.2.3 項）。②アクチンとミオシンにおける力発揮が pH 低下で阻害される（3.3.2.4 項）。タイプⅡ線維の方がより pH は低下しやすく，pH 低下による筋収縮の阻害もこのタイプの方が受けやすい[82-83]。通常スプリンターにはタイプⅡ線維が多いので，pH 低下がクロスブリッジでの力発揮を妨げる影響はスプリンターで大きく，またショートスプリント中の疲労の過程で現れやすいと考えられる。しかし 3.3.2.4 項で述べたように，pH が低下してクロスブリッジでの力発揮が阻害されるという研究は，in vitro で生理学的温度よりも低い温度で行われていることが多い（温度が筋の生化学的・生理学的機能に与える影響は 3.3 節と 3.3.2.4 項を参照）。そこで運動時に pH 低下がクロスブリッジでの力を低下させると結論づけることは困難である。

キーポイント

100m 走では筋中／血中乳酸濃度や血中 pH の変化は，疲労を起こす程度にはならない。20 秒自転車スプリントでの筋中 pH 低下が起こることからすれば，この運動時間になると pH 低下が疲労に関係する可能性が考えられる。ただし pH の影響については，議論が続いているところである。

7.2.5.1.3 無機リン酸

7.2.4.1.3 項で，無機リン酸（P_i）の蓄積によって筋内の Ca^{2+} 動態が変化することの影響について述べた。しかしショートスプリント中の Ca^{2+} サイクルについての研究はほとんどない。ただし 10〜20 秒のスプリントによる筋中 P_i 濃度の上昇は報告されている[80]。また筋中 P_i 濃度が上がっても，ピークパワーについては影響を受けないことが示されている[80]。このことは，筋中 P_i の蓄積が最大発

揮筋力を低下させる可能性を疑わせる（5.7.2 項）。短時間の最大スプリントにおいて，筋内 P_i が蓄積していく時間変化を求めることも難しい。40m スプリントと 100m スプリントでは，PCr が分解される程度には差がないと報告[81]されているが，実際に例えば 100m 走において Ca^{2+} 動態を乱したり，クロスブリッジでの力発揮を阻害するくらい素早く P_i が筋内に蓄積するのか，を知ることは未だに困難である（5.7.2 項）。

7.2.5.1.4　神経筋機能

ロングスプリントで筋膜興奮性の低下は，疲労の原因と思われなかったが（7.2.4.1.2 項），同様にショートスプリントでも疲労の原因ではないと考えられる[63]。事実，末梢の代謝や神経筋機能指標の変化と，速度低下の間には相関がみられていない[63]。

しかしながら，100m や 200m 走後に脚の筋電図の著しい低下はみられている[84]。このことは中枢からの信号伝達の低下（おそらく運動神経や筋の反応低下による。6.5 節），末梢性疲労（前項）や伸張反射の感受性低下が関係していて，これはおそらくⅢ群とⅣ群の求心性刺激を介していることが考えられる（3.3.1 項，7.2.3.1.2 項）[63,85]。伸張反射の低下は筋出力，筋パワーを低下させ，結局走速度を低下させる可能性が考えられる。こうした仮説を検証する時に問題となるのは，スプリントでは，脚の中でも他の筋より疲労による影響を受けてしまう筋があるということである。例えばハムストリングとふくらはぎの筋は大腿四頭筋よりも疲労の影響を受けるし，また疲労の影響は 1 歩ごとのスプリント周期の場面によっても異なる[63]。このことからも運動やスポーツの疲労は非常に複雑であることがわかる。

運動時間が長くなるほど，中枢性疲労がパフォーマンスに及ぼす影響は増してくる。そこで逆にショートスプリントでは中枢性疲労の影響が小さいことになる。確かに Tomazin ら[63]は，100m や 200m 走後の等尺性筋力測定で，中枢性疲労の影響がほとんどないことを報告した。ただしこの論文では，スプリントパフォーマンスに中枢性疲労が関係ないとはっきり示しているわけではない（特に前の段落で述べたような，運動神経の発火や反射の変化の観点）。この点は今後特に研究の進展が待たれ，速度低下と末梢の変化に必ずしも関係がないようにみられることからすると，興味を引かれる点である。

　ショートスプリント中でも，中枢性疲労が起きてパフォーマンスに影響する可能性は考えられる。しかしその中枢性疲労の程度や原因は不明である。パフォーマンスの低下と末梢の変化とに関係がないようにみえることもあって，今後の研究の進展が待たれる。

7.2.6　レジスタンス運動

　レジスタンス運動の疲労のメカニズムについて考えるには，これまでの項とは異なるアプローチが必要である。レジスタンス運動は，競技というよりは身体能力を高める運動である。そこでレジスタンス運動のパフォーマンスに必要なことを考える時には，例えば長距離運動とロングスプリントのパフォーマンスに求められる要素の差を考えるようにはいかない。ただしレジスタンス運動をやってみれば誰でもわかるように，疲労は確かに起こっていて，筋の痛みや不快感，スピードの低下があり，運動を続けられなくなる。その疲労の原因はレジスタンス運動のタイプによっても異なると考えられるが，現状では全身のレジスタンス運動による疲労の過程に関する研究は，他の運動に比較して不足している。そのためこの項では，筋収縮が最大あるいは最大に近いようなトレーニングについてのみ考えることにする。

　最大や最大に近い負荷で挙上（筋力向上トレーニング）を行った後の回復は，最大よりも低い力で継続して行った挙上（持久力向上トレーニング）よりも早いようにみえる[86]。このことは，最大挙上の方が最大よりも負荷が低い挙上よりも「きつい」と思われることからすれば，反対のことが起こっている。ただし重要なのは，このことから最大挙上の運動による疲労の過程が，最大よりも低い持久タイプのレジスタンス運動とは異なると考えられる点である。

　最大や最大に近い挙上後の回復は，低い負荷で実施できなくなるまで行うレジスタンス運動後よりも早い。このことから最大挙上運動の疲労の過程が，持久的に行う挙上運動の場合と異なる可能性がある。

最大筋力トレーニングは，一般的には少ない反復回数（通常1〜5回）で，比較的長い回復時間を挟んで（2〜5分）行われる[86]。運動して休むのを繰り返すパターンであることから，通常最大筋力トレーニングは1セット10秒程度であり，その後に休息が入る。短時間ではあるが最大努力が必要なので，最大筋力運動直後には，PCrがかなり枯渇することが予想される[86-87]。これによってATP再合成が低下するので，このことが最大やそれに近い筋力発揮後，挙上速度や筋発揮トルクが低下することに，ある程度関係することが考えられる[88-89]。またこのことは，休息をとってPCrの再合成が十分に起きれば，筋力が回復し次の最大挙上ができるということである[87]。そこで最大筋力運動のパフォーマンスには，PCr動態が関係する。また筋力の低下と血中乳酸濃度の上昇にも相関関係があることが報告されている[90]。このことからすれば筋肥大を目指すトレーニングの疲労は，解糖系の働き，H^+の蓄積と筋中pHの低下によるとも，一見思われる[87]。しかしこれが否定されることはすでに述べている（3.3.2項）。高いレベルの随意筋力発揮（最大筋力トレーニングのように）では，エネルギー源の枯渇や代謝産物の蓄積が素早く起こる[88]。最大筋力運動の場合は，PCrの分解によるP_iの蓄積が，重要な代謝産物の変化である。P_iの蓄積は筋小胞体からのCa^{2+}放出を阻害し，筋収縮を低下させる可能性がある（5.7.2項）[88,91]。ただし最大筋力トレーニング時の筋内の変化を直接みた研究はない。さらに多くの研究は，最大筋収縮時の疲労を研究するモデルとして，個々の筋肉群だけを電気刺激している。この方法による研究結果の解釈をする際には，このことを忘れてはならない。

キーポイント

　最大やそれに近い筋力の発揮後に，挙上速度やトルクが低下するのは，PCrの枯渇が関係していると考えられる。P_iの蓄積や，これに関連するCa^{2+}動態の変化も関係することが考えられるが，このことについてはさらなる研究が必要である。

　最大随意収縮時には，中枢性と末梢性の疲労がどちらも起こることが報告されている[92]。最大等尺性収縮時には発揮筋力が開始からほとんどすぐに落ち始める。この時に電気刺激をすると筋力が増加するので，このことは中枢性疲労が起きていることを示している（1.3.1項）[93-94]。最大筋力を維持しようとしたり，繰り返

し発揮したりする場合には，運動単位の発火頻度が減少することが示されているので[95]，そのメカニズムを理解することは，最大筋力発揮における中枢性疲労の理解に必須である[94]。実際には大変複雑であるが，おそらく運動単位の発火頻度減少は，次のメカニズムの1つ，あるいは複数が関連していると考えられる。①運動神経への興奮性入力の低下，②運動神経への抑制性入力の増加，③刺激に対する運動神経自体の反応性低下[94]。運動単位の発火頻度低下は，運動単位の反応性低下と運動単位発火の抑制（おそらくⅢ群とⅣ群の求心性神経を介したものと，筋紡錘の反応低下：3.3.1項，7.2.5.1.4項）が組み合わさって起こるのではないかという報告がある[96-97]。興奮性入力は低下しないかもしれないが，運動神経の反応性低下と抑制の上昇に打ち勝てないと考えることもできるだろう[94]。

> **キーポイント**
>
> 　最大やそれに近い挙上では，運動神経への興奮性また抑制性入力の変化や，運動単位の反応性の低下により，中枢性疲労が起こる可能性が考えられる。

　レジスタンス運動では中枢性疲労は起きず，末梢性の疲労の方が重要だと示唆している報告もある[90]。ただし末梢性疲労の程度は，筋線維タイプによっていて，特にタイプⅡ線維は末梢性疲労の影響を受けやすく[98]，また中枢性疲労はトレーニングされているかの影響も受け，トレーニングされた選手の方がより中枢性疲労の方が大きい可能性がある[90]。しかしこのように複雑な疲労を解明して結論づけるには，もっと研究が必要である。

> **キーポイント**
>
> 　レジスタンス運動の疲労における，中枢性と末梢性の影響は，筋線維タイプ，負荷，トレーニングされているかによって変わる。

7.3 疲労のメカニズムに対する性別の影響

　本書を読んでご理解いただけたと思うが，疲労の原因はどんな運動を行うかによって異なる。運動に対する生理学的反応には性別による差があるので，運動と

疲労との関係における性差もどんな運動を行うかによって様々である[99-100]。動的な全身運動による疲労の性差については，まだまだ未解明である[100]。本節では，このトピックについて現状を概説する。

7.3.1 男女で疲労はどう違うのか？

　同じ相対負荷で間欠的等尺性収縮を維持したり繰り返す場合，女性の方が男性よりも疲労が小さいように観察される[99, 101]。興味深いことに，疲労のしやすさについての性差は筋群によっても異なっていて，肘屈曲筋，腰伸展筋，膝伸展筋，呼吸筋では女性の方が疲労しにくいと考えられるが[100-103]，背屈筋では性差が小さくなり[104]，肘伸展筋では全く性差がみられない[105]。このように筋群によって疲労の性差が異なるのは，その筋群における神経，代謝，収縮の要因によっていると考えられる（後述する）。また筋収縮の強度が上がるほど，等尺性収縮による性差は小さくなるし[100-106]，最大筋力が同じ男女間でも同様に性差は小さい。

　短縮性収縮でも同様で，女性の方が疲労しにくいようにみえるが，その差は等尺性収縮より小さい[100]。また短縮性収縮では，収縮の強度や速度をそれぞれ上げると，性差も小さくなる[107-108]。伸張性収縮では少し異なっていて，伸張性収縮を繰り返した後の発揮筋力の低下度には性差がみられないか[109]，あるいは女性の方が少し大きい[110]。

　それぞれの筋に注目して，筋収縮様式による疲労の反応を検討することは興味深いことではあるが，スポーツや運動を考える際に，最も有用な情報とはいえない。それよりも有効なものとして，自転車スプリント運動を繰り返す場合の，男女の疲労反応についての研究がある。その結果として，一般的には女性の方が男性より疲労しにくいと報告されている（女性の方がパワーが低下しにくい）[111]。ただし，これは多くの研究に共通した結果ではなく，特に最初の発揮パワーを揃えれば性差はないとする報告もある[112]。また自転車スプリント運動を繰り返す場合に，女性の方が回復は早いようである[113]。

> **キーポイント**
>
> 　等尺性収縮，短縮性収縮を維持したり繰り返す場合や，スプリント運動を繰り返す場合に，女性の方が男性よりも疲労しにくい。ただしこの女性の疲

労しにくさは，テストした運動で使われる筋肉によってもいるし，収縮の強度が上がったり，筋力を男女で揃えたりすると性差はかなり小さくなる。

7.3.2 運動疲労における性差をどう説明できるのか？

　生理学的な観点から疲労の性差について説明する研究は多くあるので，これから述べるとともに図7.7にもまとめた。さらに知りたい方はHunter[100]の総説を読むことをお勧めする。

　7.3.1項では筋力やパワーを揃えれば，男女間の疲労しやすさの差は減ったり，なくなったりすると述べた。事実，筋単位面積や筋量あたりの筋力には，性差はほとんどない[100]。そこで疲労に関する性差の原因の1つは，絶対筋力の差であるように考えられる。男性の方が筋量も多く筋力が高いので，疲労をより生じるような機械的また代謝的な変化を起こしやすいと考えられる[100]。

　作業筋での血流が減少すると，筋内の代謝や収縮機構に変化が起きて，疲労に結びつきやすいことが考えられる。女性の方が低強度から中強度の等尺性収縮時に（少なくともある筋群では）血液循環がよい[103]。このことで筋に血液を供給する動脈が収縮によってつぶれにくくなる。男性の方が筋力があって筋内の動脈を筋収縮でよりつぶすことになる[114]。このように筋の血液循環に差があることで疲労に性差があるとすると，男女で筋力を揃えれば疲労に性差が小さくなることも説明できることになる。高強度運動時には収縮強度が同様であれば，血流がつぶされる程度に性差はない[106]。ところが女性は筋に血液を供給する動脈を拡げる能力が男性よりも高く[115]，またある筋群（特にタイプⅠ線維の多い筋）では毛細血管密度も高いので，男性よりも血液循環がよい。また大事なことだが，血管拡張能力は女性の方が高いことに，筋力は関係ない[100]。

　筋線維組成やサイズ，数，代謝様相，収縮特性に性差があることはよく知られている。これはどれも疲労しやすさに影響を与える要因である。動作や動きに関係する多くの筋肉で，女性の方が男性よりもタイプⅠ線維が多い[116]。タイプⅠ線維はタイプⅡ線維よりも疲労しにくいとされる。特にタイプⅠ線維はタイプⅡ線維よりも Ca^{2+} 動態が遅いことは重要である[117]。女性は筋小胞体の Ca^{2+} 取り込みが男性よりも遅く[118]，このことは筋の弛緩が遅いことに繋がる。筋疲労は女

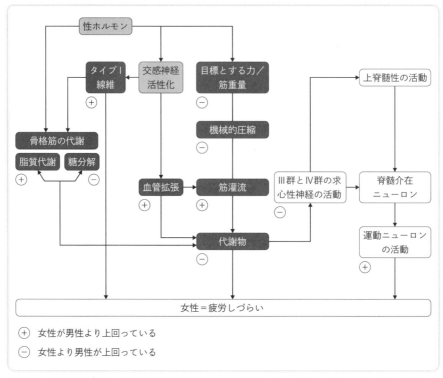

図 7.7 運動中の疲労しやすさに関する性差の生理学的メカニズム。そのメカニズムがどれだけ重要かは運動の種類（特に強度や力の程度，使われる筋群）によって異なる。黒いボックス＝筋内の反応，白いボックス＝神経システム，灰色ボックス＝ホルモンと交感神経反応。Hunter[100] による。

性の方が少ないことは，筋の収縮特性が遅いこととも関係があると示唆されてきている[119]。そこで女性の方が男性よりも，速度は遅く疲労しにくいという筋の特徴をもつと考えられる[100]。ただしこのように筋線維組成が Ca^{2+} 動態と筋収縮の様相に影響を与えるということは，疲労しやすさに関する性差は筋で起きていることになる[100]。

　筋線維組成や収縮特性に性差があることは，運動中の筋のエネルギー代謝にも性差があることを示唆している。事実，女性の方がおそらくタイプ I 線維が多いために，高強度等尺性収縮時により糖を使わず[120]，スプリント中の血中乳酸濃度が低く ATP の減少も少ないことが報告されている[121]。しかし PCr 代謝や酸化代謝については性差がみられない[120]。同じ相対運動強度では，女性の方がよ

り脂肪を使い糖は使わないこともよく知られている[116]。タイプⅠ線維は脂質酸化に適している線維であるから，このことも女性の方がタイプⅠ線維が多いことが関係していると考えられる。まとめると，疲労に関係すると考えられる解糖系への依存が少なく，量の限られたグリコーゲンやグルコースへの依存もより少ないという代謝応答をするので，女性の方が運動時の疲労が起きにくいと考えられる（2.2.3項，2.3節）。

随意筋収縮における性差の研究をみると，性差はより末梢の原因によっていると考えられる。上体の筋群では短時間の最大随意収縮に性差がほぼみられないようであり[122]，低強度や高強度の等尺性収縮も上体の筋群を使う場合には中枢性疲労の程度に性差がない[100]。しかし脚の最大収縮になると，男性の方が疲労して随意発揮筋力が低下していきやすい[123]。このように上体と下体で性差が異なるのは，この節の前半で述べたように筋の循環と代謝が男女で異なることから，脚の筋では男性のⅢ群とⅣ群の求心性フィードバックが女性よりも強いということなのかもしれない[100]。

最後に女性の性周期が運動の疲労に与える影響についても述べるべきであろう。現時点では性周期によって疲労が影響を受けるという明白な証拠は，少なくとも通常の環境条件ではない[124]。しかし高温多湿環境での長時間運動では，性周期が生理学的，また認知的な反応に影響する可能性がある[125]。

キーポイント

　女性は筋の循環，タイプⅠ線維の割合，筋のエネルギー代謝と代謝産物の産生，そしておそらくは随意発揮筋力の差（少なくとも下肢の筋では）があることで，男性よりも疲労しにくいと考えられる。

7.4 トレーニングによる疲労への影響

　異なるトレーニングで異なる適応が起きる。またそのトレーニングに特異的な適応が起こる。もちろん，トレーニングにより運動をする身体能力が高まる。もし異なるトレーニングで生理学的に異なる適応が起こるならば，トレーニング自体，またそのトレーニングの種類によって，運動パフォーマンスを低下させる疲

労のメカニズムへの影響が異なると考えるのは自然である。この節では，トレーニングが運動中の疲労のメカニズムに与える影響について概説する。簡便のため，本書第II部で取り上げた疲労のメカニズムに関連した内容をここでは述べることにする。もっと広くトレーニングがパフォーマンスに与える影響全体を俯瞰するようには述べない。

7.4.1 エネルギー代謝

　古くから知られる持久的トレーニングによる適応というと，筋のミトコンドリアの密度や酸化酵素量と活性の上昇，毛細血管と血液循環の増加によって起こる，筋のエアロビックなATP再合成能力の上昇である。また持久的トレーニングは，筋内の脂肪酸輸送タンパク質や脂肪酸代謝酵素を増やす。これらの適応が起こることから，持久的トレーニングを行うと，同じ相対運動強度においてより脂肪を使い糖の利用を抑えられるようになる[126-127]。

　脂肪の利用を増やし糖の利用を抑えられるので，持久的トレーニングをすれば，運動中のグリコーゲンが枯渇するのを遅らせることができ，そこでグリコーゲンの枯渇による疲労の影響が減らせる（2.2.3項）。例えば筋グリコーゲンの減少が運動パフォーマンスを阻害するのは，筋原線維内（intramyofibrillar）グリコーゲンが枯渇して筋の横行小管周辺のATP産生が低下して，筋小胞体のCa^{2+}放出が減少する（2.2.3.2.1項）ことが挙げられる。タイプI線維の方がタイプII線維より，筋細胞膜下（subsarcolemmal）と筋原線維内のグリコーゲンが多い[128]。持久的トレーニングされた選手の方がタイプI線維が多いので，筋原線維内グリコーゲンが枯渇しにくいことになり有利である。このように細胞内でのグリコーゲン分布はトレーニングの影響を受け[129]，筋細胞膜下グリコーゲンがトレーニングで一番早く増える[128]。しかし筋細胞膜下と筋原線維間（intermyofibrillar）のグリコーゲンは数週間で増えるが，筋原線維内のグリコーゲンを増やすのはさらに長期間のトレーニングが必要だったり，かなりトレーニングされた選手のみで増えている。持久的トレーニングされた選手でも筋原線維内グリコーゲンが低下すると，筋小胞体でのCa^{2+}放出の減少は確かにみられるが[130]，グリコーゲン減少が疲労に与える影響はより小さくなる[130]。持久的トレーニングされた選手では筋原線維内グリコーゲンは増加しないかもしれないが，その枯渇を遅らせる

ことができ，筋小胞体による Ca^{2+} 動態の不全を遅らせることはできる可能性がある。研究によって結果が異なっている場合があるが，それはトレーニングされた状態が異なるからである，という意見もあるので[130]，細胞内の部位別のグリコーゲン利用と関連する筋小胞体の機能不全に関して，異なるトレーニング状態の被験者によるさらなる研究が必要である。

スプリントを繰り返す運動のパフォーマンスは，スプリント中の PCr 分解能力と，続くその回復の能力に関係している（2.2.2.2 項）。スプリントトレーニングされた選手は PCr の分解速度が最も速い[131]が，これはおそらくスプリントトレーニングされた選手ではタイプⅡ線維が多く，タイプⅡ線維のクレアチンキナーゼ活性が高いことも関係している[131]。逆に持久的トレーニングされた選手では PCr の再合成能力が高い[132]。PCr の再合成はエアロビックな ATP 再合成能力に依存していて，持久的パフォーマンスと $\dot{V}O_2max$，PCr 再合成量には強い相関があると報告されている[133-134]。エアロビック能力と PCr 再合成に関係があるので，スプリントの繰り返し運動でも，エアロビック代謝に優れた人ほど，PCr 濃度が高い状態でそれぞれのスプリントができることになり，そうすれば PCr 減少によるスプリントパフォーマンスの低下を抑えられることになる。実際に 6 秒スプリントを 30 秒の回復をとって 10 回繰り返す運動において，持久的トレーニングされた選手は，チームスポーツ選手よりもスプリント時のパワーを維持できたことが報告されている[135]。スプリントやパワー系の選手は PCr 分解量が多く，持久系の選手は PCr 再合成が高いということは，スプリントやパワー系の選手の方が，特に繰り返しスプリント運動のパフォーマンスで PCr 減少の影響を受けやすいことになる（2.2.2.1 項と 2.2.2.2 項）。またトレーニングの観点からいうと，チームスポーツ選手はエアロビック代謝とパワーの両方を高めるのが重要で，それによって PCr の再合成が高まり，試合中より高い強度のパフォーマンスができる可能性が高い。サッカー選手が 8 週間のエアロビックインターバルトレーニングを行ったところ，試合中のスプリント回数や強度が上がったという報告[136]も，このことを支持している。ただし，PCr 動態の向上だけで，このパフォーマンスの向上が起こったとすることはできない（7.2.2.1.1.2 項）[137]。

キーポイント

持久的トレーニングされた選手は同じ相対運動強度で，より脂肪を使い糖

を使わないようになる。このことでグリコーゲン枯渇による疲労の影響を減らしたり遅らせたりできるようになる。持久的トレーニングされた選手はPCr の再合成能力が高く，これによってスプリントを繰り返す運動におけるパフォーマンスの維持ができる。

7.4.2 代謝性アシドーシス

　チームスポーツの選手は，持久的競技の選手や一般人より筋での H^+ の緩衝能力が高い[138]。筋緩衝能力が高いと高強度運動時，特にスプリントの繰り返しを伴う運動のパフォーマンスによい影響を与える可能性がある。このことは筋緩衝能力と繰り返しスプリント運動の仕事量に相関がある，つまり緩衝能力が高ければよりたくさん動けるという研究から支持される[52]。チームスポーツ選手の緩衝能力が高いのは，繰り返しの高強度トレーニングの結果という可能性があり，こうしたトレーニングが緩衝能力を高める刺激となると考えられる[138]。

　スプリントトレーニングされた選手はタイプ II 線維が多い傾向にある。この線維はグリコーゲン濃度が高く糖分解酵素が多く，アネロビック代謝による ATP産生をタイプ I 線維よりも行えることになる。この代謝で乳酸と H^+ ができる（3.3節）。そこで筋から特に H^+ を除去することが重要なようにもみえる。タイプ II線維にはモノカルボン酸輸送担体 4 型（MCT4）がタイプ I 線維よりも多い[139]。この輸送担体は乳酸と H^+ を筋から血液や近くの筋細胞に輸送し，そして乳酸が酸化され ATP 再合成が行われて使われることになる（3.3節，3.3.1 項）[140]。そこでタイプ II 線維の多い人は，より作業筋から乳酸と H^+ を取り除けることになる。

　スプリントトレーニングされた選手は，乳酸と H^+ を緩衝し輸送する能力が高いようにみえる一方で，持久的トレーニングによってもまた乳酸と H^+ の産生と除去に対して適応が起きているようにみえる。まず持久的トレーニングされた選手は，タイプ I 線維が多く，この線維はアネロビック代謝よりもエアロビック代謝に適している。その結果として持久的トレーニングされた選手では，そうでない種類のトレーニングをした選手に比べて，同じ運動強度での乳酸産生が少ない[141-142]。次に持久的トレーニングはタイプ I 線維の酸化能力を高める。血中乳酸を除去する能力は筋の酸化能力と強い関係がある[143]。このことはタイプ I 線

維には筋の細胞膜やミトコンドリアにモノカルボン酸輸送担体1型（MCT1）が多く，持久的トレーニングはこのMCT1を増やすことも関係している[140, 144]。MCT1が筋細胞膜に増えると，血液からタイプⅠ線維への乳酸とH^+の取り込みが高まり，ミトコンドリアのMCT1が増えればミトコンドリアへの乳酸とH^+の取り込みを促進し，酸化的にATPが再合成されることになる[140, 145-146]。

　乳酸とH^+の血液と骨格筋における放出と取り込みは複雑で，筋の形態や運動時のエネルギー要求などの影響も受けるので，今も研究が進められている段階である。しかしトレーニングによるこれらへの影響をみると，スプリントやチームスポーツの選手は，筋の乳酸やH^+の緩衝や除去能力が持久的競技選手よりも高く，一方で持久的選手は乳酸やH^+を筋線維に輸送して酸化的にATPを再合成する能力が高く，また同じ運動強度で比較すると，乳酸やH^+をより産生しにくい筋線維組成をしている。

キーポイント

　チームスポーツの選手は筋緩衝能力が，持久的トレーニングやスプリントトレーニングされた選手よりも高い。スプリントトレーニングされた選手も乳酸とH^+を効率的に筋から放出することができる。持久的トレーニングされた選手は同じ運動強度での乳酸とH^+の産生が少なく，また乳酸とH^+を筋のミトコンドリアに輸送してエアロビックにATPを再合成する能力が高い。

7.4.3 体温調節

　持久的フィットネスレベルの高い人の方が，そうでない人よりも高温環境での運動に耐えられるという考え方がある。持久力のある人の方が高温環境で深部体温がより低い状態から運動を開始し，より長く運動でき，また運動終了時の深部体温が高いところまで運動できるという[147]。もしも持久的フィットネスレベルが高体温の負の影響を減らせるならば（4.5.2項，4.6節），特に持久的運動のパフォーマンスには望ましいだろう。中枢性疲労に関係する神経内分泌関連のマーカーは，温度に依存して上昇するようにみえるが，暑熱下の疲労困憊時にトレーニングされた人とされていない人で差はみられないようである[148]。

驚くことではないが，持久的フィットネスレベルの高い人の方が暑熱環境に耐えられるのは，よく行っている運動のおかげとされている。さらにいえば，持久的フィットネスの高い人が運動時により高い深部体温に耐えられるということは，そうでない人にとっては深部体温の上昇がより大きなストレスになるということになる[148]。なぜこのようにエアロビック代謝に優れた人が高い深部体温に耐えられるのかは，今も議論されている。持久的フィットネスの高い人は血液量や1回拍出量が多いので，暑熱下の運動時にも循環の負担が少ない[149]。しかし暑熱下の運動での循環応答には，トレーニングされているか否かの差はないという報告[150]からすると，エアロビックフィットネスが高いと循環の負担が少ないので，暑熱に耐えられるという考え方は否定される。またトレーニングされた人の方が暑熱下の生理学的負担の認識が低いということも報告されている[148]。このことからはトレーニングされた人の方が，トレーニング時における深部体温の上昇になじんでいて，運動時の深部体温の上昇に耐えられる可能性を示唆している[150]。この可能性から，特に事前の経験によってこれから行う運動についての認識が高まっているという点で，トレーニングされた人の方が運動により耐えられるのは，運動の予測性制御による可能性がある（6.3.2項，**図 6.4**，**表 6.1**）。また脂肪組織は筋などよりも熱を貯めやすいので，脂肪が少ない方が運動時の深部体温の上昇により耐えられる可能性もある[150]。その一方，暑熱下の運動耐性と脂肪量とは関係ない可能性も考えられる[150]。

　他の場合と同様に，ヒトの運動に対する応答は複雑で関連し合っているので，持久的フィットネスレベルの高い人が暑熱下の運動により耐えられるメカニズムも複雑であると考えられる。さらにすべての研究が一致して，フィットネスレベルと暑熱下での運動耐性に関係がある，と報告しているわけでもないことも忘れてはならない[151]。

キーポイント

　持久的トレーニングされた人は，高温環境でより運動に耐えることができ，このことはより高い深部体温に耐えられるということと関連している。この能力は，循環の負担が少ないこと，温度による生理的負担の認識が低いことや，脂肪が少ないことが関係している可能性がある。

　タイプII線維はタイプI線維よりも，筋小胞体からの Ca^{2+} の放出と取り込みが速く，活動電位ごとの Ca^{2+} 放出量が多く，トロポニンCの Ca^{2+} 結合部位も多い[69, 152]。これらのことによって，タイプII線維は力発揮が大きく収縮速度も速いことになる。これは筋線維が，その機能を果たせるようにどう適合しているのかを示す例である。ただしタイプI線維は筋小胞体の Ca^{2+} 濃度が高く，このことによって筋小胞体の Ca^{2+} 放出チャネルをより多く開けることで，さらに Ca^{2+} 放出を促進できる[153]。筋小胞体の Ca^{2+} 放出チャネルを多く開けられれば，Ca^{2+} 放出を抑制する可能性のある Mg^{2+} の影響をより少なくでき（5.7.2項，5.7.3項）[154]，疲労を抑制できる可能性がある[152]。またタイプII線維はタイプI線維よりもATPとPCrを分解する能力が高いので，P_i 濃度もより上がりやすい[82]。そこでタイプII線維が多い筋では，筋小胞体で Ca^{2+} と P_i が共沈する影響をより受けやすいことになる（5.7.2項）。

　タイプI線維の方が Ca^{2+} 動態に関してはより望ましい特質をもっていることになるが，筋小胞体の Ca^{2+} 放出と取り込みは持久的トレーニングされた選手，レジスタンストレーニングされた選手，トレーニングされていない人，すべてで低下する[155]。ただしその筋小胞体機能が低下する程度は，トレーニングされていない人の方が，持久的トレーニングされた選手よりも大きい。さらに筋小胞体機能の低下度はタイプII線維の割合と相関があるので，タイプII線維での機能低下が大きいことがわかる[155]。興味深いことに，短期間の持久的トレーニングでは，筋小胞体の Ca^{2+} 放出と取り込みが低下すると報告されている[156]。これは一見負の適応にみえるが，実際にはこの Ca^{2+} 動態の低下は筋の酸化能力を向上させる適応の始まりを示している[156]。確かに長期間の持久的トレーニングで筋の Ca^{2+} 動態に関わるタンパク質が増えることが報告されているし[157]，これと同様の結果はタイプII線維でもみられている[158]。

　本書で述べてきた多くの疲労の過程と同様に，細胞外 K^+ の蓄積が実際に生体内で運動の疲労に関係するのかについては論争がある（5.3節，5.4節）。しかし *in vivo* での決定的な証拠がないことからすると（5.5節），細胞外 K^+ の蓄積も運動疲労の原因を考える際には，やはり含めておくべきであり，特にトレーニングによって筋の K^+ 動態が変化した場合には考慮されるべきである。

高強度インターバルトレーニングを行うと，疲労困憊まで行う負荷漸増片脚運動時における細胞外 K^+ の蓄積が低下する[159]。トレーニングによって細胞外 K^+ の蓄積が低下する原因として，筋の Na^+-K^+ ポンプの活性が高まり，筋への K^+ 再取り込みが高まったことが考えられる[144, 159]。筋の Na^+-K^+ ポンプの密度は持久的トレーニングで 14～20％，スプリントトレーニングで 16％，高強度インターバルトレーニングとレジスタンストレーニングで 10～18％増加したと報告されている[144, 160-162]。そこで多くのトレーニング方法で，細胞外 K^+ の蓄積を防ぐ能力が高まると考えられる。ただしタイプⅡ線維の方が細胞外 K^+ の蓄積を起こしやすいので，スプリントやパワー系の選手で最もこのことが重要である可能性が考えられる[152]。

> **キーポイント**
>
> 　タイプⅠ線維はタイプⅡ線維よりも，Mg^{2+} や P_i の蓄積によって筋小胞体の機能が阻害されにくいと考えられる。実際に運動時の筋小胞体機能の低下は，タイプⅡ線維がどのくらいあるかと関係している。持久的トレーニング，レジスタンストレーニング，スプリントトレーニングのどれもが Na^+-K^+ ポンプを増やすので，どのトレーニングでも細胞外 K^+ の蓄積を防ぐ能力が高まる。

7.4.5 中枢性／予測性パフォーマンス制御

　運動パフォーマンスの中枢性／予測性制御に，トレーニングされているかが与える影響については，7.4.1～7.4.3 項で議論したような情報をもとにして議論が行われる。6.5 節で述べたように，現在のモデルで提唱されているパフォーマンスの中枢性／予測性制御理論は複雑で，実験的に検証することが非常に難しい。そこで，おそらく驚くことではないが，中枢性／予測性制御にトレーニングが与える影響については，実験研究ではっきりと区別され検証されてはいない。

　運動時にペース配分戦略があるとする見方は（6.4.3 項），パフォーマンスの中枢性／予測性制御が働いているとする考え方を支持するかもしれない。これは事前の経験とこれから予想される運動要求の知識，末梢からの求心性フィードバッ

クによって，事前にテンプレート RPE ができていて，それにしたがって運動強度を調整し続けるという考え方である（**図 6.4**）。予定されている運動をやり遂げるためにより素早く効率的にペース配分戦略を洗練できる能力は，トレーニングや経験によって高まることが報告されている（6.4 節）。実際にペース配分が，大きな身体ダメージなく予定されている運動を遂行することができるようにする，パフォーマンスの中枢性／予測性制御の 1 つであるならば，トレーニングの経験がこの制御をうまく行う上で，最も重要なことになる可能性がある。

運動パフォーマンスの調節因子として，末梢の求心性フィードバックも自分の RPE をつくるのに重要と考えられている（6.3.2 項，**図 6.4**）。7.4.1〜7.4.3 項で述べたように，トレーニング—特に高強度トレーニングや，あるいは伝統的持久的トレーニングで，運動時に疲労を起こすような，末梢の代謝的要因，イオンの変化，体温調節の影響を減らす方向の適応が起きる。そこでよくトレーニングされた人は，同じ運動強度でも末梢からの求心性フィードバックが少ないことになり，そのことが運動時の主観的なきつさの程度がより低いことに繋がり，よりパフォーマンスがよくなる可能性がある。この考え方は，エアロビックフィットネスの高い人の方が低い人よりも，同じ相対運動強度における RPE が低いという報告から支持される[163]。ただし，ここでもさらなる研究が必要である。

> **キーポイント**
>
> 　トレーニングされているかということや事前の運動経験は，運動中のペース配分能力を高める。ペース配分戦略が中枢性／予測性制御の 1 つと考えるならば，トレーニングの経験はこの制御に有益である。トレーニングされている人は，より末梢性からの求心性フィードバックが少ないので，RPE の判断がよりうまくできるようになり，結果としてパフォーマンスを向上させる可能性がある。

7.5 まとめ

- 中強度長時間運動では，循環機能，体温調節，水分損失（ある環境下では）による中枢性機能の変化，グリコーゲンの枯渇，筋小胞体の機能低下，細胞外

K^+ の蓄積によってパフォーマンスが低下する可能性がある。

- 中強度長時間運動でも運動パフォーマンスに中枢性／予測性制御モデルが当てはまると考えられる。ただし中枢性のパフォーマンス制御因子が存在するのかについて論争があることは，忘れてはならない。

- フィールド球技の試合では，一時性疲労が高強度のプレー後に起こり，試合終盤に向けて進行性疲労が起きていく。

- チームスポーツの一時性疲労の原因についてはわかっていないが，筋中／血中 pH の低下や PCr の枯渇，筋細胞膜興奮性の変化は，主たる原因ではないとも考えられる。一時性疲労は，中枢性／予測性パフォーマンス制御の１つとしてのペース配分と考えるのは興味深いが，この考え方には検証が必要である。

- チームスポーツの進行性疲労は，筋グリコーゲンの枯渇や飲料摂取の制限（ただし必ずしも実際の水分損失ではない）や，中枢性疲労によって影響を受ける可能性がある。

- 中距離運動のパフォーマンスは，H^+ の産生による pH 低下による III 群と IV 群の求心性刺激，動脈血中酸素飽和度の低下とそれによる脳内低酸素，というどちらも中枢性疲労に関係する要因によって悪化する。中距離運動で細胞外 K^+ の蓄積は起こり，筋機能を阻害する可能性がある。P_i や Mg^{2+} の蓄積も Ca^{2+} 動態を阻害する。

- おそらく筋小胞体の機能や Ca^{2+} 動態の低下，PCr の枯渇によって興奮収縮連関が変化し，ロングスプリントのパフォーマンスは低下する。血中乳酸濃度と RPE に関係がみられたり，スプリント開始から 10 秒以内に筋収縮能力が変化することから，ロングスプリント中にパフォーマンスの予測性制御も行われている可能性がある。

- PCr の枯渇によってショートスプリントのパフォーマンスは低下する。200m 走のパフォーマンスは筋中 pH の低下によって悪くなる可能性があるが，100m 走ではこれと無関係である。ショートスプリントのパフォーマンスに P_i の蓄積と Ca^{2+} 動態の変化が与える影響については，さらに研究が必要である。ショートスプリントのパフォーマンスは，おそらく運動ニューロンの反応性の変化や末梢性疲労，伸張性反射の低下によって神経筋機能が変化することでも，悪くなる。

- 高負荷のレジスタンストレーニングは，PCr の枯渇や筋中の代謝産物蓄積で阻

害される可能性がある。また中枢性疲労の進行の影響を受けることも考えられるが，末梢性と中枢性の疲労の影響は，筋線維タイプやトレーニングされているかにもよっている。

• 女性の方が，等尺性収縮，短縮性収縮，繰り返しスプリント運動において，男性よりも疲労しにくいと考えられる。収縮強度を上げたり，男女で筋力を揃えたりすると，この性差はかなり小さくなったり，消えたりする。

• 女性の方が疲労しにくい理由の中には，女性の方が循環がよく，タイプⅠ線維が多く，運動に対する代謝反応が違い，下肢筋群の随意発揮筋力が優れている，といったことがある。

• 持久的トレーニングされた選手は同じ相対運動強度で，より脂肪を使い糖の利用が少なく，またPCrの再合成能力も高い。このことによりグリコーゲン枯渇による疲労をなくしたり，少なくとも遅らすことができるし，繰り返しスプリント運動のパフォーマンスを維持できる。

• チームスポーツの選手は持久的トレーニングされた選手や一般成人よりも筋のH^+緩衝能力が高く，このことによって繰り返しスプリント運動をより行える可能性が高い。タイプⅡ線維はMCT4が多く，これによってスプリントトレーニングされた選手は効率的に筋から乳酸とH^+を放出できる。持久的トレーニングされた選手は，乳酸やH^+の産生が少ない筋線維組成になっているが，一方で筋のMCT1が多く，これによって乳酸とH^+を細胞間と，またミトコンドリアに輸送できるので，よりATP再合成を乳酸から行える。

• 持久的なフィットネスレベルの高い人は，高い気温での運動により耐えられるが，これは高い深部体温に耐えられることと，熱ストレスを知覚することが少ないことによっている可能性が考えられる。

• タイプⅠ線維は筋小胞体のCa^{2+}濃度が高く，これによってCa^{2+}放出が促進され，運動中に筋小胞体が受ける抑制的な影響を小さくできる。タイプⅡ線維はP_i濃度がより高くなり，これによって筋小胞体内でCa^{2+}とP_iが共沈する可能性が高くなる。どんな種類のトレーニングでも，細胞外K^+の蓄積を防ぐ能力が高まるような適応が起こる。

• 持久的トレーニングされた選手は同じ相対運動強度で，より低いRPEを報告する。また末梢での代謝，イオン，体温調節状態の変化によって起こる求心性フィードバックが小さくなるような適応がトレーニングで起きている。パ

フォーマンスの中枢性／予測性制御が末梢からの求心性フィードバックとRPEによっているのであれば，持久的トレーニングされた選手は，このパフォーマンス調節システムにより「抑制され」ないということかもしれない。ただしこの点については実験的研究が必要である。

テストをしてみよう

自分の力で次の問題に答えてみよう。本書をさらに読み進める前に，この問いに答えるのに必要な情報を理解するようにしよう。

① 次の運動での疲労の原因となりうることについてまとめなさい。中強度長時間運動，フィールド球技，中距離運動，ロングスプリント，ショートスプリント，レジスタンストレーニング。

② 筋力発揮が関係する運動の中で，男性の方が女性よりも疲労しやすい理由についてまとめなさい。

③ 筋力の発揮度が高い場合や，男女の相対筋力を合わせた場合に，疲労しやすさについての性差が小さくなったり，消えたりするのはなぜだろうか。

④ グリコーゲン枯渇によって起こる疲労が，持久的トレーニングでどのように低下するだろうか。また持久的トレーニングで，繰り返しスプリント運動が維持できるようになっていくのだろうか。

⑤ 体内のアシドーシスによる疲労について，どんなトレーニングをすると，どのように影響が出るだろうか。

⑥ 暑熱環境での耐性に持久的トレーニングがどのように影響するのか，まとめなさい。

⑦ 筋線維タイプによって筋の Ca^{2+} 動態はどう違うだろうか。そしてその差はトレーニングされているかによって，どう変わるだろうか。

⑧ 細胞外 K^+ の蓄積について，トレーニングはどのように影響するだろうか。

⑨ 中枢性／予測性パフォーマンス制御の疲労に対する役割について，トレーニングはどのように影響するだろうか。

文献

1) Coyle EF (2007) Physiological regulation of marathon performance. *Sports Med* 37: 306-11.

2) Casa DJ, Armstrong LE, Hillman SK, Montain SJ, Reiff RV, Rich BSE, Roberts WO, Stone JA (2000) National Athletic Trainers Association position statement: fluid replacement for athletes. *J Athl Train* 35: 212-24.

3) Pfeiffer B, Stellingwerff T, Hodgson AB, Randell R, Pottgen L, Res P, Jeukendrup AE (2012) Nutritional intake and gastrointestinal problems during competitive endurance events. *Med Sci Sports Exerc* 44: 344-51.

4) Lambert GP, Lang J, Bull A, Eckerson J, Lanspa S, O'Brien J (2008) Fluid tolerance while running: effect of repeated trials. *Int J Sports Med* 29: 878-82.

5) Millet GP, Vleck VE, Bentley DJ (2009) Physiological differences between cycling and running: lessons from triathletes. *Sports Med* 39: 179-206.

6) Leppik JA, Aughey RJ, Medved I, Fairw ather I, Carey MF, McKenna MJ (2004) Prolonged exercise to fatigue in humans impairs skeletal muscle Na^+-K^+ ATPase activity, sarcoplasmic retiulum Ca^{2+} release, and Ca^{2+} uptake. *J Appl Physiol* 97:1414-23.

7) Wada M, Kuratani M, Kanzaki K (2013) Calcium kinetics of sarcoplasmic reticulum and muscle fatigue. *J Phys Fitness Sports Med* 2: 169-78.

8) McKenna MJ, Medved I, Goodman CA, Brown MJ, Bjorksten AR, Murphy KT, Petersen AC, Sostaric S, Gong X (2006) N-acetylcysteine attenuates the decline in muscle Na^+, K^+-pump activity and delays fatigue during prolonged exercise in humans. *J Physiol* 576: 279-88.

9) Pires FO, Noakes TD, Lima-Silva AE, Bertuzzi R, Ugrinowitsch C, Lira FS, Kiss MAPDM (2011) Cardiopulmonary, blood metabolite and rating of perceived exertion responses to constant exercises performed at different intensities until exhaustion. *Br J Sports Med* 45: 1119-25.

10) Overgaard K, Lindstrøm T, Ingemann-Hansen T, Clausen T (2002) Membrane leakage and increased content of Na^+-K^+ pumps and Ca^{2+} in human muscle after a 100-km run. *J Appl Physiol* 92: 1891-8.

11) Noakes TD (2007) The central governor model of exercise regulation applied to the marathon. *Sports Med* 37: 374-7.

12) Duthie G, Pyne D, Hooper S (2003) Applied physiology and game analysis of rugby union. *Sports Med* 33: 973-91.

13) Gabbett T, King T, Jenkins D (2008) Applied physiology of rugby league. *Sports Med* 38: 119-38.

14) Bangsbo J, Mohr M, Krustrup P (2006) Physical and metabolic demands of training and match-play in the elite football player. *J Sports Sci* 24: 665-74.

15) Abt G, Zhou S, Weatherby R (1998) The effect of a high-carbohydrate diet on the skill performance of midfield soccer players after intermittent treadmill exercise. *J Sci Med Sport* 1: 203-12.

16) Mohr M, Krustrup P, Bangsbo J (2005) Fatigue in soccer: a brief review. J Sports Sci 23: 593-9.

17) Bangsbo J, Nørregaard L, Thorsø F (1991) Activity profile of competition soccer. *Can J Sport Sci* 16: 110-6.

18) Bangsbo J, Mohr M (2005) Variations in running speed and recovery time after a sprint during top-class soccer matches. *Med Sci Sports Exerc* 37: S87.

19) Mohr M, Krustrup P, Bangsbo J (2003) Match performance of high-standard soccer players with special reference to development of fatigue. *J Sports Sci* 21: 519-28.

20) Krustrup P, Mohr M, Steensberg A, Bencke J, Kjaer M, Bangsbo J (2003) Muscle metabolites during a football match in relation to a decreased sprinting ability. Communication to the Fifth World Congress of Soccer and Science, Lisbon, Portugal.

21) Krustrup P, Mohr M, Steensberg A, Bencke J, Kjaer M, Bangsbo J (2006) Muscle and blood metabolites during a soccer game: implications for sprint performance. *Med Sci Sports Exerc* 38: 1165-74.

22) Krustrup P, Mohr M, Amstrup T, Rysgaard T, Johansen J, Steensberg A, Pedersen PK, Bangsbo J

(2003) The Yo-Yo intermittent recovery test: physiological response, reliability and validity. *Med Sci Sports Exerc* 35: 695-705.

23) Bangsbo J, Iaia FM, Krustrup P (2007) Metabolic response and fatigue in soccer. *Int J Sports Physiol Perf* 2: 111-27.

24) Mohr M, Nielsen JJ, Bangsbo J (2011) Caffeine intake improves intense intermittent exercise performance and reduces muscle interstitial potassium accumulation. *J Appl Physiol* 111: 1372-9.

25) Balsom PD, Gaitanos GC, Söderlund K, Ekblom B (1999) High-intensity exercise and muscle glycogen availability in humans. *Acta Physiol Scand* 165: 337-45.

26) Maughan RJ, Shirreffs SM, Merson SJ, Horswill CA (2005) Fluid and electrolyte balance in elite male football (soccer) players training in a cool environment. *J Sports Sci* 23: 73-9.

27) Reilly T (1997) Energetics of high-intensity exercise (soccer) with particular reference to fatigue. *J Sports Sci* 15: 257-63.

28) Shirreffs SM, Aragon-Vargas LF, Chamorro M, Maughan RJ, Serratosa L, Zachwieja JJ (2005) The sweating response of elite professional soccer players to training in the heat. *Int J Sports Med* 26: 90-5.

29) Edwards AM, Noakes TD (2009) Dehydration: cause of fatigue or sign of pacing in elite soccer? *Sports Med* 39: 1-13.

30) McGregor SJ, Nicholas CW, Lakomy HKA, Williams C (1999) The influence of intermittent high-intensity shuttle running and fluid ingestion on the performance of a soccer skill. *J Sports Sci* 17: 895-903.

31) Edwards AM, Mann ME, Marfell-Jones MJ, Rankin DM, Noakes TD, Shillington DP (2007) Influence of moderate dehydration on soccer performance: physiological responses to 45 min of outdoor match-play and the immediate subsequent performance of sport-specific and mental concentration tests. *Br J Sports Med* 41: 385-91.

32) Edwards AM, Clark NA (2006) Thermoregulatory observations in soccer match play: professional and recreational level applications using an intestinal pill system to measure core temperature. *Br J Sports Med* 40: 133-8.

33) Aughey RJ, Goodman CA, McKenna MJ (2014) Greater chance of high core temperatures with modified pacing strategy during team sport in the heat. *J Sci Med Sport* 17: 113-8.

34) Robinson TA, Hawley JA, Palmer GS, Wilson GR, Gray DA, Noakes TD, Dennis SC (1995) Water ingestion does not improve 1-h cycling performance in moderate ambient temperatures. *Eur J Appl Physiol* 71: 153-60.

35) Schlader ZJ, Simmons SE, Stannard SR, Mündel T (2011) Skin temperature as a thermal controller of exercise intensity. *Eur J Appl Physiol* 111: 1631-9.

36) Temfemo A, Carling C, Said A (2011) Relationship between power output, lactate, skin temperature, and muscle activity during brief repeated exercises with increasing intensity. *J Strength Cond Res* 25: 915-21.

37) Rahnama N, Lees A, Reilly T (2006) Electromyography of selected lower-limb muscles fatigued by exercise at the intensity of soccer match-play. *J Electromyogr Kinesiol* 16: 257-63.

38) Rampinini E, Bosio A, Ferraresi I, Petruolo A, Morelli A, Sassi A (2011) Match-related fatigue in soccer players. *Med Sci Sports Exerc* 43: 2161-70.

39) Robineau J, Jouaux T, Lacroix M, Babault N (2012) Neuromuscular fatigue induced by a 90-min soccer game modelling. *J Strength Cond Res* 26: 555-62.

40) Gandevia SC (2001) Spinal and supraspinal factors in human muscle fatigue. *Physiol Rev* 81: 1726-89.

41) Duffield R, Dawson B, Goodman C (2005) Energy system contribution to 400- metre and 800-metre track running. *J Sports Sci* 23: 299-307.

42) Spencer MR, Gastin PB (2001) Energy system contribution during 200- to 1500-m running in highly trained athletes. *Med Sci Sports Exerc* 33: 157-62.

43) Dal Pupo J, Arins FB, Guglielmo LGA, Da Silva R, Moro ARP, Dos Santos SG (2013) Physiological

and neuromuscular indices associated with sprint running performance. *Res Sports Med* 21: 124–35.

44) Ingham SA, Whyte GP, Pedlar C, Bailey DM, Dunman N, Nevill AM (2008) Determinants of 800-m and 1500-m running performance using allometric models. *Med Sci Sports Exerc* 40: 345–50.

45) Rabadán M, Dfaz V, Calderón FJ, Benito PJ, Peinado AB, Maffulli N (2011) Physiological determinants of speciality of elite middle- and long-distance runners. *J Sports Sci* 29: 975–82.

46) Jung AP (2003) The impact of resistance training on distance running performance. *Sports Med* 33: 539–52.

47) Saunders PU, Telford RD, Pyne DB, Peltola EM, Cunningham RB, Gore CJ, Hawley JA (2006) Short-term plyometric training improves running economy in highly trained middle and long distance runners. *J Strength Cond Res* 20: 947–54.

48) Bird SR, Wiles J, Robbins J (1995) The effect of sodium bicarbonate ingestion on 1500-m racing time. *J Sports Sci* 13: 399–403.

49) Carr AJ, Gore CJ, Hopkins WG (2011) Effects of acute alkalosis and acidosis on performance: a meta-analysis. *Sports Med* 41: 801–14.

50) McNaughton LR, Siegler J, Midgley A (2008) Ergogenic effects of sodium bicarbonate. *Curr Sports Med Rep* 7: 230–6.

51) Wilkes D, Gledhill N, Smyth R (1983) Effect of acute induced metabolic alkalosis on 800-m racing time. *Med Sci Sports Exerc* 15: 277–80.

52) Bishop D, Edge J, Davis C, Goodman C (2004) Induced metabolic alkalosis affects muscle metabolism and repeated-sprint ability. *Med Sci Sports Exerc* 36: 807–13.

53) Cairns SP (2006) Lactic acid and exercise performance: culprit or friend? *Sports Med* 36: 279–91.

54) Knicker AJ, Renshaw I, Oldham ARH, Cairns SP (2011) Interactive processes link the multiple symptoms of fatigue in sport competition. *Sports Med* 41: 307–28.

55) Nybo L, Secher NH (2004) Cerebral perturbations provoked by prolonged exercise. *Prag Neurobiol* 72: 223–61.

56) Amann M, Calbert JAL (2008) Convective oxygen transport and fatigue. *J Appl Physiol* 104: 861–70.

57) Gandevia SC, Allen GM, Butler JE, Taylor JL (1996) Supraspinal factors in human muscle fatigue: evidence for suboptimal output from the motor cortex. *J Physiol* 490: 529–36.

58) Nielsen HB, Bredmose PR, Strømstad M, Volianitis S, Quistorff B, Secher NH (2002) Bicarbonate attenuates arterial desaturation during maximal exercise in humans. *J Appl Physiol* 93: 724–31.

59) Swank A, Robertson RJ (1989) Effect of induced alkalosis on perception of exertion during intermittent exercise. *J Appl Physiol* 67: 1862–7.

60) Medbø JI, Sejersted OM (1990) Plasma K$^+$ changes with high intensity exercise. *J Physiol* 421: 105–22.

61) Chapman R, Laymon AS, Wilhite DP, McKenzie JM, Tanner DA, Stager JM (2012) Ground contact time as an indicator of metabolic cost in elite distance runners. *Med Sci Sports Exerc* 44: 917–25.

62) Nummela AT, Paavolainen LM, Sharwood KA, Lambert MI, Noakes TD, Rusko HK (2006) Neuromuscular factors determining 5 km running performance and running economy in well-trained athletes. *Eur J Appl Physiol* 97: 1–8.

63) Tomazin K, Morin JB, Strojnik V, Podpecan A, Millet GY (2012) Fatigue after short (100-m), medium (200-m) and long (400-m) treadmill sprints. *Eur J Appl Physiol* 112(3): 1027–36.

64) Hirvonen J, Numella A, Rusko H, Rehunen M, Harkonen M (1992) Fatigue and changes of ATP, creatine phosphate and lactate during the 400m sprint. *Can J Sport Sci* 17: 477–83.

65) Nummela A, Vuorima T, Rusko H (1992) Changes in force production, blood lactate and EMG activity in the 400m sprint. *J Sports Sci* 10: 217–28.

66) Hanon C, Gajer B (2009) Velocity and stride parameters of world-class 400-meter athle tes compared with less experienced runners. *J Strength Cond Res* 23: 524–31.

67) Miguel PJ, Reis VM (2004) Speed strength endurance and 400m performance. *New Stud Athlet* 19: 39–45.

68) Lanier G, Millett GY, Martin A, Martin V (2004) Fatigue and recovery after high-intensity exercise part I: neuromuscular fatigue. *Int J Sports Med* 25: 450–6.

69) Allen DG, Lamb GD, Westerblad H (2008) Skeletal muscle fatigue: cellular mechanisms. *Physiol Rev* 88: 287–332.

70) Cheetham ME, Boobis LH, Brooks S, Williams C (1986) Human muscle metabolism during sprint running. *J Appl Physiol* 61: 54–60.

71) Gaitanos GC, Williams C, Boobis LH, Brooks S (1993) Human muscle metabolism during intermittent maximal exercise. *J Appl Physiol* 75: 712–9.

72) Maughan R, Gleeson M (2004) *The Biochemical Basis of Sports Performance*. Oxford: Oxford University Press.

73) Wittekind AL, Micklewright D, Beneke R (2011) Teleoanticipation in all-out short-duration cycling. *Br J Sports Med* 45: 114–9.

74) Mackala K (2007) Optimisation of performance through kinematic analysis of the different phases of the 100 metres. *New Studies in Athletics* 22: 7–16:

75) Mureika JR (2003) Modelling wind and altitude effects in the 200m sprint. *Can J Phys* 81: 895–910.

76) Duffield R, Dawson B, Goodman C (2004) Energy system contribution to 100-m and 200-m track running events. *J Sci Med Sport* 7: 302–13.

77) Nevill AM, Ramsbottom R, Nevill ME, Newport S, Williams C (2008) The relative contributions of anaerobic and aerobic energy supply during track 100-, 400- and 800-m performance. *J Sports Med Phys Fitness* 48: 138–42.

78) Skare OC, Skadberg Ø, Wisnes AR (2001) Creatine supplementation improves sprint performance in male sprinters. *Scand J Med Sci Spor* 11: 96–102.

79) Spencer M, Bishop D, Dawson B, Goodman C (2005) Physiological and metabolic responses of repeated-sprint activities specific to field-based team sports. *Sports Med* 35: 1025–44.

80) Bogdanis GC, Nevill ME, Lakomy HKA, Boobis LH (1998) Power output and muscle metabolism during and following recovery from 10 and 20 s of maximal sprint exercise in humans. *Acta Physiol Scand* 163: 261–72.

81) Hirvoen J, Rehunen S, Rusko H, Härkönen M (1987) Breakdown of high-energy phosphate compounds and lactate accumulation during short supramaximal exercise. *Eur J Appl Physiol* 56: 253–9.

82) Fitts RH (2008) The cross-bridge cycle and skeletal muscle fatigue. *J Appl Physiol* 104: 551–8.

83) Metzger JM, Moss RL (1987) Greater hydrogen ion-induced depression of tension and velocity in skinned single fibres of rate fast than slow muscles. *J Physiol* 393: 727–42.

84) Mero A, Peltola E (1989) Neural activation fatigued and non-fatigued conditions of short and long sprint running. *Biol Sport* 6: 43–58.

85) Ross A, Leveritt M, Riek S (2001) Neural influences on sprint running: training adaptations and acute responses. *Sports Med* 31: 409–25.

86) Willardson JM (2006) A brief review: factors affecting the length of the rest interval between resistance exercise sets. *J Strength Cond Res* 20: 978–84.

87) Sahlin K, Ren JM (1989) Relationship of contraction capacity to metabolic changes during recovery from a fatiguing contraction. *J Appl Physiol* 67: 648–54

88) Nordlund MM, Thorstensson A, Cresswell AG (2004) Central and peripheral contributions to fatigue in relation to level of activation during repeated maximal voluntary isometric plantar flexions. *J Appl Physiol* 96: 218–25.

89) van den Tillaar R, Saeterbakken A (2014) Effect of fatigue upon performance and electromyographic activity in 6-RM bench press. *J Hum Kinet* 40: 57–65.

90) Ahtiainen JP, Hakkinen K (2009) Strength athletes are capable to produce greater muscle activation and neural fatigue during high-intensity resistance exercise than nonathetes. *J Strength Cond Res* 23: 1129–34.

91) Westerblad H, Allen DG (2002) Recent advances in the understanding of skeletal muscle fatigue.

Curr Opin Rheumatol 14: 648-52.

92) Taylor JL, Allen GM, Butler JE, Gandevia SC (2000) Supraspinal fatigue during intermittent maximal voluntary contractions of the human elbow flexors. *J Appl Physiol* 89: 305-13.

93) Gandevia SC, Allen GM, Butler JE, Taylor JL (1996) Supraspinal factors in human muscle fatigue: evidence for suboptimal output from the motor cortex. *J Physiol* 490: 529-36.

94) Taylor JL, Gandevia SC (2008) A comparison of central aspects of fatigue in submaximal and maximal voluntary contractions. *J Appl Physiol* 104: 542-50.

95) Rubinstein S, Kamen G (2005) Decreases in motor unit firing rate during sustained maximal-effort contractions in young and older adults. *J Electromyogr Kinesiol* 15: 536-43.

96) Andersen B, Westlund B, Krarup C (2003) Failure of activation of spinal motoneurons after muscle fatigue in healthy subjects studied by transcranial magnetic stimulation. *J Physiol* 551: 345-56.

97) Butler JE, Taylor JL, Gandevia SC (2003) Responses of human motoneurons to corticospinal stimulation during maximal voluntary contractions and ischemia. *J Neurosci* 23: 10224-30.

98) Boerio D, Jubeau M, Zory R, Maffiuletti NA (2005) Central and peripheral fatigue after electrostimulation-induced resistance exercise. *Med Sci Sports Exerc* 37: 973-8.

99) Hunter SK (2009) Sex differences and mechanisms of task-specific muscle fatigue. *Exerc Sport Sci Rev* 37: 113-22.

100) Hunter SK (2014) Sex differences in human fatigability: mechanisms and insight into physiological responses. *Acta Physiol* 210: 768-89.

101) Guenette JA, Romer LM, Querido JS, Chua R, Eves ND, Road JD, McKenzie DC, Sheel AW (2010) Sex differences in exercise-induced diaphragmatic fatigue in endurance-trained athletes. *J Appl Physiol* 109: 35-46.

102) Fulco CS, Rock PB, Muza SR, Lammi E, Cymerman A, Butterfield G, Moore LG, Braun B, Lewis SF (1999) Slower fatigue and faster recovery of the adductor pollicis muscle in women matched for strength with men. *Acta Physiol Scand* 167: 233-9.

103) Hunter SK, Enoka RM (2001) Sex differences in the fatigability of arm muscles depends on absolute force during isometric contractions. *J Appl Physiol* 91: 2686-94.

104) Avin KG, Naughton MR, Ford BW, Moore HE, Monitto-Webber MN, Stark AM, Gentile AJ, Law LA (2010) Sex differences in fatigue resistance are muscle group dependent. *Med Sci Sports Exerc* 42: 1943-50.

105) Dearth DJ, Umbel J, Hoffman RL, Russ DW, Wilson TE, Clark BC (2010) Men and women exhibit a similar time to task failure for a sustained, submaximal elbow extensor contraction. *Eur J Appl Physiol* 108: 1089-98.

106) Yoon T, Schlinder Delap B, Griffith EE, Hunter SK (2007) Mechanisms of fatigue differ after low- and high-force fatiguing contractions in men and women. *Muscle Nerve* 36: 512-24.

107) Maughan RJ, Harmon M, Leiper JB, Sale D, Delman A (1986) Endurance capacity of untrained males and females in isometric and dynamic muscular contractions. *Eur J Appl Physiol* 55: 395-400.

108) Senefeld J, Yoon T, Bement MH, Hunter SK (2013) Fatigue and recovery from dynamic contractions in men and women differ for arm and leg muscles. *Muscle Nerve* 48: 436-9.

109) Power Ga, Dalton BH, Rice CL, Vandervoort AA (2010) Delayed recovery of velocity-dependent power loss following eccentric actions of the ankle dorsiflexors. *J Appl Physiol* 109: 669-76.

110) Sewright KA, Hubal MJ, Kearns A, Holbrook MT, Clarkson PM (2008) Sex differences in response to maximal eccentric exercise. *Med Sci Sports Exerc* 40: 242-51.

111) Billaut F, Bishop D (2012) Mechanical work accounts for sex differences in fatigue during repeated sprints. *Eur J Appl Physiol* 112: 1429-36.

112) Smith KJ, Billaut F (2012) Tissue oxygenation in men and women during repeated-sprint exercise. *Int J Sports Physiol Perf* 7: 59-67.

113) Laurent CM, Green JM, Bishop PA, Sjokvist J, Schumacker RE, MT, Curtner-Smith M (2012) Effect of gender on fatigue and recovery following maximal intensity repeated sprint performance. *J Sports Med Phys Fitness* 50: 243-53.

114) Hunter SK, Griffith EE, Schlachter KM, Kufahl TD (2009) Sex differences in time to task failure and blood flow for an intermittent isometric fatiguing contraction. *Muscle Nerve* 39: 42-53.

115) Parker BA, Smlthmyer SL, Pelberg JA, Mishkin AD, Herr MD, Proctor DN (2007) Sex differences in leg vasodilation during graded knee extensor execise in young adults. *J Appl Physiol* 103: 1583-91.

116) Roepstorff C, Thiele M, Hillih T, Pilegaard H, Richter EA, Wojtaszewski JF, Kiens B (2006) Higher skeletal muscle alpha2AMPK activation and lower energy charge and fat oxidation in men than in women during submaximal exercise. *J Physiol* 574: 125-38.

117) Li JL, Wang XN, Franser SF, Carey MF, Wrigley TV, McKenna MJ (2002) Effects of fatigue and training on sarcoplasmic reticulum Ca^{2+} regulatlon in human skeletal muscle. *J Appl Physiol* 92: 912-22.

118) Harmer AR, Ruell PA, Hunter SK, McKenna MJ, Thom JM, Chisholm DJ, Flack JR (2014) Effects of type 1 diabetes, sprint training and sex on skeletal muscle sarcoplasmic reticulum Ca^{2+} uptake and Ca^{2+}-ATPase activity. *J Physiol* 592: 523-35.

119) Wust RC, Morse CI, de Haan A, Jones DA, Degens H (2008) Sex differences in contractile properties and fatigue resistance of human skeletal muscle. *Physiol* 93: 843-50.

120) Russ DW, Lanza IR, Rothman D, Kent-Braun JA (2005) Sex differences in glycolysis during brief, intense isometric contractions. *Muscle Nerve* 32: 647-55

121) Esbjornsson M, Sylven C, Holm I, Jansson E (1993) Fast twitch fibres may predict anaerobic performance in both females and males. *Int J Sports Med* 14:257-63.

122) Keller ML, Pruse J, Yoon T, Schlinder-Delap B, Harkins A, Hunter SK (2011) Supraspinal fatigue is similar in men and women for a low-force fatiguing contraction. *Med Sci Sports Exerc* 43: 1873-83.

123) Martin PG, Rattey J (2007) Central fatigue explains sex differences in muscle fatigue and contralateral cross-over effects of maximal contractions. *Pflugers Arch* 454: 957-69.

124) Janse de Jonge, XA (2003) Effects of the menstrual cycle on exercise performance. *Sports Med* 33: 833-51.

125) Janse DEJXA, Thompson MW, Chuter VH, Silk LN, Thom JM (2012) Exercise performance over the menstrual cycle in temperate and hot, humid conditions. *Med Sci Sports Exerc* 44: 2190-8.

126) Phillips SM, Green HJ, Tarnopolsky MA, Heigenhauser GJF, Hill RE, Grant SM (1996) Effects of training duration on substrate turnover and oxidation during exercise. *J Appl Physiol* 81: 2182-91.

127) Venables MC, Achten J, Jeukendrup AE (2005) Determinants of fat oxidation during exercise in healthy men and women: a cross-sectional study. *J Appl Physiol* 98: 160-7.

128) Nielsen J, Holmberg H, Schroder HD, Saltin B, Ortenblad N (2011) Human skeletal muscle glycogen utilization in exhaustive exercise: role of subcellular localization and fibre type. *J Physiol* 589: 2871-85.

129) Nielsen J, Ortenblad N (2013) Physiological aspects of the subcellular localization of glycogen in skeletal muscle. *Appl Physiol Nutr Metab* 38: 91-9.

130) Ortenblad N, Nielsen J, Saltin B, et al. (2011) Role of glycogen availabihty in sarcoplasmic reticulum Ca^{2+} kinetics in human skeletal muscle. *J Physiol* 589 (3): 711-25.

131) Yamashita K, Yoshioka T (1991) Profiles of creatine kinase isoenzyme compositions in single muscle fibres of different types. *J Muscle Res Cell Motil* 12: 37-44.

132) Takahashi H, Inaki M, Fujimoto K, Katsuta S, Izumi A, Nutsu M, Itai Y (1995) Control of the rate of phosphocreatine resynthesis after exercise in trained and untrained human quadriceps muscles. *Eur J Appl Physiol* 71: 396-404.

133) Bogdanis GC, Nevill ME, Boobis LH, Lakomy HK, Nevill AM (1995) Recovery of power output and muscle metabolites following 30 s of maximal sprint cycling in man. *J Physiol* 482: 467-80.

134) Yoshida T, Watari H (1993) Metabolic consequences of repeated exercise in long distance runners. *Eur J Appl Physiol* 67: 261-5.

135) Hamilton AL, Nevill ME, Brooks S, Williams C (1991) Physiological responses to maximal intermittent exercise: differences between endurance-trained runners and team games players. *J*

Sports Sci 9: 371–82.

136) Helgerud J, Engen LC, Wisløff U, Hoff J (2001) Aerobic endurance training improves soccer performance. *Med Sci Sports Exerc* 33: 1925–31.

137) Glaister M (2005) Multiple sprint work: physiological responses, mechanisms of fatigue and the influence of aerobic fitness. *Sports Med* 35: 757–77.

138) Edge J, Bishop D, Hill-Haas S, Dawson B, Goodman C (2006) Comparison of muscle buffer capacity and repeated-sprint ability of untrained, endurance-trained and team-sport athletes. *Eur J Appl Physiol* 96: 225–34.

139) Juel C, Halestrap AP (1999) Lactate transport in skeletal muscle - role and regulation of the monocarboxylate transporter. *J Physiol* 517: 633–42.

140) Dubouchaud H, Butterfield GE, Wolfel EE, Bergman BC, Brooks GA (2000) Endurance training, expression, and physiology of LDH, MCT1 and MCT4 in human skeletal muscle. *Am J Physiol* 278: E571–9.

141) Berg K (2003) Endurance training and performance in runners. *Sports Med* 33: 59–73.

142) Holloszy JO, Coyle EF (1984) Adaptations of skeletal muscle to endurance exercise and their metabolic consequences. *J Appl Physiol* 56: 831–8.

143) Thomas C, Sirvent P, Perrey S, Raynaud E, Mercier J (2004) Relationships between maximal muscle oxidative capacity and blood lactate removal after supramaximal exercise and fatigue indexes in humans. *J Appl Physiol* 97: 2132–8.

144) Juel C (2006) Training-induced changes in membrane transport proteins of human skeletal muscle. *Eur J Appl Physiol* 96: 627–35.

145) Gladden LB (2004) Lactate metabolism: a new paradigm for the third millennium. *J Physiol* 558: 5–30.

146) Thomas C, Perrey S, Lambert K, Hugon G, Mornet, D, Mercier J (2005) Monocarboxylate transporters, blood lactate removal after supramaximal exercise, and fatigue indexes in humans. *J Appl Physiol* 98: 804–9.

147) Cheung SS, McLellan TM (1998) Heat acclimation, aerobic fitness, and hydration effects on tolerance during uncompensable heat stress. *J Appl Physiol* 84: 1731–9.

148) Wright HE, Selkirk GA, Rhind SG, McLellan TM (2012) Peripheral markers of central fatigue in trained and untrained during uncompensable heat stress. *Eur J Appl Physiol* 112: 1047–57.

149) Hopper MK, Coggan AC, and Coyle EF (1988) Exercise stroke volume relative to plasma volume expansion. *J Appl Physiol* 64: 404–8.

150) Selkirk GA, McLellan TM (2001) Influence of aerobic fitness and body fatness on tolerance to uncompensable heat stress. *J Appl Physiol* 91: 2055–63.

151) Mora-Rodriguez R (2012) Influence of aerobic fitness on thermoregulation during exercise in the heat. *Exerc Sport Sci Rev* 40: 79–87.

152) Stephenson DG, Lamb GD, Stephenson GMM (1998) Events of the excitation- contraction-relaxation (E-C-R) cycle in fast- and slow-twitch mammalian muscle fibres relevant to muscle fatigue. *Acta Physiol Scand* 162: 229–45.

153) Sitsapesan R, Williams AJ (1995) The gating of the sheep skeletal sarcolplasmic reticulum Ca^{2+}-release channel is regulated by luminal Ca^{2+}. *J Membr Biol* 146: 133–44.

154) Fryer MW, Stephenson DG (1996) Total and sarcoplasmic reticulum calcium contents of skinned fibres from rat skeletal muscle. *J Physiol (Lond)* 493: 357–70

155) Li JL, Wang XN, Fraser SF, Carey MF, Wrigley TV, McKenna MJ (2002) Effects of fatigue and training on sarcoplasmic reticulum Ca^{2+} regulation in human skeletal muscle. *J Appl Physiol* 92: 912–22.

156) GreenH, Burnett M, Kolhas H, Jing O, Smith I, Tupling S (2011) Malleability of human skeletal muscle sarcoplasmic reticulum to short-term training. *Appl Physiol Nutr Metab* 36: 904–13.

157) Ferrelra JC, Bacurau AV, Bueno CR, Cunha TC, Tanaka LY, Jardim MA, Ramires PR, Brum PC (2010) Aerobic exercise training improves Ca^{2+} handling and redox status of skeletal muscle in

mice. *Exp Biol Med* 235: 497-505.

158) Monssette MP, Susser SE, Stammers AN, O'Hara KA, Gardiner PF, Sheppard P, Moffatt TL, Duhamel TA (2014) Differential regulation of the fiber type speclfic gene expresslon of the sarcoplasmic reticulum Ca^{2+}-ATPase (SERCA) isoforms induced by exercise training. *J Appl Physiol* 117(5): 544-55.

159) Nielsen JJ, Mohr M, Klarskov C, Kristensen M, Krustrup P, Juel C, Bangsbo J (2004) Effects of high-intensity intermittent training on potassium kinetics performance in human skeletal muscle. *J Physiol* 554: 857-70.

160) Fraser SF, Li JL, Carey MF, Wang XN, Sangkabutra T, Sostaric S, Selig SE, Kjeldsen K, McKenna MJ (2002) Fatigue depresses maximal in vitro skeletal muscle Na(+)- K(+)-ATPase activity in untrained and trained individuals. *J Appl Physiol* 93: 1650-9.

161) McKenna MJ, Schmidt TA, Hargreaves M, Cameron L, Skinner SL, Kjeldsen K (1993) Sprint training increases human skeletal muscle $Na^{+}K^{+}$-ATPase concentration and improves K^{+} regulation. *J Appl Physiol* 75: 173-80.

162) Green H, Dahly A, Shoemaker K, Goreham C, Bombardier E, Ball-Burnett M (1999) Serial effects of high-resistance and prolonged endurance training on Na^{+}-K^{+} pump concentration and enzymatic activities in human vastus lateralis. *Acta Physiol Scand* 165: 177-84.

163) Travlos AK, Marisi DQ (1996) Perceived exertion during physical exercise among individuals high and low in fitness. *Percept Motor Skill* 82: 419-24.

第 **IV** 部 ◀

まとめとして
─次はどこへ

第 8 章

最後に

8.1 次はどこへ？

　第1章では，疲労を測定し定量化する方法について概説した。測定した項目が確かに疲労を起こすメカニズムを反映しているのかを確認することの重要性，また疲労に関係する可能性のある因子を測定する難しさについて述べた。スポーツや運動の疲労研究に，近年導入されてきている新しい技術も紹介した。技術革新で新たな測定方法が導入されれば，研究に新たな道ができ，その領域の理解や評価がより深まる。そうした進歩が，スポーツや運動における生理学的制御に関する近年の研究の発展に貢献している。

　技術革新は通常かなり早いペースで起こる。そこで，スポーツや運動の疲労研究も，将来間違いなくそうした発展を利用していくだろう。現時点で今後どのメカニズム，どの器官や変数に注目していくのがよい，と示すのは無駄というべきであろう。技術革新が次の疲労の候補を示してくれるのであって，疲労の候補が技術革新を必要としているのではないのである。そこで来たる将来の疲労研究のターゲットは，まだわからないといえる。ただしこれまで行われてきた疲労のメカニズムの研究から，ある程度将来の研究に関する見通しはある。例えば，どのように我々は，運動中の努力感や末梢の生化学的・生理学的変化を認識しているのか，そしてどのようにこれらの関連する信号を統合して疲労が進むのか，また脳が疲労にどう関わっているのか（末梢からの信号や努力感によっていても，よっていなくても）。これらを理解するには疲労の過程についてのはっきりした理解と応用が必要である。これは現時点でも進行しているし，さらに将来も続けて行われるべきであり，またそれによって新たな研究の方向性ができることが期待される研究の一例に過ぎない。

この本全体で疲労というのは，どの場面でも複雑だが統合もされている多面性のある現象であることを述べてきた。このことはある1つの生理学的変数だけで，常に正確に疲労を予想したり説明したりすることはできないことからもわかる。古くからの実験研究では，1つの変数を操作して，その変化によって起こる結果を測定し，同時にその結果に影響する可能性のある他の要因を，注意深くコントロールする，といったことが行われている。こうしたコントロールは，操作した変数の影響がみられるような結果を生み出すという点では有効だが，運動中の実際の生体内で機能しているやり方を反映してはいない。運動に対する身体の反応は，複雑でまた高度に統合されている（特に運動は，ほとんどすべての器官やシステムに影響する）。したがって，実験研究は，できるだけこうした複雑性を反映するようにしていくことが重要である。1つの因子だけを変化させたり注目したりするだけでは，その変化が及ぼす全体像を描くことはできないだけでなく，その変化が他の変数，組織，身体全体に与える影響もわからないのである。その例がlactateとlactic acidの産生と，疲労の進行との関係である（lactateとlactic acidは意図して区別している。3.3節参照）。疲労時に乳酸が多くできているという測定をすると，乳酸が疲労の原因であると結論してしまう。しかし研究が進展し，アネロビックな解糖の動態と筋中乳酸の代謝運命についてわかってくると，疲労の過程における乳酸の役割についての理解が完全に変わってきた（第3章）。このような思考の変化が他の疲労研究の進展にも望まれる。乳酸は古くからの説明のような疲労を起こす犯人ではないのである。

　これまでの研究論文の中でも，ヒトの運動に対する反応を統合して「再生」しようとする試みは行われてきており，こうした研究の著者は称えられるべきである。しかし，こうしたことがあまり行われてきていない理由は，結果が意味をもつように実験をコントロールすることが非常に難しいからである。しかし疲労研究が本当にその目的を果たして，疲労に対する理解を進め，疑問への回答だけでなく，さらに新たな疑問を積み重ねていくためには，新しい科学技術と測定法を使って，我々の能力を最大限に高め，複雑で多面性のある現象を，できるだけ最も望ましい方法で研究していくようにしなければならない。

　1つひとつの研究は，統合的なアプローチを行っていくべきであり，疲労研究自体もそうでなければならない。あるトピックについての疲労研究を，統合して検討する上での障害となるのは，同じようなトピックに関しても，実験方法や測

定方法が，研究グループによって様々である点が挙げられる。もしもある疲労の要素に関する2つの論文が正反対のことをいっているとすると，それはまさにそのトピック自体にそうした相反することがあると考えるのか，あるいは単純に方法が違うからと考えるだろうか。もちろんあるトピックに関する研究は，どれも同じ方法を用いるべきということではない。しかしスポーツや運動の疲労研究では，もう少し共同することを進めて，違うグループ同士でそのトピックにベストな研究方法を相談し，それによってその疲労のメカニズムについて意味のあるデータを出して，結果を比較したらどうだろうか。その方が実験方法の差によって起こる比較よりも，望ましいのではないだろうか。またその方が経済的でもあるし，時間の節約にもなる。おそらく多くの分野で，研究グループは共同することを望んではいるが，ロジスティクス関連（研究費，時間，組織の規約等）が邪魔している。そこでこの提言は，「理想の国」からのものでしかないともいえる。しかしながら，もしもこれが実現すれば，スポーツや運動の疲労研究の発展に大きく貢献できるのではないだろうか。

8.2 注意してほしいこと

　本書の序文で述べたように，大学教科書と言ってよいような本書1冊だけで，スポーツと運動の疲労に関する研究結果の全体像を理解することは不可能である。本書で可能だったのは研究上の興味を引いてきたり，また社会的にも認知されていたりするような，現時点での疲労研究の関心事に焦点を当てるということである。読者はこのことを忘れずにいてほしいし，本書がスポーツや運動の疲労研究における最終決定版と思わないでほしい。本書からスタートすること，つまりこれからさらに研究し探索することが望まれるのである。

　また本書は，基本的には生理学的な疲労の原因だけ，あるいは疲労の仮説やモデルにおける生理学的要素だけをみてきているともいえる。疑いもなく，スポーツや運動の疲労には，心理的側面，栄養摂取の側面（エネルギー利用可能量以上の意味で）やバイオメカニクスに関連する要素も含まれているし，さらに病理生理学や他の病理学的側面も，疲労を理解するには必要である。本書が，そうした他の要素の観点から同様の本を研究者が書く刺激となってくれれば幸いである。

8.3 情報を得ること

この数十年で，我々のスポーツや運動の疲労に関する理解は拡がり，深まってきた。これには8.1節で述べたような，技術革新と新たな研究方法の導入も貢献している。こうした知識の進展が止まるとは信じられないし，実際に進展速度は高まっているといえる。このように疲労研究がどんどん発展し続けているので，知識をアップデートし続けることが必要となる。そうすることで正しい知識を同僚，顧客，学生，選手と分かち合うことができるし，古い概念が残ってしまうことを防ぐことができる。

知識をアップデートしなさいというのは簡単だが，実際にはそれは容易ではない（特にスポーツや運動の疲労研究は，範囲が広いし，また相反することも多い）。この節では，スポーツや運動の疲労について最新の知識を維持するためのヒントやコツについて述べるとともに，その知識が妥当な信頼できるものから得られているかを確認するために知っておいてほしいことについても述べる。それはそんなに多くのことではなく，情報を手に入れるのにとるべき核心の方法についてである。自分に合うアドバイスがあれば使ってみてほしいし，また自分にとってよいと思われる他の方法も探してみてもほしい。

8.3.1 情報を得る方法

8.3.1.1 主要な文献を当たる

この方法は最も明らかな方法であり，また最も重要な方法である。シンプルに「主要な文献を当たる」ということは「文献を読みなさい！」ということである。もっといえば，スポーツや疲労に関する問題を探求しているオリジナル論文を読むということである。これが有効な方法であることは否定のしようがないが，しかしこれが難しいのも事実で，特に疲労研究でも多くの基礎の上に立つようなトピックの場合である。そのトピックについての主要な文献を当たっていると，次のようなややこしい疑問やシナリオが思い浮かんでくるかもしれない。「今の疲労研究を理解したいのに，古典的な研究もみる必要があるのだろうか？　古典的な研究もみる必要があるならば，どのくらい前のものまで？　その疲労研究で『発展性のある』研究は何か？　どの分野の疲労研究についてのオリジナル研究

も関連性があると思うと，始める前から迷ってしまう」

　スポーツや運動の疲労についての知識を得て維持しようという時に，壁にぶち当たることも考えられる。そこでまずは，そのトピックについての新しい総説を読むことから始めるのもよいかもしれない。総説には2つの方式がある。1つ目は記述的総説であり，著者らがそのトピックに関連する多くの文献を当たって，研究方法，主要な結果，その結果の原著者の解釈に焦点を当てて記述する。この記述的総説は，したがってそのトピックについての概論ではあるが，論文をある規格化したやり方で選択するわけではないし（そこで読者が同じようにまとめることはできない），著者によりバイアスが入る可能性もある。2つ目の系統的総説（システマティックレビュー）はこうした限界を防ごうとする方法である。ある疑問について答えるのに，存在している証拠全体をみようとする。例えば疲労研究でいえば，系統的総説で「よくトレーニングされたマラソン選手で，運動中の深部体温の上昇が疲労を起こすのか」という質問を取り上げるとする。系統的総説の著者は，いろいろな方法（オンラインのデータベース，文献リスト検索，その他）を使って，この質問に対する手に入れることが可能なすべての文献をみる。大事なことは，この質問に対するすべての論文を，その研究結果に関係なくみることである。系統的総説ではそのトピックの現時点での知識の提示に，偏りがあってはならない。そしてそれから事前に決められていた基準によって，それぞれを総説に残すか落とすかが判定される。残った研究はその研究方法について評価され，方法に問題がある論文も除外される。こうして残った研究によって，主要な結果がまとめられ，もともとの質問に対する「回答」ができるとともに，今後必要となるかもしれない研究内容がエビデンスベースで提示できる。また系統的総説ではメタ解析のように統計解析が行われることがある。メタ解析では，それぞれの研究の影響について効果量を計算し，これを比較したり統合したりすることで，ある内容についての効果の程度についてのはっきりした評価ができる可能性がある。大事なことは，系統的総説では文献の検索と取得方法をはっきり書くことが必要であり，それによって読者も再現できることである（オリジナル研究論文で研究方法を読者が再現できるように書くのと同じこと）。系統的総説の方法が十分厳密で偏っていないならば，誰でも同じことをやってみれば同じ結論になるはずである。

　総説はそのトピックについての包括的な洞察を得るのは有効だが，あくまでま

とめであって，主要な論文を読むことの代わりにはならない。そこで総説はある
トピックについて，古典と今の主要な論文を知るための最初の方法として使うべ
きなのである。

8.3.1.2　キープレーヤーを知る

スポーツや運動についての疲労研究は幅広く，関連する研究論文は非常に多く，
どんどん新しい論文も出てくる中で，知識をアップデートするのは大変なことと
思われるかもしれない。文献の検索に際して，疲労に関して多くの文献を出して
いる研究者や研究グループ（つまりキープレーヤー）で検索するのもよいかもし
れない。データベースのオンライン検索での検索機能として，キーワードに出版
年の範囲（例：20××〜20** 年に出版された，そのキーワードのある論文）や著
者名を加えられる。こうした機能を使えば，古典的また最近の論文をもっと効率
よく検索できるだろう。

原著論文のデータベースによって知識を拡げ維持することは重要だが，他の情
報は無視してよいのではない。例えば学術関係者や研究者が発表している声明，
招待論文，一般向けのスポーツや健康，フィットネス，医学に関連した雑誌，
ウェブサイト，書籍などがある。学術関係者や研究者がこうした活動をするのは，
科学者とその科学を利用する人とのコミュニケーションを高め，その結果として
研究のインパクトを実世界に役立てるためであることが考えられる。このことは
学術関係者にはとても重要で，研究成果を実際の世の中で応用するのが難しいこ
とがよくあるからである。もしも疲労研究についてのキープレーヤーが，一般向
けにインパクトを高めるような努力をしているならば，疲労を学ぼうとする人は，
それを利用しない手はない。学会や「手の届かない」研究者から学ぶ他の方法は
次に述べる。

8.3.1.3　ソーシャルメディア

前の項で，多くの学術関係者や研究者が，一般社会や情報のエンドユーザーに
関わりとインパクトを与えられるように，一般的な原稿もよく書いていることを
述べた。また学術関係者や研究者は，ソーシャルメディアを使った関わりも行っ
ている。最近では Research Gate，Twitter，Linkedin を始めとするソーシャル
メディアに，多くの研究者が参加している。こうしたメディアは，利用者プロ

フィールをつくって登録さえすれば無料である。一度登録すると，他の利用者についていって，情報を共有できることになる。

　Research Gate のようなサイトでは，利用者に出版リストや学会発表を公表することを求めていて，他の利用者が興味をもつような，そうしたその研究者についてこれまでの記録だけでなく最近の研究まで知ることができる。またこうしたサイトでは，関心のあるトピックについての質問ができるシステムもよくあって，興味がある人や専門家が回答できる。例えば Linkedin は，利用者が出版リストだけでなく，職歴や研究上の興味についても載せることができる。こうした情報は，その利用者が自分の技量や可能な仕事を「宣伝」できることになり，このことで専門家のネットワークが広がることになる。Twitter では，利用者が自分の関心あるトピックについてショートコメントを載せ，他のウェブサイトや記事や出版物とリンクできるので，利用者同士が会話することが可能になる。

　学術関係者や研究者にとってソーシャルメディアを使って，自分や自分が所属しているグループが行っている研究の意識を高めることが，どんどん普通のことになってきている。こうしたことはシンプルには，進行中の研究について討論すること，研究に対する助言や協力を求めること，新しい研究データを出版前に「ちょっと見」するといったことで行われる。多くの研究者はまた興味や関連のある他の研究者と繋がることで，研究についての新たな方向性を見つけようとしている。学術関係者もそうした議論や論争に加わることがあり，時には研究者と専門家のネットワークの知識や展望について知ることができる機会になることもある。

　ソーシャルメディアは，関心ある研究分野の現時点での知識，その知識を発展させてきたキーパーソンか，その分野で今進展していることを知り，そうしたキープレーヤーに通常は不可能なコミュニケーションができるといったことで，強力なツールとなりうる。しかしソーシャルメディアの開拓は注意深く行うことが重要である。どの人やグループをフォローしたらよいのか，他の利用者と共有するべき情報は何か，ということも考えるべきだし，フォローする利用者とのコミュニケーションは，専門的であり，礼儀をわきまえたものであるべきである。最後に学術の専門家や研究者とソーシャルメディアでの繋がりができたとしても，共有されるコメントや情報は，個人の意見や見方によっていることであり，正式な調査や論文の査読のようなプロセスを経たものではない，ということは忘れて

はならない。そこでソーシャルメディアの情報を額面通りに受け取ることには慎重であるべきで，さらに研究をしたり質問をすることが必要なのである。

8.3.1.4　学会に加入する

スポーツや運動科学に関する大きな組織がいくつか存在する。これらの組織では専門家を登録したり，多くの面でのスポーツ・運動科学の関連産業の構造を支えたり，スポーツ・運動科学の専門家としての規準を確立し維持するような働きをしている。そうした組織の代表として（他にもたくさんあるが），British Association of Sports and Exercise Sciences（BASES），European College of Sport Sciences（ECSS），American College of Sports Medicine（ACSM）がある。こうした組織ではスポーツ・運動科学の様々な関係者，また学生を会員としている。

こうした組織の中には，特に BASES や ACSM のように，定期的にその分野の専門家によって学会としての声明（position statement）が出されている。こうした声明はそのトピックについての最もアップデートされた考え方であり，場合によっては推薦やガイドラインも伴っている。例えば ACSM からのスポーツや運動時の水分摂取についての声明がある。この中では，脱水，その回復，そして水分補給戦略についての文献レビューがあり，それらに関する文献に書かれている証拠が有力なのかが推察でき，実際に水分摂取を行う際の方法が推薦される。またそうした組織では，その分野の専門家からなる研究グループをつくって，研究戦略を発展させ，共同研究を進めるようにすることもある。BASES は定期的な学生大会も開催していて，これにはスポーツ・運動科学に関係するなら学部生でも大学院生でも参加できる。またこの会議では著名な研究者による談話や発表もあるし，研究ネットワークが提供されたり，職についてのアドバイスを得られる。多くの組織では定期的に会員に雑誌を発行していて，スポーツ・運動科学の新情報，専門家からの手紙や記事や，いろいろな観点からの質問を載せる機会を与えてくれる。最後に多くの組織では様々なトピックや問題についてワークショップを開催していて，出席者がそれらの問題や最近の論争について発表している。

こうした組織の会員になることで，ここで述べたような機会が得られることになる。これもまた，スポーツ・運動科学の進行している研究動向をアップデートする一般的な方法の1つであり，疲労研究のアップデートにもおそらく結びつく。

8.3.2 情報を得る際の問題点

8.3.2.1 主要メディア

　メディアの科学レポート（新聞，オンラインニュース，テレビ，ラジオ）に関心をもつことは重要である。そうすることで，主要メディアに取り込まれている科学的トピックとそうでないものを知ることができる。しかし主要メディアの科学レポートは，批判的な視点でみることが必要である。なぜならこうしたレポートでは，解釈の誤り（結果や，インタビューやコメントについて），誤解（例えばレポーターや編集者による），レポーターや出版社のバイアス（特にその出版のアジェンダに沿うように，研究結果がねじ曲げられることがある），センセーションをあおること（研究者の意図以上にその結果がポジティブやネガティブなインパクトを高めるように過度におおげさに述べられる）。こうしたレポートでは，素人には誤った科学的理解ができ，本書でもいろいろなところで述べてきた誤った信念が残り続けることになってしまう。科学を学ぶ学生として，こうした問題点について認識することは重要である（8.3.1 項で述べたような方法，また自分自身でも方法を見つけてほしい）。そしてこうしたことに知識をもたない人に教えてあげてほしい（8.4 節参照）。そうすることで，一気に考えが変わり一般化された誤った考え方を吹き飛ばすというよりも，多くの段階を踏んで知識が増えるとともに，科学についての正しい見方ができるようになっていく。またこれによって，誤って理解された科学研究による「誤った真実」が大きくなっていくのを防ぐことができる。

8.3.2.2 誰が文句をいっているのか

　8.3.1.3 項では，ソーシャルメディアというものが，いかに最新のニュースや考え方，そのトピックについての研究結果を知るのに有用であるかを述べた。しかし，ソーシャルメディアは確かにその分野のキープレーヤー（8.3.1.2 項）とともにあり有用といえるかもしれないが，その共有された情報は個人的な考えかもしれないし，正確さや立証性について，正式な調査や論文の査読のようなプロセスを経たものではないかもしれない。いろいろなメディアを使って科学的知見に対して反論や意見をいう人に対してもこのことが当てはまる。誰がそうした反論や意見を行っているのかを考えることは，その正確性を評価するのに大変重要であ

る。以下のようなことを考えてみることが助けになるだろう。その人の専門家としてのバックグラウンドは？　その人は，その反論のもとになっている研究を行っている人なのか，あるいはいわば「また聞き」なのか，その人はどんな会社や組織に所属しているのか，その意見などが利益相反となったり偏向になりやすい財政面・商業面・研究面での組織や関係を，その人がもってはいないか。物事に対してまっとうな疑いをもつという姿勢が望ましく，それによって物事を少し深くみて，見るもの聞くものを何でも受け入れはしないことに繋がる。

8.4 まとめ

　本書を書いている最中に，何度も大変な困難があった。というのはスポーツや運動の疲労について，質問に答え，誤解に挑み，またシンプルにこの分野の多くのトピックについてもう少し洞察を広めようとするため，膨大な文献に当たらねばならないことは，意欲をくじかれる（時には落胆する）ことだったからである。あるトピックについて現時点での知識からコンセンサスを得られるように，多くの研究をまとめてそしてふるいにかけることは，学術関係者や研究者として自分自身が経験してきている。しかし疲労の文献というと，古くから相反するような結果が多く出ているし，今も出続けていることから，疲労の文献研究についてもこうしたプロセスを続けていくのは，何度も憤慨するレベルで大変だった。こうした作業を続けていってみると，これから知識を深めるために同じことをしようとするスポーツ・健康運動科学の学生や関係者を評価したい（共感もする！）気持ちになった。また本書の主目的の1つである，スポーツや運動の疲労についての仮説や理論について現時点での考え方を，クリアなわかりやすい方法でまとめることが重要である，ということもこれまでの経験から理解できた。

　私としてはこの目的は達せられたと思っている。読者の皆さんは，本書がスポーツや運動の疲労について学ぶ開始点，あるいはガイドとして使えると思っていただければ幸いである。この分野について，現時点での情報とまた考え方を示すような内容を提示できたのではないだろうか。最後に個人として，また専門家としてであっても，どんな方法でも，本書で得た知識や考え方を使ったり，友人や同僚に広めようとしていただければ幸いである。序文で述べたように，本書を読めばスポーツや運動の疲労の原因がはっきりわかるわけではない。この点につ

いて疑問の大部分は解決できていない。ここまで読んでいただいた方には，このことがはっきりわかるだろう！　本書を読んで，疲労については全然わかっていないということを広めようという感想をもったとしても，それは正確でまた有益なことである。疲労の複雑さを知り，また我々の知識にはまだまだ限界があることを話し合うなかで，疲労の原因に関するこれまで古くから信じ込まれた信念は，実際には正確に疲労を説明することはできないし，スポーツや運動の疲労としては今では否定されている場合もあることを分かち合えるだろう。最後に伝えたいメッセージは，どんな考え方であっても，スポーツや運動の疲労について話すことを続けていただきたいということである。

監訳者あとがき

　本書はスコットランドの Shaun Phillips による，スポーツや運動の疲労に関する著書の訳書である。4部に分かれた全8章からなり，各章について，細分化された多くの項目とキーポイント，まとめ，考えてみよう，テストをしてみよう，詳細な文献という構成になっている。訳書作成にあたっては，その原著の雰囲気をできるだけ再現することを心掛けたつもりである。著者の運動疲労に関する見方や考え方は，私も共感するところが大変多く，自分でもこんな本を書いてみたかったという思いを強く抱いたので，この訳書作成作業が自分でも勉強になるとともに，楽しいと思えることだった。

　本書を読む上でまず大事なのは，本書はあくまでスポーツや運動の疲労について，筋での代謝的な要素を中心に書かれているということである。日常生活の疲労については書かれていないし，栄養的な側面からの論考も，酸素摂取に関する記述もない。脳神経の観点からの疲労は第6章に出てはいるが，概説されている程度であって，詳細には書かれていない。また本書で扱う運動の疲労は，基本的には「疲労困憊」状態のことではないということも大事なことである。これまで運動疲労というと，疲労困憊となる身体の厳しい条件における以前の説明（本書でいう末梢性カタストロフィ理論）が，すべての運動疲労について当てはまるかのようにされてきていたが，本書はそれをはっきり否定している。私も乳酸と疲労に関する研究を長年してきているので，乳酸が溜まって疲労という考え方では疲労は説明できないということは言ってきたつもりではあるが，本書ではその否定の仕方が非常に明快でしかも力強く，見習いたいと思うほどである。乳酸で疲労するという見方を強く否定する第3章の「考えてみよう」は，本書を読む方にはぜひ心に留めていただきたい。

　通常研究者が本を出そうとすると，まず自分の研究結果を出し，それに加えて

259

他の研究も加えていくような形になることが多い。しかし本書は基本的には文献からの論考で，運動疲労の全体像を捉えようとしている。そこで豊富な文献とともに厳密な論考を心がけている。それが本書の長所だが，そのためにこの要因が疲労に関係すると思って読んでいると，最後になって「実際にはよくわかっていない」とか「はっきり明らかになるには今後の研究が必要である」といった表現が必ずといってよいほどついてくる。そこで結局はその要因が疲労に関係するのかよくわからない，という印象をもつことも多い。特にカリウムに関しての記述は，その印象を強く受ける。カリウムが細胞外に漏れてそれで疲労に関係するという記述が続いてきたのに，最後になってそれが否定されている。また個別の疲労の要素を中心に論考する第II部と，異なる運動条件やトレーニング状態などの影響をみる第III部とでも，各疲労の要因についての解釈が少し異なっている場合があるようにも感じられる。それだけ疲労というのはわからない，いろいろな可能性があるということであるし，そのことを率直に表現しているといえる著者の姿勢は正しいとも思うが，読む立場からすれば混乱してしまうという方もいると思われる。

　第4章の水分と疲労に関することは，近年よく耳にするような夏の水分対策とは異なっている。本書の記述を私は支持するが，おそらくは第4章には反論もかなりあることと思われる。ただしそれはまずどのくらいの温度条件を考えるのかにもよっていて，おそらく本書では，日本の真夏のような高温多湿条件が想定されてはいないし，またあくまで運動の疲労についてであり，日本の酷暑環境での日常生活の熱中症対策を念頭にしたものではない。やはり疲労は条件によって様々であるので，本書の記述とは異なる意見も条件次第ということは忘れてはならないだろう。

　また第4章などで，著者は実験室での固定負荷による運動での研究結果は，実際の運動条件とは異なるとして否定している印象も受ける。確かに競技を考えれば，全く同じ負荷で運動が進行することはない。そこで実際の競技場面での研究も重要だが，その場合詳細な測定は不可能である。実験室での固定負荷条件であれば，運動強度をはっきり確定できるという大きなメリットもある。同じ本の中で，ある場面では研究室の実験を支持し，別の場面ではそれを否定するような矛盾も感じられる。それも本書の厳密性によるとも言えることだが。

第6章の中枢性疲労に関する章は私の専門ではないが，大変興味深く感じられた。これは今後の運動疲労研究における1つの方向性を示していると考えられる。ただし本書でも書かれているように，中枢による運動制御と疲労はあくまで考え方であって，はっきり実験結果として示されたことではなく，実際に実験的に証明することがほぼ不可能といってもよい。今後おそらく，自己ペース運動における中枢による運動制御と疲労について，本書にもある考え方が広まってはいくとは思うが，証明できないという批判も続き，確定はできない状態が続くのではないかと思われる。

　本書は2013〜14年あたりに書かれていると思われる。この訳書出版の時点でも，すでにそれから10年弱経っているわけである。そこでその間に本書の記述が修正される必要があるような，新たな大きな発見はあったのだろうか。それはノーである。全体としては本書の記述は今出版された本としても十分通用する。例えば第1章にあるように身体内を見る技術は進歩しているが，現状ではあくまで静止した状態でないと用いることができないので，運動している体内での状態をリアルタイムで見ることはまだ不可能である。このように疲労研究は進歩の遅い分野といえるだろう。このことは本書の文献リストを見ても，1980年代，90年代のものも多いことからもわかる。近年，研究はどんどん細分化され，細かい視点によるものが増えているといえる。しかし，運動すなわち全身を使った事象における疲労については，細かい視点だけでなく全身レベルの大きな視点での考察も必要である。数十年前の言ってみればアナログ的な研究による知見も，全身の疲労という観点からすれば，今でも通用する真実を述べていると考えられる。もちろん以前の研究で，否定されるべき内容も多々あるということも，本書から学ぶことができた。

　科学技術が発展すれば，物事の謎が解明されていくと通常は思われる。しかし科学技術が発展すれば，さらに新たに疲労に関係する要因がわかってきて，ますます疲労の説明は複雑になっていくと私は考えている。本書は現時点での運動疲労の要因を解説しているが，将来はさらに他の要因も加わってくるだろうということである。また繰り返すが本書は，あくまでも運動の疲労について筋での代謝的な観点を中心に書かれていることを忘れずにいただきたい。それでも疲労というのは大変複雑な現象であり，「乳酸が溜まった」というような1つの原因だけ

で説明できるような現象ではない，ということはご理解いただけたことであろう。そこで運動条件などを場合分けして考えていくことが必要だが，それでも1つの要因だけで説明できはしない。本書はそうした本来の疲労の見方を提示することに成功している。

　この訳書の出版は，大修館書店平井健二氏のアイデアによるものである。私もこの原著を大学院生と輪読するゼミを行ってはいたが，これを翻訳して出版するという発想はなかった。結果として自分にとっても有意義な良書の出版ができ，感謝している。本書の最後に書いてあるように，この本をきっかけに，さらにスポーツや運動の疲労について関心をもっていただくことを期待する。

2022年12月

八田秀雄

◆ 著者紹介

ショーン・フィリップス（Shaun Phillips）

エジンバラ大学（スコットランド）の運動，健康科学（運動生理学）講師。運動
パフォーマンスの主観的調節，自己調節，短時間また長時間運動の疲労のメカニ
ズム，運動によるメンタルヘルス改善法などについて研究を行っている。世界レ
ベルのジャーナルで数多くの査読をし，またスポーツや健康関連組織の多くのエ
リート選手やプロ選手とコンサルタント活動も行っている。

◆ 監訳者紹介

八田秀雄（第4〜8章）
<ruby>八<rt>はっ</rt></ruby><ruby>田<rt>た</rt></ruby><ruby>秀<rt>ひで</rt></ruby><ruby>雄<rt>お</rt></ruby>

東京大学大学院教育学研究科修士課程修了。現在，東京大学大学院総合文化研究科身体運動科学研究室・教授。博士（教育学）。著書に『マラソンのエネルギーマネジメント―少ない糖をうまく使うために』（大修館書店），『乳酸サイエンス―エネルギー代謝と運動生理学』（市村出版），『運動と疲労の科学―疲労を理解する新たな視点』（大修館書店／共編著）など多数。

◆ 訳者紹介

見寺（吉田）祐子（第1章）
<ruby>見<rt>み</rt></ruby><ruby>寺<rt>てら</rt></ruby>（<ruby>吉<rt>よし</rt></ruby><ruby>田<rt>だ</rt></ruby>）<ruby>祐<rt>ゆう</rt></ruby><ruby>子<rt>こ</rt></ruby>

東京大学大学院総合文化研究科博士課程修了。現在，金沢大学理工研究域フロンティア工学系・博士研究員。博士（学術）。

高橋祐美子（第2〜3章）
<ruby>高<rt>たか</rt></ruby><ruby>橋<rt>はし</rt></ruby><ruby>祐<rt>ゆ</rt></ruby><ruby>美<rt>み</rt></ruby><ruby>子<rt>こ</rt></ruby>

東京大学大学院総合文化研究科博士課程修了。現在，東京大学大学院総合文化研究科身体運動科学研究室・准教授。博士（学術）。

（　）内は翻訳の担当章を示す。

疲労のスポーツ・運動生理学
©Hideo Hatta, 2023

NDC780／xvi, 269p／21cm

初版第1刷発行 ──── 2023年3月1日

著　者 ─────── ショーン・フィリップス
監訳者 ─────── 八田秀雄
発行者 ─────── 鈴木一行
発行所 ─────── 株式会社 大修館書店
　　　　　　　　〒113-8541 東京都文京区湯島2-1-1
　　　　　　　　電話 03-3868-2651（販売部）　03-3868-2297（編集部）
　　　　　　　　振替 00190-7-40504
　　　　　　　　[出版情報] https://www.taishukan.co.jp

装　丁 ─────── 山田英春
組版所 ─────── 明昌堂
印刷所 ─────── 三松堂
製本所 ─────── 難波製本

ISBN978-4-469-26949-9　Printed in Japan
Ⓡ本書のコピー，スキャン，デジタル化等の無断複製は著作権法上での例外を除き禁じられています。本書を代行業者等の第三者に依頼してスキャンやデジタル化することは，たとえ個人や家庭内の利用であっても著作権法上認められておりません。